Stephan Hermlin
Lektüre

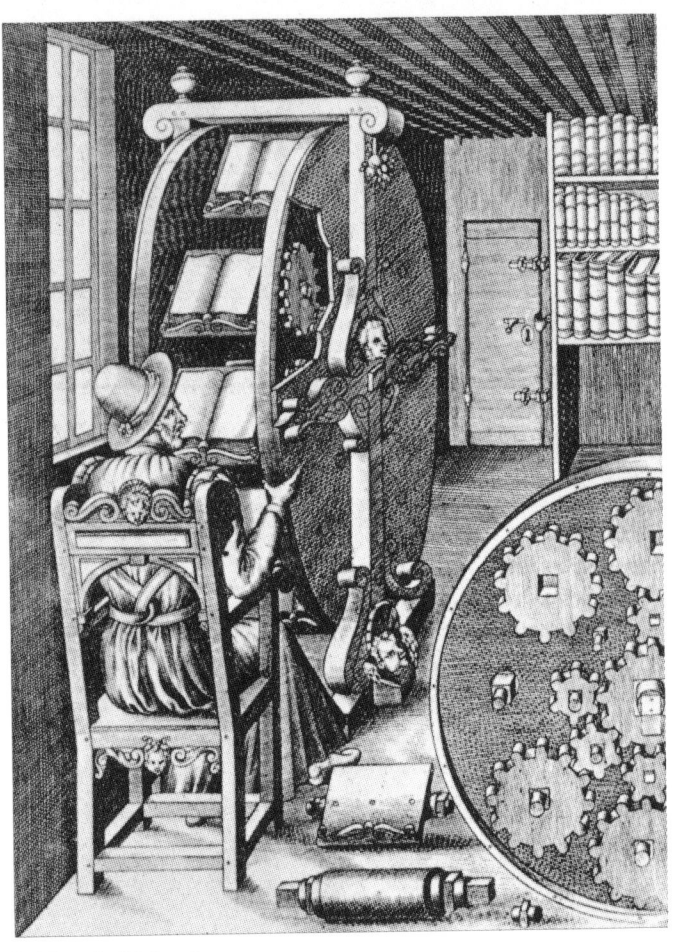

Leidenschaftlicher Leser
(Aus Agostino Ramellis *Le diverse et artificiose machine*, Paris 1558)

Stephan Hermlin *Lektüre*
Über Autoren, Bücher, Leser

Verlag Klaus Wagenbach Berlin

Wagenbachs Taschenbuch 276

© 1997 Verlag Klaus Wagenbach, Ahornstraße 4, 10787 Berlin.
Umschlaggestaltung Groothuis+Malsy, Bremen, unter Verwendung des
Bildes *Writing Hand* von Jana Stachova und eines Portraits von Stephan
Hermlin (© Gezett). Die Karnickel auf Seite 1 zeichnete Horst Rudolph.
Gesetzt aus der Korpus Sabon durch die Offizin Götz Gorissen. Gedruckt
auf chlor- und säurefreiem Papier und gebunden durch die Druckerei
Wagner, Nördlingen. Printed in Germany. Alle Rechte vorbehalten.
ISBN 3 8031 2276 7

Vorwort 7

Attila József 9
Georg Heym 14
Bericht über eine Insel 17
Mozarts Briefe 22
Franz Fühmann 27
Braune Presse 32
Rudolf Leonhard 38
Literatur und Dichtung im Dritten Reich 44
Ambrose Bierce 48
Welch Wort ... 54
Miguel Hernández 59
Else Lasker-Schüler 66
Vathek 71
Mitternachtserinnerungen 76
Chateaubriand 81
Aragons Gedichte deutsch 86
Bechers gedenkend 92
Dichter über Hölderlin 96
Karl Kraus 101
Deutscher Widerstand in Frankreich 106
Platonow 112
Sommergespenster 117
Machado 122
Anonyme Poesie 128
Grabrede für Bobrowski 134
Bobrowskis Selbstzeugnisse 135
Beim Lesen Majakowskis 141

Ein Buch über Treblinka 148
Übersetzte Lyrik 153
Villon 159
Verlaine 165
Thomas Mann und die Sympathie 170
Zwei Reisende 178
In letzter Stunde 184
Rede zum Tode von Pablo Neruda 189
Paul Eluard 192
Georg Trakl 197
Abschied von Peter Huchel 202
Zu einer Erich-Arendt-Ausstellung 205

Editorische Notiz und Anmerkungen 209

Vorwort

Das kleine Buch, das hier von neuem herausgegeben wird, geht zurück auf die Tatsache, daß ich ein früher Leser war, daß ich aber außerdem subjektive Erfahrungen und Empfindungen auf dem Gebiet der Literatur anderen mitzuteilen wünschte.

Mein vor über vierzig Jahren verstorbener Freund Paul Eluard hatte einem Gedichtband den Titel »Donner à voir« gegeben, was auf Deutsch nichts anderes heißt als »vorzeigen«.

Das Ende kindlicher Lektüre fand für mich schon zwischen dem zehnten und dem zwölften Lebensjahr statt. Was folgte, war das allmähliche Kennenlernen anderer Autoren, man könnte sie Autoren für Erwachsene nennen. Meine Vorliebe für manche Schriftsteller hat sich bis ins hohe Alter hinein nicht geändert, auch wenn mein Verständnis ihres Werks natürlich gewachsen ist. Geblieben aber ist das Empfinden, von ihnen einen Originaleindruck empfangen zu haben. Manche dieser Autoren wird man hier erwähnt finden.

Verhältnismäßig früh ist für mich die bekannte Forderung Rilkes verständlich und bestimmend gewesen, derzufolge der Betrachter oder Leser nicht das Kunstwerk anschaut, sondern daß er selber vom Kunstwerk fordernd betrachtet wird. Dieser Standpunkt, der einmal in meiner Jugend für viele verständlich war, ist in einer Zeit der Barbarisierung obsolet geworden.

Es ist charakteristisch für eine Epoche der Banalität, daß Literatur oder Lektüre als Therapie gedeutet wird, während sie doch in Wirklichkeit ein Element der Beunruhigung, der Aufstachelung von Widersprüchen darstellt. Das Meine-Ruh-ist-hin ist die eigentliche Bewegung, die aus Lektüre hervorgeht.

Als Dreizehnjähriger versuchte ich meinem Drang, tiefer und nachdrücklicher in die Literatur einzudringen, einen Rahmen zu geben. Ich stellte mir einen Leseplan auf, nach dem ich in der Tat jahrelang täglich gelesen habe. Er umfaßte außer der Antike und der Literatur des nahen und fernen Ostens die Literaturen Deutschlands, Frankreichs, Englands, Rußlands, Spaniens, Italiens. Dieser Weg erwies sich für mich als nützlich.

Er war geeignet, mit Vorurteilen und Klischees aufzuräumen. Man konnte Goethe nicht mehr als simplen Fürstendiener oder Olympier sehen, er war ein Dichter wachsender Entfremdung, verheimlichter und verschwiegener Revolten. Proust war kein Snob, seine Schilderung aristokratischer und bourgeoiser Milieus enthält die entscheidende Kritik, aber auch den Blick für ihre niemals ausgesprochene, aber immer vorhandene Überwindung. Gleichzeitig bemerkt er irgendwo, daß die sogenannte proletarische Literatur allenfalls der geistigen Höhe der Mitglieder des Jockey-Clubs entspricht.

Lektüre schafft unverhofft Nähe, wo Entfernung regiert, sie vermittelt nicht nur Erhellungen, sondern auch notwendige Dunkelheiten. Sie verschafft einem auch Begegnungen, die für den Leser nicht immer angenehmer Art sind.

Frühjahr 1997 *Stephan Hermlin*

ATTILA JÓZSEF

I

In einer Vorstadt von Budapest wurde Attila József am 3. April 1905 geboren. Seinen Vater, einen Seifensieder, hat er kaum gekannt. Áron József verschwand, als der Junge drei Jahre alt war; zunächst glaubte man, nach Amerika, später hieß es, er habe in Rumänien gelebt. Die Mutter, eine Waschfrau, versuchte jahrelang verzweifelt, drei Kinder und sich selber zu ernähren. Attila wurde aufs Land geschickt, um die Schweine zu hüten. Er war sieben Jahre alt, als die Mutter ihn nach Budapest zurückholte und in die Elementarschule brachte. Zwei Jahre später begann der Krieg. »Es kam vor, daß ich mich des Abends um neun Uhr vor dem Lebensmittelgeschäft anstellte und daß man mir, wenn ich um halb acht Uhr morgens an die Reihe kam, erklärte, es gäbe kein Fett mehr. Ich half meiner Mutter, so gut ich konnte. Verkaufte Wasser im Kino, stahl Holz und Kohlen auf dem Bahnhof, damit wir etwas zum Heizen hatten. Ich machte farbige Papierwindrädchen und verkaufte sie an bessergestellte Kinder, trug Körbe und Pakete in den Markthallen und so weiter.«

Die Räterepublik kam und wurde im Blut erstickt, flüchtige Vision der Zukunft, wie mit ihr und nach ihr die Kommunen von München, Essen, Hamburg und Kanton, mit ihren Bannern, ihren Meetings, ihren Straßenbällen. Niemals sollte Attila József den Unbekannten vergessen, der ihm Lenins *Staat und Revolution* auf der Straße zusteckte. Die Mutter starb in einem Barackenhospital an Krebs, während der Junge auf einer Hamsterfahrt war. Er war vierzehn Jahre alt, bettelte, handelte mit Briefmarken und Banknoten, trieb sich auf den Straßen und in den Cafés umher, wo die elegante Pest geschnürter Offiziere und Huren den Sieg über die Revolution feierte.

Es gelang ihm, allmählich, mit Hindernissen, das Gymnasium zu absolvieren. Zwischendurch mußte er immer wieder arbeiten, um existieren zu können, einmal als Schiffsjunge auf Donaudampfern, einmal als Hauslehrer, einmal als Tagelöhner. Er war siebzehn Jahre alt, als die liberale Literaturzeitschrift *Nyugat* seine ersten Gedichte veröffentlichte. »Man hielt mich für ein Wunderkind, obwohl ich nur ein Waisenkind war.« Immerhin brachte ihm eines der Gedichte einen Gotteslästerungsprozeß ein, in dem er allerdings freigesprochen wurde. Sein erster Gedichtband erschien mit einem Vorwort des hervorragenden Lyrikers Gyula Juhász, als Attila noch Unterprimaner war; der Band trug den Titel *Bettler der Schönheit*. In ihm findet sich bereits ein so selbständiges, durchaus neuartiges Gedicht wie das Sonett *Der Hunger*.

Attila József versuchte als Bücheragent und Bankangestellter zu leben und ging dann an die Universität Szeged mit dem Ziel, Gymnasiallehrer für Ungarisch und Französisch zu werden. Der Plan mißglückte, da einer der Professoren erklärte, Leute dieses Schlages dürften die junge Generation auf keinen Fall unterrichten, wobei er Attila József eine Zeitung mit einem von Józsefs Gedichten vor die Nase hielt. József verbrachte ein Jahr in Wien, wo er mit Kommunisten in Berührung kam; dann ging er nach Paris, studierte an der Sorbonne, übersetzte Villon und Apollinaire, las zum erstenmal genauer Lenin. Seine Briefe aus Paris an die Schwester sind marxistische Lektionen. »Daß der Imperialismus zu keinerlei Freiheit führt«, heißt es da, »muß nicht bewiesen werden. Der Bolschewismus aber verheißt eine ganz andere Art von Freiheit, als wir sie bisher gekannt haben. Übrigens ist die ganze Menschheit so krank, daß es wichtig genug sein sollte, statt die vom Imperialismus unmöglich und zu einem abstrakten Begriff gemachte Freiheit zu bejammern, aktiv am Kampf gegen die eigentlichen Entzieher der Freiheit teilzunehmen.«

In den letzten Jahren vor der Weltwirtschaftskrise kehrte er nach Budapest zurück. Er schrieb sich wieder an der Universität ein, er versuchte wieder, einen Platz im Leben zu finden. Für kurze Zeit stieß er zu den bäuerlich-demokratischen Volkstümlern. Kommunist wurde er im Herbst 1930, als die illegale Partei, unter Donnerschlägen sichtbar werdend, aus dem Blutstrom der Jahre auftauchte und riesige Demonstrationen die Straßen und Plätze von Budapest füllten. Er gehörte der Partei bis 1934 an. Seine Kraft erlag dem Übermaß seines materiellen und moralischen Elends; sie war auch dem Unverständnis einiger Sektierer nicht gewachsen. Aber sein Kampf in den Reihen der Kommunisten prägte sein Werk und bereicherte es in unerhörtem Maße; bis zur letzten Stunde blieb er den Kommunisten und ihrer Sache treu.

Im Schatten der Galgen und Schafotte flüchtete die ungarische Revolution in Attila Józsefs Verse, die nicht mehr erscheinen konnten, aber im Gedächtnis revolutionärer Arbeiter und Intellektueller lebten. Durch Europa dröhnte der Faschismus. In einem Brief Józsefs, den er Anfang 1933 an den Lyriker Babits richtet, heißt es: »Seit längerer Zeit hungern wir, meine Frau und ich, im wahrsten Sinne des Wortes. Der Wirtschaftsverband der Schriftsteller wies mir als Mittagessen einen Kaffee und eine Semmel im Café Club an; diese Hilfe nahm ich monatelang in Anspruch, sie hörte aber am 1. Januar auf. Mein Einkommen machte in diesem Jahr fünfzehn Pengő aus. Alle unsere Sachen, das Bettzeug einbegriffen, sind versetzt. Wir heizen nicht. Ich habe keine Schuhe, richtiger, ich trage ein Paar 43er; meine Schuhgröße ist 39. An den Hunger habe ich mich schon gewöhnt.« Die Schizophrenie, die sich in seinen Versen ankündigt, bricht aus, führt ihn in die Nervenheilanstalt. »Ich lausche den Nachrichten, die eine Stimme aus meiner Tiefe bringt«, lautet eine Notiz. Aber die grandiosen Verse, die in den letzten Jahren entstehen, sind nicht nur einfach Produkte der Krankheit; sie bäumen sich gegen die Krankheit auf, sie rufen nach Vernunft und Ordnung; und wo sie von Ängsten und Verzweiflung handeln, geht es stets auch um die Ängste aller, um die ungewisse Zukunft der Menschheit. Die wirkliche Krankheit, die ihn nicht aus den Fängen läßt, auch als die Anstalt schon hinter ihm liegt, das ist der »Dschungelstaat«, von dem in einem Gedicht die Rede ist. Attila József erliegt dem Faschismus, dem Hunger, einer wahrhaft mörderischen Einsamkeit. Er ist zweiunddreißig Jahre alt, als er sich im Winter 1937 in der Nähe eines kleinen Dorfes am Plattensee vor einen Güterzug wirft. Das Kreischen der Räder, die ihn zerfetzten, ging unter im Donner der Bomben, die auf Spanien fielen, im Versammlungsgebrüll der Neuordner Europas. Die Welt erfuhr vom Tode Attila Józsefs durch den Dorfidioten, der den Selbstmörder beobachtet hatte.

2
Zum erstenmal las ich Attila Józsefs Namen unter einem Gedicht, das ich, ich weiß nicht mehr, in welchem Jahr des Krieges, in einer der zahlreichen illegalen literarischen Zeitschriften der französischen Widerstandsbewegung gefunden hatte. Ich entsinne mich, daß die Übersetzung eindrucksvoll war, ungewöhnlich eindrucksvoll in einer Sprache, die sich fremder Poesie gegenüber leicht spröde gibt. Aber das Gedicht selbst traf mich, wie es einem gelegentlich ergeht mit einem Gedicht: Es läßt einen erbeben, es ist etwas, wovon man geträumt hat, wovon man träumen wird, man hat es sofort eingereiht in die geheime Anthologie, die jeder Liebhaber der Dichtung für sich selber anlegt. Und man fragt sich: Wer ist der Unbekannte?... Die Antwort fand ich erst später, nach dem Kriege, als ich nach Budapest kam und schon durch eine Attila-József-Straße fuhr, ehe ich die Zeit zu einer Wiederholung meiner Frage gefunden hatte.

Aus den Abgründen eines Volkes ist diese Dichtung aufgestanden, und vom Volk stammt nicht nur ihre Stofflichkeit, ihre Farbe, ihr Abendhimmel, der Rauch ihrer Dörfer, sondern auch ihr Übermut und ihre Verzweiflung, ihre Sinnlichkeit und Keuschheit, ihre Naivität, ihre Weisheit. Und dann: Dieser Sohn einer Waschfrau hatte unleugbar eine Vorliebe für die vertrackte Vielfalt der Formen der Poesie, die ja erst dem, was da gesagt wird, seinen Gebrauchswert geben. Attila József hat sich umgetan und die klassischen griechischen Metren so gut wie die französisch-italienischen Formen des späten Mittelalters und natürlich auch freie Rhythmen beherrscht. Ich erfuhr, er habe eine Menge Theoretisches über Metrik geschrieben – aber diese Dinge sind außerhalb Ungarns noch unbekannt.

Eingeschmolzen in Józsefs Dichtung sind die entscheidenden poetischen Bewegungen der Moderne: Man findet natürlich den

Einfluß Adys, den er ganz früh gelesen hatte, aber auch Baudelaire und Poe, die französischen Surrealisten so gut wie Majakowski und ebenso Becher, Weinert, Brecht. Wie unbequem ist der Fall dieses Plebejers, unbequem vor allem für jene, welche die Existenz großer proletarischer Dichtung leugnen möchten, unbequem aber auch für solche, die das Kriterium für die Bedeutung proletarischer Dichtung nur unter dem Aspekt des Agitatorischen sehen. Wir erwähnten Einflüsse; viel wichtiger ist, was Attila József in die Weltlyrik brachte, einen Ton, der zwar schon früher aufgeklungen ist, den Anruf der Zukunft (der sich auch als Anruf an Vergangenes geben kann), einer Zukunft, die Güte und Schönheit verheißt, jenen Ton, den man bei Hölderlin wie bei Keats, bei Eichendorff wie bei Apollinaire hatte vernehmen können, hier aber merkwürdig verwandelt in einer Zeit, in der die Menschheit bewußt Geschichte macht. Immer hatte Attila József ein besonderes Interesse für Philosophie gehabt. Seine Dichtung ist eigentümlich von Philosophie geprägt. Gewiß handelt es sich hier nicht um in Verse gebrachten Marxismus, aber ich kenne keine andere Dichtung, in der so kühn und subtil subjektive Bewegung und marxistischer Gedanke ineinandergefügt sind.

Józsefs Jahrhundert brauchte nicht mehr zu entdecken, daß es in der Gesellschaft wie in der Natur dialektisch zugeht; es lebte bereits mit dieser Entdeckung. Die Landschaften Józsefs, seine Tages- und Jahreszeiten, sein Regen und seine Dürre sind die poetischen Äußerungen eines solchen Mitlebens.

»Süße Heimat«, steht in einem seiner Gedichte, »nimm mich an dein Herz. Laß mich dein treuer Sohn sein.« Was ist das für eine Heimat, was ist das für eine Welt, die ihre Kinder nicht treue Söhne sein läßt? lautet die furchtbare, die verändernde Frage. Attila József steht in der langen Reihe ermordeter Dichter, die als Opfer der zeitgenössischen Gesellschaft bezeugen, daß die Dichtung sich nicht mit dieser Gegenwart abfinden kann, daß sie immer und überall ein Stück vorweggenommener Zukunft ist, daß ihre Heimatlosigkeit erst in der Begründung der großen Menschenheimat ihr Ende findet.

GEORG HEYM

Vor einigen Jahren druckte eine literarische Zeitschrift drei Texte hintereinander ab: das *Ophelia*-Gedicht von Arthur Rimbaud, mit dem moderne Dichtung beginnt, die *Ophelia* von Georg Heym und die Verse vom ertrunkenen Mädchen des jungen Brecht. Sehr anschaulich wurde hier, am Beispiel einer thematischen Kongruenz, die Rolle Heyms in der neuen deutschen Dichtung demonstriert. Er hatte den dunklen, gewalttätigen, todesbesessenen Ton Rimbauds zu einer Zeit vernommen und aufgenommen, da der Verfasser der *Illuminationen* in Deutschland noch kaum bekannt war – er ahmte ihn nicht nach, er setzte ihn auf höchst eigenartige Weise fort, weil er Stoff aus diesem Stoffe war. Und zehn Jahre später wuchsen aus Georg Heyms Stadtlandschaften, aus seinen Kriegs- und Revolutionsvisionen auf dem Hintergrund eines inzwischen Wirklichkeit gewordenen Weltkrieges und einer gescheiterten Revolution die Strophen der *Taschenpostille*. Georg Heym wußte, woher er kam. Er notierte in sein Tagebuch: »Baudelaire. Verlaine. Rimbaud. Keats. Shelley. Ich glaube wirklich, daß ich von den Deutschen allein mich in den Schatten dieser Götter wagen darf, ohne vor Blässe und Schwachheit zu ersticken.«

Georg Heym wurde 1887 im schlesischen Hirschberg geboren. Sein Vater, ein preußischer Justizbeamter, der schließlich Staatsanwalt in Berlin wurde, lebt in Georgs Aufzeichnung fort: »Ich wäre einer der größten Dichter geworden, wenn ich nicht solch einen schweinernen Vater gehabt hätte.« Von der Mutter, einer kränkelnden, sentimentalen Frau, ist ein Gespräch mit dem Sohn überliefert. Nach dem Erscheinen seines ersten Gedichtbandes teilt sie ihm mit, sie könne »so was nicht lesen«, und fragt ihn, warum er eigentlich nicht im *Daheim* und in der *Gartenlaube* schreibe.

Heym besuchte das Joachimsthalsche Gymnasium in Berlin, später, nach der Relegierung, die Schule in Neuruppin. Dort entstanden seine ersten nennenswerten lyrischen und dramatischen Versuche. 1907 begann er ohne jede Neigung in Würzburg Jura zu studieren. Im gleichen Jahr erschien in einem obskuren Würzburger Verlag sein Drama *Der Feldzug nach Sizilien*. In seinen Tagebüchern stehen, neben den bereits erwähnten, schwärmerisch die Namen Kleist, Grabbe, Büchner. Beim Lesen dieses Stücks und anderer denkt man eher an den frühen Hofmannsthal, den Heym nicht liebte, sowenig wie die »Binger tönende Pagode« George und »das überschminkte Frauenzimmer« Rilke.

Heym beendet seine Studien in Berlin. Seine Tagebücher, die erst in den letzten Jahren veröffentlicht wurden, strotzen von Haß gegen Studien, Zeit, Gesellschaft. »Ich ersticke noch mit meinem brachliegenden Enthusiasmus in dieser banalen Zeit. Ich sehe mich in meinen wachen Phantasien immer als einen Danton, oder einen Mann auf der Barrikade, ohne meine Jakobinermütze kann ich mich eigentlich gar nicht denken.« Aber nicht die trägt er, sondern die Mütze einer schlagenden Verbindung. Seine Freunde schildern ihn als einen blonden, rotwangigen, untersetzten, breitschultrigen Burschen, händelsüchtig und hinter den Mädchen her, die er gleichzeitig fürchtete. Seine innere Gebrechlichkeit verbarg er hinter Rauheit und Zoten. Er stotterte leicht und rezitierte schlecht seine gefährlich schönen Gedichte. Er ruderte und schwamm und gehörte dem Deutschen Box-Club in Berlin-Halensee an. Mit Mühe und Not besteht er das Referendarexamen, wird ans Amtsgericht in Wusterhausen überwiesen, versucht Dolmetscher oder Offizier zu werden, um dem verhaßten Beruf zu entgehen. Von 1909 an ändert sich der Ton der Briefe und Tagebuchnotizen; er verliert seine Naivität, verfinstert sich, flammt; Heyms Suchen nach Liebe wird hektisch, er strebt wie wild in die Öffentlichkeit, rasende, eruptive Produktivität tut sich kund.

Um diese Zeit liest Heym zum erstenmal öffentlich im Neuen Club in Berlin, wo Hiller, van Hoddis, Ernst Blaß verkehren, wo Karl Kraus ihn hört. Ernst Rowohlt, der Entdecker so vieler Begabungen, übernimmt 1911 die Herausgabe des ersten Gedichtbandes, im gleichen Jahr, da der gegenüber Heym um vier Jahre jüngere Johannes R. Becher seine ersten Verse veröffentlicht. *Der ewige Tag*, der siebzig Seiten umfaßt, ist, wenn wir von dem Würzburger Druck absehen, das einzige gedruckte Werk Heyms, das zu seinen Lebzeiten erschien. 1912 bringt Rowohlt einen weiteren Gedichtband, 1913 die Novellen *Der Dieb* heraus. 1922, zehn Jahre nach Heyms Tod, erscheinen gesammelte Verse und Prosa unter dem Titel *Dichtungen* in München. Erst nach einem weiteren Vierteljahrhundert veröffentlicht ein Schweizer Verlag *Gesammelte Gedichte.* Und schließlich beginnt 1960 die Publikation der sechsbändigen Gesamtausgabe.

Ein halbes Jahrhundert hindurch hat man von Georg Heym lediglich einhundertzwanzig Gedichte gekannt. Dazu kommen einige kurze Prosastücke: eine Episode aus der Französischen Revolution, das Leben und Sterben eines Irren, eine Sektion, der Tod eines Operierten, Ausbruch der Pest an Bord eines Schiffes, der Nachmittag eines kleinen Jungen, die Darstellung der Motive eines Bilderdiebstahls. Aber diese dreihundert Seiten haben fünfzig Jahre lang Leser durchschauert und Kommentatoren beschäftigt. Es waren vor allem einige Gedichte wie *Mit den fahrenden Schiffen*; *Deine Wimpern, die langen*; *Berlin*, die stetig wirksam, neu, exemplarisch blieben. Keiner, der diese Strophen gelesen hatte, konnte sie ganz vergessen. Keine Anthologie, die Anspruch auf Gültigkeit erhob, kam ohne sie aus. Über zwei Weltkriege hinweg funkelte die düstere Prophetie der *Krieg*-Rhythmen über einem Land des Krieges. Georg Heym erschütterte Zeitgenossen und Nachgeborene mit einem schmalen Werk, das gnadenlos Entsetzen und Untergang verkündete, wo andere im hochgestochenen Idyll schwelgten; an Stelle schwächlicher Formen klirrten hier Strophen wie disziplinierte Kolonnen; auf dem Höhepunkt einer belle époque, in der offenbar alles durchaus gesund und in Ordnung war, erwiesen Heyms Irre, Mörder und Revoltierende sich als Geschöpfe eines bei Verstande Gebliebenen; während Ochs von Lerchenau 1911 zum erstenmal entzückten Parketts versicherte, mit ihm werde keiner keine Nacht zu lang, stieg bereits Georg Heyms grauenvolle Nacht über einer Welt auf, die keine Daseinsberechtigung mehr hatte.

Heym hatte das Alter Georg Büchners erreicht, als er im Januar 1912 beim Eislaufen auf der Havel ertrank. Eineinhalb Jahre vorher hatte er einen Traum aufgezeichnet: »Ich stand an einem großen See, der ganz mit einer Art Steinplatten bedeckt war. Es schien mir eine Art gefrorenen Wassers zu sein. Plötzlich fühlte ich, wie die Platten unter mir schwanden, aber ich fiel nicht. Ich ging noch eine Weile auf dem Wasser weiter. Da kam mir der Gedanke, ich möchte fallen können. In diesem Augenblick versank ich auch schon in ein grünes schlammiges schlingpflanzenreiches Wasser. Doch ich gab mich nicht verloren, ich begann zu schwimmen. Wie durch ein Wunder rückte das ferne Land mir näher und näher. Mit wenigen Stößen landete ich in einer sandigen sonnigen Bucht.«

BERICHT ÜBER EINE INSEL

1

Ich sage nicht zum erstenmal, daß es Ereignisse, Erscheinungen gibt, angesichts derer die Kunst Lust bekommt zu kapitulieren. Sie tritt beiseite, wenn das Dokument das Wort ergreift. Meine Lektüre in den letzten Tagen bestand aus Zeitungen und einem Buch, einem Bericht, den ich jahrelang vergessen hatte.

Folgende Sätze fand ich in einer großen Zeitung: »General Patakos, der sich am Dienstag nach Youra, einer menschenleeren Insel, begeben wird, die nach der Besetzung als Konzentrationslager gedient hatte, weigerte sich, Journalisten, die ihn darum gebeten hatten, auf diese Reise mitzunehmen. Die gleiche Weigerung hat er einer britischen parlamentarischen Delegation gegenüber ausgesprochen, die sich zur Zeit in Athen aufhält.« In diesem Satz befindet sich eine Wahrheit, die der Verfasser ganz unwillkürlich niedergeschrieben hat. »Die nach der Besetzung als Konzentrationslager gedient hatte« – das wird den Lesern ganz logisch vorkommen, während in Wirklichkeit gemeint ist »nach

Ende der Besatzungszeit«. Denn nachdem die deutschen Nazis Griechenland verheert hatten, wurde 1945 Youra nach dem Willen griechischer Faschisten und anglo-amerikanischer Stäbe zu einem der Konzentrationslager, in denen die Befreier Griechenlands saßen. In dem Satz »die nach der Besetzung als Konzentrationslager gedient hatte« ist die historische Wahrheit ausgesprochen, daß nach 1945 eine neue Besetzung Griechenlands begann, während wir im Augenblick bereits Zeugen einer dritten werden.

2

Der General Patakos ist ein bemerkenswerter Mann, nicht nur, weil er der Innenminister der Putschistenregierung ist, sondern auch, weil er ausspricht, was andere nur denken. Gewiß weiß man, daß am Ausgangspunkt des Krieges, den die Amerikaner in Vietnam führen, die Verhinderung von Wahlen steht, aber sie reden nicht darüber; der General Patakos verblüfft hartgesottene Journalisten, wenn er auf Pressekonferenzen bekanntgibt, daß der Militärputsch nur stattfand, um die nächsten Wahlen zu vereiteln. Aber die Verblüffung hält nicht vor, denn im nächsten Satz schon verrät der blutige General, warum er gegen den Kommunismus ist: weil dieser nämlich so sehr dem Faschismus gliche. Diese Zerstreutheit des Oberfolterers, aus dem noch die demokratisch gestimmte Walze tönt, während er schon beim massenhaften Verschleppen von Parlamentariern, Gewerkschaftsfunktionären und Schriftstellern ist, wird Griechenlands NATO-Verbündeten noch manche bange Stunde bereiten. Letzten Endes sind Fehlleistungen dieser Art Material für Strukturalisten.

Mich indes interessieren eigentlich die Reisepläne des Generals. Den Namen der Insel hatte ich schon einmal gehört. Mehr: ich hatte einiges über sie erfahren. Nach einer Weile fand ich unter anderen Büchern das, was ich suchte.

Das Buch heißt *Youra*, mit dem Untertitel *Blutbuch*, so wie bestimmte Sammlungen historischer Dokumente sich Rotbuch, Blaubuch, Schwarzbuch nennen. Es ist in französischer Sprache veröffentlicht, umfaßt mehr als sechshundert Seiten, der Verlag auf dem Titelblatt trägt den Namen Neues Griechenland. Ein Druckvermerk fehlt. Die Setzer haben offenbar mit der Herstellung Mühe gehabt, das ergibt sich aus einer Reihe von Druckfehlern, dennoch ist die Arbeit sauber und anständig zu Ende geführt worden. Das Buch ist mit dilettantischen, herzzerreißenden Zeichnungen ausgestattet; die Zeichner waren keine Künstler. Es waren, wie in allen Konzentrationslagern aller Länder, die welche hatten oder haben, Menschen, die mit irgendwelchen Mitteln festhalten wollten, was sie erlebten und erlitten, festhalten für die anderen draußen. Ich vergaß, den Autor zu erwähnen. Aber das Buch hat keinen Verfasser. Es wurde von den Häftlingen geschrieben, heimlich, verborgen vor den Blicken der Aufseher, es ist das Produkt qualvoller Arbeit und qualvoller Ruhe, es ist geronnener Hunger und Durst, es hat nichts zu bieten außer Schlägen und Tuberkulose, es war eine Flaschenpost, die ans Ufer der Welt trieb und einen Skandal offenbar machte.

In den *Annalen* des Tacitus, die vor beinahe zweitausend Jahren geschrieben wurden, heißt es an einer Stelle: »Nach Verkündung des Urteils, das Serenus nach den Gesetzen und Bräuchen der Ahnen schuldig sprach, schlug Gallus Asinius vor, man solle den Verurteilten nach Gyaros oder Donusa bringen, aber Tiberius billigte diesen Vorschlag nicht und sagte, die beiden Inseln seien ohne Wasser, man müsse aber jenen die Möglichkeit zum Leben geben, denen das Leben gewährt sei.« Gyaros heißt heutzutage Youra, es ist immer noch ohne Wasser, was aber einem römischen Herrscher, der mit seinen Gefangenen nicht gerade freundlich umging, vor zwei Jahrtausenden nicht in den Kopf gehen wollte, scheint dem Sportsegler, der in Athen auf dem Thron sitzt, plausibel zu sein: daß man nämlich Leute auf eine wasserlose Insel schickt und dort krepieren läßt. Der griechische Diktator Metaxas, der bis 1940 regierte, versuchte Youra in einen Deportationsort umzuwandeln; er scheiterte. 1943 schickten die deutschen Nazis italienische Gefangene nach Youra, brachten sie aber nach vier Wochen woandershin, weil sie nicht am Leben blieben. Der König Konstantin und der General Patakos sind hartnäckiger.

Was also ist Youra? Eine kleine Insel im Ägäischen Meer, dreiundzwanzig Quadratkilometer groß, ganz aus Bergen bestehend, die schroff aus dem Meer steigen. Einige kleine Landzungen stellen die verschiedenen Lager dar. Nur an diesen Stellen liegt über dem kompakten Fels eine bis zu vier Zentimeter hohe Erd- oder Kieselschicht. Das Klima ist mörderisch. Nur im Winter fällt etwas Regen, der sofort ins Meer abfließt. Pausenlos liegt die Insel unter stürmischem Wind. Vegetation ist fast nicht vorhanden. Die Einwohnerschaft besteht aus drei Familien, die ein paar Schafe besitzen. Die Hauptarbeit der verelendeten Bewohner liegt übrigens im Heranschaffen des Futters für ihre Tiere. Die Inselfauna setzt sich aus ein paar Möwen, aus Schlangen und Skorpionen zusammen. Wasser gibt es, wie gesagt, nicht. An die zehntausend Häftlinge lebten drei Jahre lang lediglich von etwas Brackwasser, das man am Strand aus ein paar Brunnen gewann. Später schaffte man Trinkwasser per Schiff vom Festland heran.

Wer waren die Häftlinge von Youra? Widerstandskämpfer gegen die Nazis und ihre griechischen Kollaborateure. Wer waren die Aufseher und Folterknechte? Die erwähnten Kollaborateure, vermischt mit Kriminellen aller Art. Dies war vor zehn, fünfzehn Jahren so, man kann mit Sicherheit sagen, daß sich daran nichts geändert haben wird, jetzt, da die Hölle von Youra sich von neuem auftut. Diese Hölle wird geprägt von Begriffen, genuinen Schöpfungen der KZ-Welt, wie sie jedes Lager hervorbringt. Hier heißen sie »Dressur«, eine Nacht durch oder einen Tag lang an ein paar tausend Häftlingen exerziert, der »Käfig«, in dem die Häftlinge langsam zugrunde gehen, der »Feigenbaum«, an dem sie aufgehängt und ausgepeitscht werden.

Natürlich darf man Youra nicht einfach mit Dachau oder Buchenwald gleichsetzen. Liest man die Berichte der Youra-Häftlinge, so hat man den Eindruck, daß die griechischen Folterer weniger Wert auf Tote legen als ihre nazideutschen Kollegen. Vielmehr machen sie Anstrengungen, ihre Opfer möglichst lange zu quälen. In Youra gab es weniger Tote als in Belsen oder Ravensbrück, aber mehr Verletzte, Verstümmelte, langsam Dahinsiechende.

Tag für Tag haben die Häftlinge geduldig Buch geführt und ihre Notizen vor den Henkern verborgen. Man liest: »18. Juli. Ankunft von etwa 650 Häftlingen. Man foltert sie in glühender Sonne von fünf Uhr morgens bis nachmittags. Der Lehrer Perikles Koukeris wurde gefoltert, bis er Blut spuckte. Dann wird er dem Aufseher Chalkiadakis übergeben. Ein paar Tage später stirbt er. Man plündert die Gefangenen: Thomas Petropoulos nimmt man Rasierzeug und Briefmarken ab, Kostopoulos Geld und Briefmarken, Skoulidis Zigaretten, Rasierzeug und die gesamte Wäsche. Man sagt ihm: ›Das brauchst du nicht mehr. Ihr seid hier, um zu sterben.‹ 19. August. Ankunft von 380 Häftlingen aus Saloniki. Sie werden fürchterlich von den Aufsehern Kolokatsis, Chalkiadakis, Comoinos, Zeibekos, Gavalas und anderen brutalisiert. Mehrere Kopf-, Bein-, Armverletzte. 6. Oktober. Diesmal besagte das Programm Ausrottung. Vier Stunden lang schleifte man die Neuankömmlinge am Boden entlang und schlug sie mit Knüppeln. Alle, ohne Ausnahme, spuckten Blut, hatten Arme und Beine gebrochen. Zuerst schlug man sie mit Knüppeln auf den Kopf, dann stieß man sie den Abhang hinunter. Sie waren halbtot, wenn sie unten ankamen. Dort erledigte man sie ganz und ließ sie liegen. Das Schauspiel war so schrecklich, daß sogar die Bestie Glastras sage: ›Heute sind wir eigentlich zu weit gegangen.‹«

Tag für Tag beobachten Hunderte, Tausende, welcher Gefangene welchem Aufseher zum Opfer fällt, jeder Name, jeder Vorfall wird verzeichnet. Man wird geschlagen, weil man sein Eßgeschirr am Meer ausspült, weil man mit bloßen Händen nicht schnell genug Latrinen räumt, weil man sich zum Schutz vor der Sonne ein Taschentuch über den rasierten Kopf knüpft, weil man gewagt hat, Schach zu spielen.

Die Häftlinge haben nicht einmal Baracken – sie liegen sommers wie winters in Zelten, die halb in die Erde gegraben sind, um im ständigen Wind nicht wegzufliegen. Man läßt die Gefangenen gelegentlich von Ärzten untersuchen. Dann ergibt sich, daß von etwa sechstausend Untersuchten achthundert tuberkulös sind – von anderen Krankheiten zu schweigen. Eine Verlautbarung des Lagerkommandanten an die Häftlinge warnt vor dem Faulenzen – man könne so leicht Arterienverkalkung davon bekommen. Aus diesem Grund schuften Tausende von Sterbenden von Sonnenaufgang bis -untergang. Sie brechen aus dem Fels riesige Steinbrocken, die sie auf dem Rücken bis zum Meer schleppen müssen. Die Arbeit ist völlig sinnlos, denn die Steine werden in die See geworfen. Wird ein Stein von einem Aufseher für zu klein gehalten, wird sein Träger bewußtlos geschlagen. Auch der Verbreitung von Fettsucht tritt der Lagerkommandant entgegen: die Häftlinge erhalten 150 Gramm Brot am Tag, ein wenig Tee und eine Jauche aus verdorbenen Bohnen, Trockenfisch und Kohlrüben.

Dies also war Youra, ist Youra. Der Vormarsch der Linkskräfte in den letzten Jahren hatte viele der Überlebenden befreit, aber die Nachricht von einer gänzlichen Auflösung der griechischen Konzentrationslager war nie in die Welt gelangt. Jetzt ist Youra jedenfalls wieder in vollem Betrieb, eine Insel unter vielen, ein Lager unter vielen. Der General Patakos spricht mit Stolz davon. Und die Hamburger *Welt* spricht mit Stolz vom General Patakos.

MOZARTS BRIEFE

Als das Ende der Mozärtelei und der Beginn Mozarts gekommen war, als Begriffe wie »Unbeschwertheit« und »Rokoko« dank der Deutung Mozarts durch einige große Musiker, wie etwa durch Bruno Walter, als unanwendbar auf Mozarts Gestalt erkannt und allmählich fallengelassen wurden, fing man an, auch Mozarts Briefe anders zu lesen. Gewesen war da zunächst nichts als der dokumentarische Beleg für offenbar unausrottbare Kindlichkeit, vorbildliche Sohnesliebe und ein Hang zum derben, mitunter nicht unbedenklichen Scherz. Welch ein Schalk, dieser Mozart! Die Bedenklichkeit gewisser Briefe brachte übrigens die ernsthaftesten Herausgeber in Verlegenheit. Ich lese von Zeit zu Zeit in meinem Exemplar mit Vergnügen die Fälschungen nach, die der renommierte Albert Leitzmann in der vom Insel-Verlag 1924 veröffentlichten Ausgabe der Briefe verübte. Schamhaftigkeit ist eine schöne Eigenschaft.

Mozart war ein großer Briefschreiber; von den großen Komponisten war sicher er es, der die meisten Briefe hinterlassen hat. Anlaß waren die langen Reisen, die er als sogenanntes Wunderkind unternahm, später die Versuche, einen Platz zu finden, der ihm zusagte, von ihm veranstaltete Konzerte, finanzielle Schwierigkeiten, Familienangelegenheiten. Mit vierzehn Jahren schreibt er an seine Schwester aus Neapel: »Neues weiß ich nichts als daß Herr Gellert« (er schreibt: Gelehrt) »der Poet zu Leipzig gestorben ist, und dann nach seinem Tod keine Poesien mehr gemacht hat. Die Opera zu Mantua ist hübsch gewesen, sie haben den Demetrio gespielt, die Prima donna singt gut, aber still, und wenn man sie nicht agieren sehte, sondern singen nur allein, so meinete man, sie singe nicht, dan den Mund kan sie nicht öffnen, sondern winselt alles her, welches uns aber nichts neues ist, zu hören. La seconda Dona macht ein Ansehen wie ein granadierer, und hat auch eine starke Stimme, und singt wahrhaftig nicht übel auf daß sie das erste mal agiret. Primo ballerino: gut. Prima Ballerina: gut, und man sagt, sie seyn gar kein Hund nicht, ich aber habe sie in der Nähe nicht gesehen.« Und in dieser Art so weiter. Kindlichkeit? Wohl kaum. Der harte Blick, der hier auf die Welt, auf Leute, ihre Fähigkeiten fällt, kommt von einem, der nicht allein schon einen guten Teil Europas kennt, von dem man allerorten redet, sondern der sich auch eines enormen technischen Könnens bewußt ist, der Ansprüche stellen muß und sie stellt. Die Verachtung der Stümperei, die Mozart stets beherrschte, ist schon da; eine gewisse Ungeduld, ja Zynismus. Der Blick ist gewiß voller Neugier, aber kaum naiv zu nennen: »Die Tänze sind miserabel pompös. Das Theater ist schön. Der König ist grob neapolitanisch auferzogen, und steht in der Oper allezeit auf einem Schemerl, damit er ein bissel größer als die Königin scheint. Die Königin ist schön und höflich, indem sie mich gewiß sechsmal auf das freundlichste gegrüßt hat.«

Die Briefe sind zunächst vor allem an die Schwester, später mehr und mehr an den Vater gerichtet, fürsterzbischöflichen Hofmusiker, Verfasser einer berühmten Violinschule, der den Sohn bewundert, aber nicht versteht und seinem Freiheitsdrang mit Zorn und Mißtrauen begegnet; diese Briefe bekunden sowohl Respekt als auch mitunter eine Art vertraulicher Kameradschaftlichkeit; Mozart setzt seinen Willen durch, er läßt es nie zum Bruch kommen, tut vielmehr so, als erfülle er die Wünsche des Alten. Auch hier zeigt sich seine Fähigkeit, mit einer Welt, in der er als ein ganz Fremder dasteht, auszukommen. Zu diesen Briefen kommen andere an Freunde wie den Abbé Bullinger oder Puchberg, schließlich an Konstanze, dazu dies und jenes Gesuch an eine Fürstlichkeit. Einen besonderen Platz nehmen die berühmten oder berüchtigten Briefe an das Bäsle in Augsburg ein, das ihm eine Weile – er ist damals zweiundzwanzig Jahre alt – nahesteht. Alles das ist ohne Prätention geschrieben, von größter Lebendigkeit, Darstellung künstlerischer, höfischer, bürgerlicher Zeitumstände, ein Zeitdokument von höchstem Interesse, oft wie von selbst dramatische Form annehmend bei dem geborenen Dramatiker, der Mozart war. Er ist beim Kurfürsten in München und berichtet dem Vater: »Graf Seeau ging vorbei und grüßte mich sehr freundlich. Befehl mich, liebster Mozart! als der Kurfürst an mich kam, so sagte ich, Euer Kurfürstlichen Durchlaucht erlauben, daß ich mich untertänigst zu füßen legen und meine Dienste antragen darf. Ja, völlig weg von Salzburg? Völlig weg, ja Euer Kurfürstlichen Durchlaucht. Ja, warum denn, habts enk s'kriegt? Ei beileibe, Euer Durchlaucht, ich habe nur um eine Reise gebeten, er hat sie mir abgeschlagen, mithin war ich gezwungen, diesen Schritt zu machen; obwohlen ich schon lange im Sinn hatte weg zu gehen. Denn Salzburg ist kein Ort für mich. Ja, ganz sicher. Mein Gott, ein junger Mensch! Aber der Vater ist ja noch in Salzburg? Ja, Euer Kurfürstliche Durchlaucht, ich bin schon dreimal in Italien gewesen, habe drei Opern geschrieben, bin Mitglied der Akademie in Bologna, habe müssen eine Probe ausstehen, wo viele Maestri 4 bis 5 Stund gearbeitet und geschwitzet haben, ich hab es in einer Stund verfertiget. Ja, mein liebes Kind, es ist keine Vaccatur da. Mir ist leid. Wenn nur eine Vaccatur da wäre. Ich versichere Euer Durchlaucht, ich würde München gewiß Ehre machen. Ja, das nutzt alles nicht. Es ist keine Vaccatur da.« Einen Brief darauf heißt es: »Er weiß nichts von mir. Er weiß nicht, was ich kann.« Dieser Satz bezieht sich nicht nur auf den Kurfürsten. Letzten Endes wußten sie alle nichts von ihm, und eine Vaccatur war für ihn nicht da, nirgendwo.

Auch dort nicht, woran er später verzweifelt dachte: »Will mich Teutschland, mein geliebtes Vaterland, worauf ich (wie Sie wissen) stolz bin, nicht aufnehmen, so muß in Gottes Namen Frankreich oder England wieder um einen geschickten Teutschen mehr reich werden; – und das zur Schande der deutschen Nation.« Die Verzweiflung artet übrigens nie aus, sowenig wie Emotionen anderer Art. Jedenfalls, was die Briefe angeht. Damit auch hängt es zusammen, daß »er«, daß man nichts von ihm weiß. Man kennt keinen wirklichen Liebesbrief Mozarts, allenfalls verliebte Briefe. Zunächst einmal an das Bäsle. Wie sieht so etwas aus?

»Ma très chère Nièce! Cousine! Fille! mère, sœur et Epouse! Potz Himmel tausend sakristey, Croaten schwere Noth, Teufel, Hexen, truden, kreuz-Battalion und kein End, Potz Element, Luft, Wasser, erd und feuer, Europa, asia, affrica und America, jesuiter, Augustiner, Benedictiner, Capuziner, minoriten, franziskaner, Dominikaner, Chartreuser und Heilkreuzer Herrn, Canonici Regulares und irregulares, und Bärnheuter, Spitzbuben, Hundsfütter, Cujonen und schwänz übereinander, Eseln, büffeln, ochsen, Narrn, Dalken und fuxen! was ist das für eine Manier, 4 soldaten und 3 Bandalier?... Ich hoffe auch sie werden im Gegenteil, wie es auch so ist, meine briefe richtig erhalten haben, nemlich einen von hohenaltheim und 2 von Mannheim, und dieser, wie es auch so ist, ist der dritte von Mannheim, aber in allen der vierte, wie es auch so ist. Nun muß ich schließen, wie es auch so ist, denn ich bin noch nicht angezogen, und wir essen izt gleich, damit wir hernach wieder scheißen wie es auch so ist; haben sie mich noch immer so lieb, wie ich sie, so werden wir niemahlen aufhören uns zu lieben« – hier fällt er in eine Parodie absurder Opernfloskeln – »wenn schon des Zweifels harter Sieg nicht wohl bedacht gewesen, und die Tiranney der Wütterer in abweg ist geschlichen, so frißt doch Codrus der weis Philosophus oft Rotz für habermus, und die Römer, die Stützen meines Arsches, sind immer, sind stets gewesen, und werden immer bleiben – kastenfrei.« Der Brief schließt mit dem Satz: »Je vous baise vos mains, votre visage, vos genoux et votre... afin, tout ce que vous me permettés de baiser.« Ein Satz, den nicht einmal Leitzmann unterschlägt, in der Hoffnung, daß die wenigsten ihn verstehen werden.

Anders gewiß klingen die Briefe an Konstanze, die er an Stelle einer geliebten Schwester heiratete, eine hübsche und triviale Frau, eine Art Papagena, an die ihn sinnliches Einverständnis fesselte, auch Eifersucht, denn wenn er sie auch gelegentlich flüchtig betrog, so mußte er sie doch oft genug an seine Ehre erinnern, weil sie sich, wie es in einem Brief heißt, von jungen Leuten die Waden messen ließ; Konstanze, ein wenig musikalisch, triebhaft, gehirnlos, lustig, so unfähig wie er, einen Haushalt zu führen, Geld einzuteilen, und gänzlich ahnungslos, welcher Mann da an ihrer Seite lebte. So schreibt er an sie: »Als ich die vorige Seite schrieb, fiel mir auch manche Träne aufs Papier; nun aber lustig! fange auf! es fliegen erstaunlich viele Busserl herum. Was Teufel! Ich sehe auch eine Menge. Ha! ha! Ich habe drei erwischt, die sind kostbar!...« Dies in einer Zeit, als er körperlich zusammenbricht, vor Geldsorgen nicht mehr aus noch ein weiß, die letzten Streichquartette entstehen, *Cosi fan tutte*, die preziöseste, geheimnisvollste seiner Opern, in der auch manche Träne fällt, in der es auch heißt: »Nun aber lustig!«, in der vier Marionetten sich miteinander, gegeneinander bewegen und die beiden Liebhaber auf Grund einer albernen Wette ihre Liebe auf die Probe stellen und ein fiktiver Abschied plötzlich zum herzzerreißenden, zum erschütterndsten aller Abschiede in der Weltkunst wird.

Die Briefe an das Bäsle scherzhaft, schalkhaft? Dem ersten Anschein nach. Ihre fiebrigen Wortfolgen, ihre Verballhornungen, ihre Prädilektion für Obszönes, Fäkalisches deuten so wenig das Wesen dessen, der sie schrieb, wie die zärtlichen Freundlichkeiten, die für Konstanze bestimmt waren. Sie sind ein ganz fernes, ganz verzerrtes Echo einer Musik, die Mozarts einzige Artikulation war. Wenn wir sie lesen, hören wir in uns den Widerhall einer Wirklichkeit, die sie nicht sind. Sie haben etwas von der trostlosen motorischen Heiterkeit der Ecksätze mancher Konzerte, von der stilisierten Trivialität der späten Kontretänze. Sie sind gestammelte Traumsprache aus einem Bezirk, in dem sich das Eigentliche, Wirkliche ereignet: Musik. So bedeutend der dokumentarische Wert dieser Briefe ist – Mozarts Innerstes enthüllen sie nicht. Und zwar nicht, weil das in der Absicht des Schöpfers diskretester und disziplinentester Musik gelegen hätte, sondern weil ihm keine andere Sprache zur Verfügung stand.

Man hat später mit Trauer und Zorn davon gesprochen, wie der Fünfunddreißigjährige im Dezember 1791 in einem Massengrab verscharrt wurde, wie kein Mensch hinter dem Sarg herging. Als Konstanze, die den dänischen Beamten Nissen, einen braven Mann, der nicht nur Mozarts Witwe, sondern auch seine Musik verehrte, geheiratet hatte – als Konstanze nach siebzehn Jahren endlich Zeit fand, den Friedhof zu besuchen, kannte kein Mensch mehr auch nur die Stelle, wo man Mozart begraben hatte. Im Grunde genommen war das alles in Ordnung. Er war begraben, also hatte es eine Vaccatur gegeben. Aber sie wußten immer noch nichts von ihm.

FRANZ FÜHMANN

I

Ein neuer Prosaband Franz Fühmanns nennt sich nach der längsten der in ihm enthaltenen Erzählungen *König Ödipus*. Er umfaßt, wenn ich nicht irre, alle bisherigen Prosaarbeiten Fühmanns mit Ausnahme seiner Schiffsbau-Reportage, des hervorragenden *Judenauto* und natürlich der Kinderbücher. Es stehen also auch einige Erzählungen in dem Buch, wie etwa die populären *Kameraden*, die schon früher an anderer Stelle veröffentlicht wurden. Mit Ausnahme dieser und einer anderen Geschichte hatte ich aus irgendwelchen zufälligen Gründen die Erzählungen Fühmanns bisher nicht gelesen. Um so größer war die Überraschung, die mir dieses Buch bereitete.

2

Daß ich die bisher veröffentlichten Erzählungen nur zum Teil kannte, war wirklich nur dem Zufall zuzuschreiben. Fühmann war mir aufgefallen, sobald ich seine ersten Gedichte gelesen hatte. Das war etwa 1950 gewesen. Ein junger Sudetendeutscher, der, ehe er in die Uniform der Wehrmacht stieg, die der SA getragen hatte, machte den Krieg in Griechenland und in der Sowjetunion mit, kam in sowjetische Gefangenschaft und ging später in die DDR, wo er zunächst einige Gedichte veröffentlichte. Eine Weile danach verschaffte ich mir jene Gedichte – es waren wenige –, die der junge Soldat Fühmann im Kriege geschrieben hatte und die bei Ellermann in Hamburg herausgekommen waren. Sie ließen antikisierende Klänge vernehmen, die den Nazis ins Konzept paßten, die aber auch, man darf es nicht übersehen, das Refugium der Besseren waren. Fühmann hatte sich nicht heroisch gegeben in diesen Gedichten, Abwehr und dunkle, leise Angst sprach aus ihnen, hier war nicht von Jüngerschen Stahlgewittern die Rede, sondern von einer Traklschen Menschheit, vor Feuerschlünden aufgestellt. Was dann kam, hat Fühmann später in dem bedeutenden Gedicht *Die Fahrt nach Stalingrad* darzustellen versucht.

Fühmann war, als er das Stalingradgedicht, als er seine Balladen und die Novelle *Kameraden* schrieb, noch ein sogenannter junger Schriftsteller, gewiß noch jung den Jahren nach, aber seines Metiers, seiner Mittel sicher, man hätte sich fragen können, bei wem er das alles gelernt hatte, wenn die Frage nicht so unsinnig gewesen wäre, denn an der Literatur ist ja so ziemlich alles erlernbar außer ihr selbst. Hier hatte offenbar einer jedenfalls seinen Beruf nicht verfehlt: was bei Fühmann sogleich auffiel, war die sichere Hand, die kräftige Leichtigkeit der Konstruktion, der Fabelführung, die Fähigkeit eines Erzählers, die großen Fragen der Zeit hinter den Peripetien eines Einzelfalls aufscheinen zu lassen, im Gegensatz zu jenen Minderbegabten, die es immer wieder gerade noch schaffen, ihren Gestalten Spruchbänder an die Münder zu heften. Dazu kam der zuverlässige Sinn der Selbstbeschränkung, verantwortungsbewußte Beschränkung auf das Darstellen des genau Bekannten, wahrscheinlich ein Wesenszug jedes wirklichen Talents: Fühmanns Leute, Milieu, Landschaft, das alles war erlebt und erfahren worden, mittelbar oder unmittelbar, es gab da keinen Mißgriff, keine falsche Prätention. Als ich den *König Ödipus* las, dachte ich an ein Wort von Anna Seghers, das sie mir einmal in anderem Zusammenhang gesagt hatte und demzufolge die Figuren eines wirklichen Schriftstellers nicht klüger sind, als sie zur Zeit und unter den Umständen ihres Handelns sein können.

Letzten Endes war alles, was Fühmann machte und was zum großen Teil in diesem Buch zusammengetragen ist, nationale Selbstkritik. Natürlich hatte an ihrem Anfang noch Deklaratives, Deklamatorisches gestanden – wie hätte es anders sein können. Sehr bald, in den Erzählungen eigentlich sofort, wurde die Selbstkritik im moralischen wie ästhetischen Sinne wirksam: sie wurde ohne große Worte vorgetragen, aber in großem Stil; sie verzichtete auf Bekenntnis und Beteuerung, aber die Identität von erzählten Figuren und Erzähler war unübersehbar; sie wurde nicht erklärt, sondern erwuchs aus Dargestelltem; sie war nicht peinlich zerknirscht, sondern ergreifend durch Authentizität. Sie äußerte sich leise, aber voll beharrlicher Leidenschaft, und stets lag auf dem Gelände dieser Prosa der eindringlich-unschuldige Blick der Poesie.

3
Da sind die *Kameraden*, die vielleicht bekannteste der Fühmannschen Erzählungen, man liest sie mit der gleichen Spannung wie vor einigen Jahren, diese Geschichte von drei Soldaten, die versehentlich einen Totschlag begehen, der umgemünzt wird in eine politisch-militärische Provokation. Ungemindert ist auf den ersten Seiten schon der Eindruck der Brüchigkeit eines Systems, dessen große Worte endlose Leere verhüllen, das einen Begriff wie Kameradschaft über Feigheit, Brutalität, kälteste Berechnung

breitet. Selten ist in der Literatur das Wesen des Faschismus, sein auf Jugendlichkeit geschminktes Alter, mit so gleichsam absichtsloser Deutlichkeit gezeigt worden. Und auf sehr plausible Weise wird das Wesen des deutschen Überfalls auf die Sowjetunion aus einer Episode gedeutet, die gewiß fiktiv ist, die sich aber gerade so hätte abspielen können.

Da sind zwei Erzählungen aus dem besetzten Griechenland, das *Gottesgericht* und *Die Schöpfung*, Novellen im klassischen Sinn, beide gleichermaßen zwingend, die eine von einer Gruppe Soldaten berichtend, die in einem abgelegenen Winkel des Landes stationiert ist und sich so langweilt, daß sie beschließt, aus lauter Tatendrang den Griechen zu erschießen, der für sie kocht, und zwar mit Hilfe eines sogenannten Gottesgerichts, das dem Opfer gar keinen Ausweg läßt; die andere, ebenfalls eine Episode aus dem Krieg in Griechenland mitteilend, geht von der Schöpfungsgeschichte aus, wie sie im Ersten Buch Mose erzählt wird, und verknüpft den Fortgang der Schöpfungstage kunstvoll und überzeugend mit den Ereignissen, die ein junger Soldat beim sogenannten Säubern eines Dorfes erlebt. Beide Male versteht Fühmann das Geschehen mit dem inneren Panorama der Handelnden zu verbinden, Seelen sichtbar zu machen, die keinen schönen Anblick bieten: ihr Miteinander von jugendlicher Arglosigkeit und Mordlust, Ephebentum und Vertiertheit, Kulturbrei aus Binding und Heinz Rühmann. Da braucht es keine Aufrufe und Ausrufe, Farben und Proportionen stimmen, ein Wolfsgeschlecht ist zu besichtigen. Fühmann hält sich dabei nicht auf, er kennt seine Aufgabe und führt sie energisch und ohne unnötige Abschweifung zu ihrem Ende. Er beherrscht seine Form und daher die Kunst des Schlusses – seine Schlüsse gleichen Donnerschlägen. Das Gottesgericht findet in der Tat statt – nach der Ermordung des Kochs, wenn die Deutschen zu spät wahrnehmen, daß die Partisanen ihre Abwesenheit benutzt haben, sich der deutschen Stellung zu bemächtigen. In der *Schöpfung* heißt es in einem jähen accelerando: »... doch da, aus dem Nichts, aus dem Ungewissen, aus Gott weiß welchem Nebel aufgestiegen, stand plötzlich ein Mensch vor ihm. Es war die Schöpfung, und ihr sechster Tag war angebrochen, der Mensch war aus dem Nichts erschienen, und der junge Soldat, seine Waffe hochreißend, sah nur zwei brennende Augen und eine hochfahrende Hand, und in seinem Hirn war es wüst und leer und Finsternis, und er sah der Hand einen Blitz entfahren, ein ungeheures Licht zersprengte ihn und alle andern, und dann war nichts mehr als die große heilige Ruhe des siebenten Tages.« Hier wird jedes von allem gehalten, der Beginn motiviert den Abschluß, plötzlich erscheint, hier sehr einleuchtend, ein Mensch als DER Mensch, als der erste Mensch, der Mensch der Schöpfung, der zwar gelegentlich in der Literatur auftaucht, aber im allgemeinen da nichts zu suchen hat. Dieses und ähnliches soll Fühmann erst einmal jemand nachmachen.

Da ist die große Erzählung *König Ödipus*, eine Abrechnung nicht mit einem Humanismus, wohl aber mit der ausgehöhlten Schale des Humanismus einer abgelebten Zeit, die nicht mehr imstande ist, den weiterwirkenden Inhalt eines Mythos zu deuten. Auch hier erweist sich Fühmanns Sinn für Phantastik, für die Phantastik der Realität, wenn er die Diskussionen der Partner und Komplizen unter tropischem Regen in verlassenen Tierkäfigen stattfinden läßt, der letzten Zuflucht einer deutschen Einheit auf dem Rückzug. Voller Phantastik auch das Prosastück *Kapitulation*, in dem am letzten Tage des Krieges ein junger Soldat zwischen Leben und Sterben vor einer gestaffelten Kulisse von Traumwirklichkeit nach einem Ausweg sucht. So wie Barlach in Güstrow, der die spanische Garrotte unablässig an seiner Kehle spürt, einen Ausweg sucht für seine Kunst, der die Zeit feindlich gesinnt ist, und diesen Ausweg nur in der Kunst selber findet.

Da ist die sehr anmutige Geschichte, die den Titel *Strelch* trägt. Man weiß, daß Fühmann viel für Kinder geschrieben hat, dies hier ist keine Erzählung für Kinder, sondern über Kinder, Kinder von heute, Kinder in der Deutschen Demokratischen Republik, der Bericht von einer kaum geglückten Dampferpartie und der Kollision von Phantasie und Wirklichkeit und von den Zusammenhängen, die zwischen Kunst und Kindern bestehen. Ich würde gern daraus zitieren. Aber man lese die Geschichte lieber selber ganz nach.

Vielleicht ist das die schönste Geschichte in dem Buch. Vielleicht auch eine andere.

Als ich vor einigen Jahren Fühmann in Leningrad bei einem internationalen Schriftstellertreffen begegnete, machten wir zusammen eine Fahrt mit dem Motorboot durch den Hafen und ein Stück hinaus aufs Meer. Der Tag war blau, frisch, voller Wind. Wir waren Russen, Italiener, Deutsche, Engländer. Wir unterhielten uns und lachten, auf dem Deck sitzend oder liegend. Abseits stand Fühmann, ein großer, massiver Mann, eigentlich schüchtern, dabei umgänglich, kein Redner; uneitel; sein Anzug flatterte um ihn. Ich wollte ihm etwas Lustiges zurufen, da sah ich sein Gesicht, verwandelt, von etwas hingerissen. Er sah etwas. Was sah er da? Ich mußte an den Tag denken, als ich jetzt zum erstenmal *Böhmen am Meer* las, dieses Meisterstück, ein Märchen, ein Stück Heute, eine Sage von Menschenverachtung und Solidarität, von Landsmannschaften und einem Staat namens Deutsche Demokratische Republik, von nördlichem Exil und südlichem Verlust. Und von jener wirklichen, gänzlich unsentimentalen Heimatliebe, die sich selber nie beim Namen nennt.

Es ist Zeit zu schließen. Ich gerate ins Schwärmen. Immerhin sind Anlässe dazu nicht allzu häufig. Zu meiner Entschuldigung sei es gesagt.

BRAUNE PRESSE

Dies ist eine Lektüre besonderer Art. Man liest: »Welche Schlagzeile würden Sie 1967 am liebsten in der Zeitung lesen? Diese Frage stellte die *Süddeutsche Zeitung* 21 sogenannten Prominenten. Der von seinen Anhängern als Künstler bezeichnete HAP Grieshaber antwortete: ›Deutsche National- und Soldatenzeitung eingegangen‹. Sein frommer Wunsch wird nicht in Erfüllung gehen. Die *Nationalzeitung* ist gesünder denn je; im vergangenen

Vierteljahr ist ihre durchschnittlich verkaufte Auflage je Woche um mehr als 8000 Exemplare gestiegen. Aber all jenen Zeitungen, die gegenwärtig am Krepieren sind, möchten wir nochmals anbieten, sie aufzukaufen.« Abgesehen von dem Umstand, daß HAP Grieshaber keineswegs nur von seinen Anhängern als Künstler bezeichnet wird, sondern einer der bedeutendsten deutschen Graphiker der Gegenwart ist, hat die in München, der Hauptstadt der Bewegung, erscheinende *Nationalzeitung* sicher recht. Wann ging schon im kapitalistischen Deutschland jemals so etwas schlecht, an Geldgebern fehlte es da nie, und es wäre naiv zu glauben, daß der Bankier Schröder, der Hitler in den Sattel hob, der letzte seiner Art gewesen ist. Da liegt so etwas also vor einem, schon wieder oder noch immer, und will betrachtet sein. Selbst die Karikatur, die über dem Zitat steht, könnte aus dem *Stürmer* oder dem *Angriff* stammen. Sie zeigt einen kühnblickenden, wenn auch leicht knickebeinigen Ritter, an dessen Brust sich ein eichenlaubbekränztes Mädchen birgt. Vor ihm schlängelt sich eine Hydra, deren Köpfe die Namen »Lüge«, »Hetze«, »Haß«, »Diffamierung« tragen. Die Aufschrift auf dem Brustpanzer des Ritters dagegen lautet: *Nationalzeitung*. Und damit auch der Dümmste begreift, worum es sich handelt, gibt die Unterschrift den Wunsch Germanias wieder: »Bitte, rette du mich vor dem Ungeheuer!« Das Ungeheuer hat viele Namen: sie lauten Wiedergutmachung oder Atomsperrvertrag, Kriegsverbrecherprozesse oder Anerkennung der Grenzen, Gewerkschaften oder Linksintellektuelle, SPD oder KPD, Amerikaner oder Sowjets, Juden oder Tschechen, vor allem aber DDR, und das ist eigentlich ganz in Ordnung. Kommt die Nationalzeitung auf die DDR zu sprechen, und das tut sie etwa zehnmal pro Seite, so führt sie journalistische Veitstänze auf. Sie gerät schon in Rage, wenn irgendwo jemand vorschlägt, die drei Buchstaben nicht mehr länger mit Anführungsstrichen zu versehen.

Es wäre nicht richtig zu behaupten, die *Nationalzeitung* oder auch die *Deutschen Nachrichten*, das offizielle Blatt der NPD, glichen der Nazipresse schlechthin wie zwei Eier einigen anderen. Genauer ist die Feststellung, daß die *Nationalzeitung* von 1967 dem *Völkischen Beobachter* von, sagen wir, 1928 gleicht. Beiden wiederum gleichen die *Deutschen Nachrichten*. Es sind die gleichen versteckten Drohungen, Behauptungen ohne Beweise, Winke mit dem Zaunpfahl. Es ist die gleiche freche Inanspruchnahme von Legalität, Verfassungsrechten und selbst von Begriffen, die den Kampf gegen diese Presse und was hinter ihr steht zur Voraussetzung und zum Inhalt haben, wie Rassenhetze, Völkerhetze, Kriegshetze. Man schleicht sich legal in die Macht, und man weiß, wie das gemacht wird. Vor einer Wahl schreiben die *Deutschen Nachrichten*: »Jede provozierte handgreifliche Auseinandersetzung mit bestellten und bezahlten ›Demonstranten‹ ist ein Schlag gegen die NPD. Für Ruhe und Ordnung ist ausschließlich die Polizei zuständig. Ihren Anordnungen ist in jedem Fall nachzukommen. Damit unterstützen wir den schweren Dienst der Polizeibeamten auch am besten.« Dem treudeutschen Augenaufschlag, der das Verständnis für den schweren Dienst der Polizeibeamten begleitet, folgt sogleich das Augurenlächeln: »Die Polizisten wissen ohnehin: die NPD steht auf seiten der öffentlichen Ordnung.« Wie denn auch nicht ... Vor dreißig Jahren riefen Pariser Demonstranten: »La police avec nous!« Aber das war die Volksfront und in Frankreich. In der deutschen Bundesrepublik ist das gottseidank anders. Zumal man weiß, wo ein großer Teil der Polizisten und vor allem ihre Kommandeure gelernt haben, sich ihren Begriff von öffentlicher Ordnung zu bilden.

Ich entsinne mich, wie ich als Berichterstatter auf dem Nürnberger Prozeß gegen die Hauptkriegsverbrecher vor über zwanzig Jahren aus einer Entfernung von etwa acht Metern Göring beobachtete, während der Ankläger die Verbrechen der Nazis an den Juden behandelte.

Herr Göring war das gute Gewissen in Person. Sein Gesicht drückte äußerstes Befremden und entschiedenen Widerwillen aus. Bei der Anführung besonders entsetzlicher Tatsachen schüttelte er ungläubig den Kopf. Seine ganze Haltung zeigte: wie konnte so etwas nur geschehen. Schließlich war er nur der zweite Mann im Dritten Reich gewesen.

Mit ähnlichen Judenfreunden haben wir es bei der *Nationalzeitung* zu tun. Auch sie sind so lange fassungslos, bis ihr bestialischer Antisemitismus, für kurze Zeit zurückgestaut, sich einen Weg ins Freie bahnt. Natürlich sieht der ein bißchen anders aus als im Jahre 1928 oder 1944. Die *Nationalzeitung* ist bereit, die Überlebenden in gute und schlechte Juden einzuteilen. Gute Juden in ihrem Sinne haben sogar Anspruch darauf, als Deutsche gelten zu dürfen. Da möge noch einer sagen, daß Redakteure und Hintermänner der *Nationalzeitung* Nazis seien. Gute Juden, also jüdische Deutsche sind solche, die bereit sind zuzugeben, daß die Nazis keine sechs Millionen Juden umgebracht haben, die willens sind, die NPD anzuerkennen, und keinen Anspruch darauf erheben, ihr geraubtes Vermögen zurückzuerhalten. Bekanntlich zahlt die Bundesrepublik den wenigen überlebenden Juden Entschädigungen und Renten, freilich bedeutend weniger als den weitaus zahlreicheren aktiven Antisemiten. Die Entschädigung für Juden ist ein Lieblingsthema der *Nationalzeitung* oder der *Deutschen Nachrichten*. Man weiß, daß Geldfragen deutsche Idealisten nie interessiert haben – sie sind eine Domäne streikender Arbeiter, von Franzosen, Engländern, Amerikanern, Juden und ähnlichen Minderrassigen. Eine Zeitlang hatte die *Nationalzeitung* vorgegeben, das teutonische Blutgeld sei eine angemessene Sühne für Völkermord – heute möchte sie es am liebsten zurückhaben, denn der Appetit kommt auch Idealisten beim Essen, und die Frechheit wächst mit den Wahlerfolgen. Der Begriff des Antisemitismus erscheint infolgedessen in den Spalten der *Nationalzeitung* nur noch in Anführungsstrichen, wenn nicht gerade den überlebenden Juden mit Nachdruck ins Gewissen geredet wird. Das geschieht meist in der Form von Leserbriefen, die den »guten« Juden nahelegen, möglichst nicht aufzufallen, andernfalls die aufgebrachten Abonnenten der *Nationalzeitung* sich entschließen könnten, Antisemiten zu werden. Auch das ist nicht unbekannt: mit Erpressung arbeiteten sie schon 1928, und auch damals war nicht der Mörder, sondern der Ermordete schuldig. Die Kontinuität dieser Betrachtungsweise zeigt sich auch, wenn man von der Weimarer Republik und der Machtergreifung Hitlers spricht. Daß die Weimarer Republik nicht von rechts, sondern von links bedroht wurde, kann man natürlich nicht nur in der *Nationalzeitung*, sondern genausogut in der *Welt* lesen. Über den Reichstagsbrand heißt es: »Hitlers Partei hatte noch nie einen Hehl daraus gemacht, daß die Kommunisten ihr Hauptfeind waren. Was lag näher als die Furcht, die KPD würde der Verfolgung und Vernichtung durch die neue Reichsregierung mit einem Aufstand zuvorkommen?« In der Tat, das erklärt vieles; und angesichts so vieler ungesühnter Verbrechen, vom Mord an Liebknecht, Luxemburg, Leviné, Eisner bis zu den Schädelstätten von Dachau, Buchenwald, Auschwitz entringt sich uns unwillkürlich der Ruf: Die armen, armen Mörder!

Und sonst? »Sie wird immer beliebter«, heißt es in einer Selbstanzeige, »immer mehr lesen die Nationalzeitung, weil sie Dinge sagt, die sonst verschwiegen werden, weil sie Hintergründe aufdeckt, weil sie die Wahrheit berichtet.« Die Wahrheit sieht so aus: Ein Bild von Notre-Dame in Paris. Text: »Während der deutschen Besetzung der französischen Hauptstadt im Zweiten Weltkrieg ließ die Kommandantur in der berühmten Kathedrale erstklassige Konzerte geben.« Das hatte man bisher nicht gewußt, sondern immer nur ganz einseitig von anderen Veranstaltungen der deutschen Kommandantur gehört. Ein zweites Bild: ein Angler am Quai einer französischen Stadt, beobachtet von zwei deutschen Soldaten. Text: »Erst als die Mordhetze gegen die deutsche Besatzung von jenseits des Kanals immer heftiger wurde und Moskau seine Mordbefehle erteilte, wurde das Klima an der Seine vergiftet, wurden Deutsche aus dem Hinterhalt ermordet, nahm der tückische Terror unerquickliche Formen an. Vorher lebten Einheimische und Besatzer geradezu einträchtig nebeneinander.« Hier werden, wie man sieht, Hintergründe aufgedeckt; endlich begreift man, wie infam der völkerverbindende deutsche Krieg von den Unterworfenen sabotiert wurde.

»Es gibt nur Ruhe und echten Frieden in Europa und damit auf der Welt, wenn das deutsche Volk sein gutes Recht bekommt.« Sein gutes Recht nämlich, als Besatzer mit den Einheimischen geradezu einträchtig nebeneinander zu leben. Übrigens hat man das schon oft gehört. Es war die revanchistische Platte nach 1918. Nach 1945 wurde sie von neuem aufgelegt. Und keineswegs nur in der *Nationalzeitung*. Sie tönt in alter Weise aus den Herren Adenauer, Lübke, Kiesinger e tutti quanti.

Und weiter? Artikelüberschriften: »Kiew, Hauptstadt der Goten«. Bildunterschriften: »Noch in Ketten demonstriert der Kennedy-Mörder Oswald mit geballter Faust seinen politischen Standort. Nach den neuesten Ermittlungen soll jedoch Kennedy das Opfer einer großangelegten kommunistischen Verschwörung sein.« Das »Jedoch« ist unbezahlbar – Fehlleistungen dieser Art sollte ein Fachmann klären. Der *Nationalzeitung* aber macht es nichts aus, im folgenden Kennedy als Moskauer Agenten zu entlarven. Womit wieder einmal die Hintergründe aufgedeckt werden: der kommunistische Verschwörer Kennedy wurde durch eine kommunistische Verschwörung erledigt.

Und noch weiter? Buchanzeigen. Hitlers Reden in vier Bänden, mit der Anmerkung »Kann nur geschlossen geliefert werden«. Es handelt sich um genau 2322 Seiten. *Freundliche Bosheiten* heißt ein Gedichtband des SS-Führers Gerhard Schumann, und der unvermeidliche Frank Thieß schreibt darüber: »Mit diesem Buch hat wirklich die klassische Form der Xenien eine Neugeburt gefunden, die fest in unserer Zeit steht.« Die fest in der Zeit stehende Neugeburt ist kein Einzelfall. Der Stil des Gelichters war von jeher kaum genügend, dafür aber auch so durchgehalten bis zur Bahre. In der Todesanzeige für eine Dame, die den Kreisverband Konstanz der NPD mitbegründet hatte, heißt es: »Ihr Leben war erfüllt von der Sorge um unser Deutschland und starb nun fern ihrer pommerschen Heimat.« Es annoncieren auch viele Deutsche, die alle »national- und sozialgesinnt« sind. In jeder Nummer wird ein Mittel namens Tätosan angezeigt: »Endlich ohne Tätowierung! Sichere Entfernung durch Tätosan!« Warum eigentlich, fragt man sich. Gerade jetzt?

RUDOLF LEONHARD

I

Das Folgende sage ich nicht, um mich Rudolf Leonhards zu entsinnen, sondern um an ihn zu erinnern, einen Menschenfreund, einen Patrioten, einen hervorragenden Dichter. Es ist nämlich materiell möglich, sich seiner zu erinnern dank einer Auswahl, die im Auftrag der Deutschen Akademie der Künste einer von Leonhards engsten Freunden, Maximilian Scheer, zusammengestellt hat. Ich habe das Gefühl, daß man diese Bücher bisher zuwenig beachtet hat.

Natürlich entsinne ich mich Rudolf Leonhards auch so, ohne seine Gedichte, seine Stücke, seine Hörspiele neben mir zu haben. Ich weiß nicht mehr, wann ich ihn zum erstenmal sah, aber unser erstes richtiges Gespräch fand an einem Sommertag unmittelbar vor Ausbruch des Krieges statt, in einem Gartenlokal am Ufer der Marne. Ich begann ein Gedicht zu rezitieren, das mir als Kind einen großen Eindruck gemacht hatte; es begann: »Krylenko, Fähnrich, unbekannten Stammes, / der weißen Zarengarde eingereiht...« Das Gedicht war geschrieben 1917 oder 1918, es war eines der ersten deutschen Gedichte über die russische Revolution gewesen, damals, vor fast dreißig Jahren, konnte ich es noch ganz hersagen, heute weiß ich nur noch diese Anfangsworte, ich habe es nie wieder gedruckt gefunden, auch in der neuen Auswahl steht es nicht, und es ist das Gedicht einer Wandlung, denn es wird geschildert, wie Krylenko, der übrigens eine historische Gestalt war, zu den Bolschewiki übergeht. Wandlung war ein Begriff, der in Leonhards Jugend einen hohen Kurswert hatte, ein Drama Ernst Tollers hieß so, später, als ich jung war, bedeutete das Wort wieder sehr viel, um das Jahr 1931 fielen dann Namen wie Bodo Uhse oder Richard Scheringer; heute hört man es kaum. Jedenfalls sagte ich, während wir einen Rosé tranken, dieses Gedicht auf, und Leonhard, mit aufgerissenen Augen, fragte mich: »Wie ist das möglich? Woher hast du das?« Ich hatte es ein paar Jahre zuvor in einer der expressionistischen, revolutionären Anthologien gefunden, die nach dem ersten Weltkrieg herausgekommen waren; vielleicht waren es die von Ludwig Rubiner herausgegebenen *Kameraden der Menschheit* gewesen. Rudolf Leonhards Verwunderung, seine Freude waren begreiflich: er, der auch erzählende und publizistische Prosa schrieb und mit Theaterstücken Aufsehen erregt hatte, war immer doch in erster Linie ein Lyriker gewesen und geblieben; für ihn, der schon seit 1927 in Paris lebte, hatte noch ein paar Jahre eine gewisse Möglichkeit bestanden, seine Gedichte in Deutschland gedruckt zu sehen – es hatte mit dem Jahr 1933 geendet. Und hier traf er plötzlich auf einen jungen Menschen, der ihm ein Gedicht aufsagte, das er vor Jahrzehnten geschrieben und selber halb vergessen hatte. Während er mir zuhörte an diesem Sommertag des Jahres 1939 und, durch Bäume und Büsche von uns getrennt, unsichtbare Leute in ihren Ruderbooten auf der Marne einander zuriefen, sah er genauso aus wie später, ein schön gewölbter Schädel mit wenig weißem Haar, ein energisches, kühnes, zugleich gütiges Gesicht, in dem die Augen auffielen, riesige blaue Augen, die den Gegenüber immer voll anblickten und Begeisterung, Lebensfreude und Vertrauen ausdrückten. Sein Blick war vielleicht das Merkwürdigste an ihm, er riß Schranken nieder, es war der freundschaftlichste Blick, den ich je bei irgend jemand gesehen habe. Es war eine seltsame entwaffnende Unschuld in dem Blick, der Mann hätte, wie man sagt, mein Vater sein können, aber in seinem Blick war etwas unzerstörbar Kindliches, was einem den unwillkürlichen Wunsch eingab, dem Mann beizustehen.

Er kannte Frankreich schon lange, sehr genau, er sprach und schrieb die Sprache aufs schönste, viele Politiker der Linken und die bedeutendsten Schriftsteller, Rolland, Roger Martin du Gard, Gide, Aragon, waren mit ihm bekannt, selbst befreundet, unter den Franzosen, die ich damals kennenzulernen begann, war nicht einer, der nicht von Leonhard sprach, nicht mit Liebe und Hochachtung von ihm sprach; alle nannten ihn »Rodolphe«, wenn sein Name fiel. Er leistete eine vielgestaltige politische Arbeit, von der mir nur einiges bekannt ist, er war einer der Leiter des Schutzverbandes deutscher Schriftsteller, arbeitete in den Freundeskreisen der Volksfront, vertrat die deutsche Emigration im Internationalen Hilfskomitee für Spanien, fuhr selber für einige Zeit hinunter an die spanische Front und schrieb dann ergriffen, erschüttert einen Gedichtzyklus und einen Band Erzählungen, die dem Kampf in Spanien galten. Sicher lebte in ihm ein Schmerz, literarisch nicht in dem Maße wirken zu können, das seine große Begabung möglich gemacht hätte. Aber er war immer damit beschäftigt, Arbeiten deutscher Autoren französischen Verlegern zu empfehlen, denn er kannte viele von ihnen.

Der Krieg kam, Rudolf Leonhard steckte bald im schlimmsten aller französischen Lager, ich war in einem anderen und sah ihn jahrelang nicht mehr. Im Winter 1941 war ich in einer kleinen Stadt namens Castres und hatte keine Ahnung, daß Rudolf Leonhard mit einigen anderen deutschen Antifaschisten dort im Gefängnis saß. Ich war aus der Stadt wieder verschwunden, als Leonhard und seine Gefährten aus dem Gefängnis ausbrachen, nachdem sie die Wachen überwältigt hatten. Irgendwann sagte mir jemand, er sei tot. Im vorletzten Kriegsjahr gab mir jemand einen kleinen, illegal in deutscher Sprache gedruckten Gedichtband, den ich heute noch besitze. Das nach dem dortigen Brauch am Ende stehende Impressum lautet, in französischer Sprache: Beendigung des Drucks im August in der Provence unter der Nazibesetzung. Die Gedichte wendeten sich an die deutschen Soldaten; der Verfasser nannte sich mit einem naheliegenden nom de guerre Robert Lanzer; erst Jahre später erfuhr ich, wer sich hinter dem Namen verbarg. Etwa um die gleiche Zeit, zu der ich Rudolf Leonhard in Deutschland wiedertraf.

2

Seine Gedichte haben mir eigentlich immer Eindruck gemacht; viele von ihnen rechne ich zur wesentlichen deutschen Lyrik unseres Jahrhunderts. Gewiß nicht alle: Rudolf Leonhard gehörte zu jenen Lyrikern, die, im Gegensatz zu anderen, sehr leicht, sehr schnell, sehr viel schrieben und das Geschriebene so stehenlassen, wie es ihnen der erste Einfall befiehlt; er war ein extensiver Dichter. Es handelt sich da um einen poetischen Typus; man kann ihm nicht vorschlagen, sich in sein Gegenteil zu verwandeln. Natürlich gibt es dabei Abfall, aber Rudolf Leonhards hohe Musikalität, seine Sprachmächtigkeit und literarische Kultur bewahrten ihn vor Banalität und Langeweile – seine Gedichte sind interessant, sind voll ergreifender Spannung, weil in ihnen Zeit ungewöhnlich erfahren und in ihren eigentlichen, oft verborgenen Bezügen gedeutet wird. Für Leonhard wurde eigentlich alles zu Lyrik – er allein konnte ein poetisches Dokument zustande bringen wie jene Chronik, die den Namen seines Lagers trägt: Le Vernet, und die nicht etwa ein schwerfälliges Poem darstellt, sondern aus vielen, mehr als dreihundert Seiten umfassenden kleinen Gedichten zusammengesetzt ist, welche alle die vielen Aspekte einer qualvollen und kämpferischen Haft widerspiegeln. Dann: sein Ohr war sehr genau, er überhörte keine Bedeutung, die in einem Wort verborgen war, er klopfte das Wort ab wie eine Wand, um einen Durchgang, Ausgang zu finden, so etwa, wenn er gegen Kriegsende über den faschistischen Werwolf schrieb:

> Sie schrein die letzte Losung los:
> Werwolf!
> Sie schärfen die letzte Meute ein:
> Wer, Wolf?
> Wessen Wolf
> soll der Werwolf sein?

Dieses Gedicht endet:

> Die Deutschen müssen sich entscheiden
> wer Wolf
> und wer Mensch sein will!

Aus einem Beispiel wie diesem erhellt, was den Leonhardschen Vers treibt: Offenlegung des Wortsinns, Sinnlichkeit des Worts, Fortführung gewisser expressionistischer Traditionen. Er hatte nicht geschrieben: »Sie schärfen der letzten Meute ein...« »Einschärfen« wird hier im Sinne von »scharfmachen« gebraucht.

Die revolutionäre Kontinuität dieser Gedichte ist erstaunlich. Rudolf Leonhard war 1914 als Freiwilliger unter den Ersten an die Front gegangen. Schon im Februar 1915 schrieb er:

> Ich bin in die Schlachten herabgestiegen
> und habe das Grauen aufgesucht:
> mein Herz hat auch im wüstesten
>   Lärmen nicht geschwiegen,
> es hat gerast, geweint, geflucht –
> und wenn mir nach dem Frieden noch
>   zu leben beschieden ist,
> will ich immer lauter aussagen, was
>   dann zu sagen ist!

Was er hier so einfach, so prosaisch aussprach – wie die Lyrik vieler bedeutender Dichter besaß auch die seine dieses so wichtige prosaische Element –, hat er sein ganzes Leben hindurch gehalten; in diesen Worten steckt ein Programm. Im Kriege schreibt er auch den Zyklus *Polnische Gedichte*, zu dem er ein kleines Nachwort hinzufügt. Auch dieses Nachwort enthält schon im Jahre 1916 Formulierungen, die wir viel später immer wieder von ihm hören konnten: »Wer nicht andern Völkern das eigne Gut gönnt, nicht das Gedeihn andrer Länder wünscht, dem brauchen wir nicht zu glauben, daß er von Ländern und Völkern etwas weiß; auch vom eigenen nicht... Und es heißt deutsche Überlieferung aufnehmen, die beste und deutscheste Überlieferung, wenn wir mit den Völkern in die Zukunft gehen und die Hoffnungen eines schönen, stolzen und strebenden Volkes mitfühlen.«

3
Als ich Rudolf Leonhard 1946 oder 47 wiedertraf, war er äußerlich unverändert. Immer noch war da der wundervolle tiefe Blick der blauen Augen, sein langer Wanderer-Schritt, seine kindliche Begeisterung. Er fuhr noch einmal nach Paris, um vor der Übersiedlung seine Angelegenheiten zu ordnen. Da wurde er krank. Drei lange Jahre mußte er liegen, mußte sich acht Operationen unterziehen.

Dann kam er. Von den drei Jahren, die er bei uns lebte, zeugt ein verschollenes kleines Buch, voll von Begeisterung, von Liebe zur Gegenwart und Zukunft, von Lust des Dabeiseins und Mitmachens. Es heißt *Unsere Republik*. Es wird einmal mehr über die ersten Jahre der Deutschen Demokratischen Republik aussagen als heute bekanntere und gewichtiger dastehende Werke. Er war wirklich überall dabei. Er konnte das Glück nicht artikulieren, wieder in Deutschland, in einem neuen Deutschland zu sein.

Dann starb er, ganz schnell und allein, ohne, trotz allem, den Platz eingenommen zu haben, der ihm gebührte, der ihm immer noch gebührt. Und hatte noch ein Gedicht geschrieben:

Kein Haus hab ich gebaut und keine
Straße wird meinen Namen tragen.
Der Efeu, den am Feigenbaum
ich an die heiße Mauer zog,
ist angegangen, als ich lange
schon weg war. Keine Pflanze, die
ich pflanzte, hab ich wachsen sehn
und keine hab ich reif gekannt.
Ich flog im Winde, den ich liebte,
Same, der nicht fiel und fußte,
ich hab den Wind geliebt, ich hab
zu sehr geliebt, und wie die Winde
und mit den Winden bin ich ganz
vergangen.

LITERATUR UND DICHTUNG
IM DRITTEN REICH

»Der Nationalsozialismus ist heute eine feststehende geschichtliche Erscheinung, seine Fundamente sind eingelassen in den glanz- und opferdurchtränkten Boden Europas. Er wird Europa geben, und er wird aus Europa nehmen. Er wird die Fluten seiner ahnenschweren Vitalität durch abgelebte europäische Flächen ergießen.«

Und so weiter. Das Zitat steht nicht in der Dokumentation, von der die Rede sein soll; es könnte darin stehen. Sehen wir ab davon, daß ein aus dem Jahre 1933 stammendes Zitat vorwegnimmt, was erst später durch die Ergießung ahnenschwerer Vitalität den Boden Europas in der Tat zu einem opferdurchtränkten macht – daß der erwähnte Boden auch noch glanzdurchtränkt sein soll, hindert manche Zeitgenossen nicht daran zu behaupten, der Verfasser des Braundeutsch sei der deutsche Dichter des Jahrhunderts. Sagen wir es gleich: er heißt Gottfried Benn. Treffender konnte man es gewiß nicht formulieren: »Er wird Europa geben, und er wird aus Europa nehmen.« Daß er Europa den *Stürmer*, Generalgouvernements und Ruinen gab, daß er aus Europa Millionen von Fremdarbeitern, viele Tonnen Zahngold und zahllose Meisterwerke nahm, hat sich herumgesprochen.

Dies also ist das trübste Kapitel in der Geschichte der deutschen Literatur, dafür ist es aber auch sehr lang. Die Dokumentation, die Joseph Wulf unter dem Titel *Literatur und Dichtung im Dritten Reich* zusammengestellt hat, umfaßt mehr als 450 Seiten und könnte leicht den doppelten Umfang haben. Ein Kompendium des Jammers, der Niedertracht, des Verrats am Geist, sofern hier noch etwas zu verraten war, denn Deutschland hatte den Geist aufgegeben, als das hier geschah, der Geist, die deutsche Literatur hatte die deutschen Grenzen fluchtartig hinter sich gelassen, als eine Schrifttumskammer die Dichtung ersetzte.

Bleiben wir einen Augenblick bei Benn, den keine Massenbewegung aus seiner solipsistischen Position hatte werfen können, bis ihn der Hitlerfaschismus veranlaßte – wir zitieren ihn –, im »Verlust des Ich an das Totale, den Staat, die Rasse, das Immanente, in der Wendung vom Ökonomischen zum mythischen Kollektiv, in diesem Allem das anthropologisch Tiefere zu sehen«. Unter dem Eindruck von Benns autobiographischen Aufsätzen, vor allem von *Doppelleben*, das 1950 erschien, verbreitete sich die Legende, Gottfried Benn habe schon kurze Zeit nach der Machtergreifung Hitlers mit den Nazis gebrochen. Wahr daran ist lediglich, daß Benn 1938 aus der Reichsschrifttumskammer ausgeschlossen wurde. Die Nazis liebten es, ihren Bewunderern gelegentlich Fußtritte zu versetzen. Welche Mühe Benn sich mit ihnen gegeben hatte, geht nicht nur aus seinen berüchtigten Aufsätzen *Der neue Staat und die Intellektuellen* und *Geist und Seele künftiger Geschlechter* hervor, es steht auch in einigen Briefen, die in der Wulfschen Dokumentation wiedergegeben sind. Es sind Briefe an Benn, nicht von ihm, und der Inhalt der Bennschen Episteln geht nur indirekt aus den Schreiben seiner Briefpartner hervor. Es handelt sich um Briefe des J.F. Lehmann-Verlags in München, eines der ältesten faschistischen Verlage, der auch heute wieder tätig ist, und eines gewissen Willrich, der in einem dort erschienenen Buch *Säuberung des Kunsttempels* Benn aufs Korn genommen hatte. Zu Willrichs Vorwurf des »Kulturbolschewismus« an die Adresse Benns, der damals Oberstabsarzt in der Wehrmacht war, schreibt Lehmann: »Der Vorwurf wird... dadurch bekräftigt, daß Ihre Werke in engster Gemeinschaft veröffentlicht sind mit den bekanntesten und berüchtigtsten Namen der ehemals in Deutschland lebenden Kulturbolschewisten...: Heinrich Mann, Franz Werfel, Karl Sternheim, Theodor Däubler, Paul Adler, Max Brod, Albert Ehrenstein und Max Hermann-Neisse.« Wie Benn, um sich reinzuwaschen, argumentierte, geht aus folgenden Sätzen Lehmanns hervor: »Sie versuchen nun..., Ihren Leistungen aus der Kriegs- und Nachkriegszeit Positives aus späteren Jahren gegenüberzustellen. Leider geben Sie die Quelle für Ihre Auseinandersetzungen mit einigen bolschewistischen

Schriftstellern nicht an. Die mit Tretjakow« – gemeint ist ein hervorragender sowjetischer Schriftsteller, der übrigens mit Brecht befreundet war – »habe ich... gefunden. Sie ist so in der Sprache Ihrer Gegner gehalten und so aus dem Gesichtspunkt des Intellektualismus gesehen, daß sie für unsereinen kaum genießbar ist. Als kämpferisch kann ich sie nicht empfinden.« Benn hat sich offenbar auch auf einen Aufsatz über die Erschießung der Engländerin Edith Cavell durch die Deutschen im Jahre 1915 berufen. Lehmann schreibt: »Es versteht sich ja für einen deutschen Sanitätsoffizier wohl von selbst, daß er für den Standpunkt der deutschen Regierung eintritt... Auch das schließt aber den Vorwurf des Kulturbolschewismus nicht aus, denn es ist durchaus möglich, daß sich jemand in allgemeinen nationalpolitischen Dingen im wesentlichen richtig verhält und trotzdem kulturpolitisch eine ganz andere Linie einhält.« Willrich schreibt drohend an Benn: »Ich zweifle nicht, daß Sie es vorziehen werden, Ihren verehrten Heinrich Mann im Ausland zu besuchen, als die Antwort des Führers abzuwarten.« Der »Führer« meldete sich übrigens nicht zum Wort. Der Briefwechsel wurde noch im Jahre 1937 von anderer Seite, und zwar zu Benns Gunsten, beendet. »Benn«, heißt es da, »hat sich seit dem Jahre 1933 und auch schon früher in nationaler Hinsicht absolut einwandfrei gehalten. Jetzt wie ein Amokläufer gegen diesen Mann vorzugehen..., halte ich für unnötig und unsinnig. Ich habe meinen gesamten Dienststellen verboten, sich in die Angelegenheit Benn irgendwie einzumischen.« Dieser Brief trägt die Unterschrift Heinrich Himmlers.

Die Benn und Binding stellen die lettres de noblesse in Sachen Literatur dar, die die Mordbrut braucht. Andere tragen Uniform. Hanns Johst, von dem ein Wort aus dem Drama *Schlageter*: »Wenn ich das Wort Kultur höre, entsichere ich meinen Browning« sein übriges Werk überlebt hat, Präsident der Reichsschrifttumskammer, bringt es bis zum SS-Gruppenführer. Auch er empfängt Briefe, z.B. im Jahre 1941 von einem Kumpan, dem SS-Obergruppenführer Lorenz: »Die einzige Möglichkeit, Dir ein passendes ›Mädchen‹ zu besorgen, geht über Litzmannstadt. Ich habe mich schon an den höheren SS- und Polizeiführer gewandt, aber bisher noch keine Antwort erhalten. Wenn ich Zeit hätte, würde ich persönlich nach Litzmannstadt fahren und Dir eine Jungfrau suchen, die vor Deinen künstlerischen Augen Gnade findet.« Oder aber der SS-Brigadeführer Ohlenburg schreibt ihm: »Lieber Kamerad Johst! Anliegend übersende ich Ihnen zu Ihrer persönlichen Unterrichtung einen Bericht zur Lage im Schrifttum.« Die Pointe dieses Briefes liegt im Briefkopf. Dort steht: Der Chef der Sicherheitspolizei und des SD, Berlin SW 11, Prinz-Albrecht-Straße. Johst schreibt aber auch Briefe, z.B. an den Reichsbauernführer Darré: »Ich ehrte Sie innerlich immer als den schöpferischen Schriftsteller im Raume der deutschen Geschichte...« Denn Darré ist Johsts Berufskollege, und der Titel seines Hauptwerks, 1926 erschienen, lautet *Das Schwein als Kriterium für nordische Menschen und Semiten*.

Edwin Erich Dwinger lebt nicht nur unbehelligt und wohlhabend in Westdeutschland, seine grauenvolle Literatur erreicht dort auch Rekordauflagen. Ein Dichter wendet sich folgendermaßen an den Förderer seiner Arbeit, der schon wieder Heinrich Himmler heißt: »Zuvor möchte ich meinen Dank für jene Großzügigkeit abstatten, denn sie bewies mir genau jenes tiefe Verständnis für die Notwendigkeiten meiner künftigen Arbeit. Ich hielt mich zuerst einige Tage in Warschau auf, wo mich der Kommandeur des SD ausgezeichnet informierte. Ihr gütiges Einverständnis voraussetzend verbleibe ich daher bis dahin, daß ich mich wie bisher beim Standartenführer Ullmann melde, sobald ich wieder für Ihre Aufgabe frei bin, um auch weiterhin in der von Ihnen angeregten Art an der Neuordnung Rußlands teilzunehmen.« Der volle Titel des Dichters lautet übrigens SS-Obersturmführer (Sonderführer).

Man befaßt sich auch mit Literaturgeschichte. Die Reichsschrifttumskammer beantwortet eine Anfrage des berüchtigten *Stürmer*, des antisemitischen Zentralorgans, das gern wissen möchte, wer eigentlich sich hinter den Namen Diderot oder Dickens verbirgt: »Hier handelt es sich um den bekannten englischen Romanschriftsteller Charles Dickens (Mitte des 19. Jahrhunderts). Es ist hier nichts bekannt geworden, daß Dickens Jude oder Nichtarier sein soll. Auch hinsichtlich der bekannten französischen Schriftsteller Emile Zola, Victor Hugo, Diderot (18. Jahrhundert) ist nichts hinsichtlich der rassischen Abstammung bekannt.« Beinahe fünfhundert Seiten Denunziationen, Ruf- und anderer Mord, Beschimpfungen der edelsten Gestalten deutscher Dichtung, Anschmeißerei, elende SA-Poesie. Ich habe viel zitiert, nach der Empfehlung des Machiavell: »Sag, was er sagt. Aus seinem eignen Munde laß ihn sich verdammen...«

Ein Sumpf aus analphabetischer Gemeinheit, Blut und Dreck. Es kann, es darf nicht vergessen werden, daß das Gelichter, soweit es nicht gestorben ist, auch heute noch schreibt. Und veröffentlicht. In einem deutschen Staat, dessen Namen ich nicht verrate. Bei uns hier gab es vor kurzem Diskussionen über zwei deutsche Literaturen. Falls es diese zwei gibt, und sofern man eine Kloake Literatur nennen will – Joseph Wulf hat sie, die zweite, die andere, in seiner verdienstvollen Dokumentation vorgezeigt.

AMBROSE BIERCE

Eine Erzählung beschreibt, wie ein Kind allein durch einen sonnigen Herbstwald läuft, ein Sechsjähriger, Sohn eines Pflanzers. Das Kind ist glücklich, es spielt mit sich selber und seiner Umgebung, es hat sich ein hölzernes Schwert gemacht und ist dabei, einen angenommenen unsichtbaren Feind zu verfolgen, der ihm gelegentlich Widerstand leistet und von neuem zur Flucht gezwungen wird. Das Kind ist Nachkomme und Erbe kriegerischer Generationen, die von weit her gekommen sind, einen Kontinent erobern und besiedeln mußten; sein Spiel hat mit Geschichte wohl etwas zu tun, obwohl ja auch Kinder in anderen Zonen ähnliche Spiele lieben. Das alles ist beinahe ein Idyll, da ist der Wald, das Sonnenlicht im Laub, ein Bach, aber da ist auch Furcht, plötzliche unheimliche Kinderfurcht, denn neben dem vorgestellten ist ein wirklicher Feind aufgetaucht, ein Kaninchen mit schrecklichen langen Ohren, und das Kind flüchtet blindlings, es verirrt sich, es weint, es schläft schließlich erschöpft ein, und als es wieder erwacht, ist es schon dunkel. Jetzt fürchtet es sich nicht mehr, auch als es ein Tier wahrzunehmen glaubt, das aber bei genauerem Hinsehen ein Mensch ist, ein Mann, mehrere Männer, viele Männer, die durch den Wald schwanken und kriechen, lautlos, mit weißen Gesichtern, blutig. Das Kind findet sie drollig, es läuft zwischen ihnen umher, es beginnt von neuem zu spielen, es bildet sich ein, die Männer stünden unter seinem Befehl, mit seinem Holzschwert gibt es ihnen Zeichen, schließlich verläßt es sie. Es hat am Waldrand etwas Neues gefunden, ein brennendes Haus. Das Kind tanzt vor Vergnügen, es versucht die Flammen nachzuahmen, aber wie in einem Traum ändert sich die Szenerie, plötzlich kommt alles dem Kind seltsam vertraut vor, es ist sein Elternhaus, und nun findet es die verstümmelte Leiche seiner Mutter. Dann heißt es: »Das Kind fuchtelte mit seinen kleinen Händen und machte wilde, unbestimmte Gebärden. Es stieß eine Reihe unartikulierter, unbeschreiblicher Schreie aus – etwas zwischen dem Schwatzen eines Affen und dem Kollern eines Truthahns – einen erschreckenden, seelenlosen, unheiligen Laut, die Sprache des Teufels. Der Junge war nämlich taubstumm.«

Diese Greuel lassen keinen Zweifel zu: was zwölf Seiten zuvor als Idyll begonnen hat, ist der amerikanische Bürgerkrieg, wir befinden uns im Jahre 1863, und was wir erlebt haben, ist eine Episode der Schlacht von Chickamauga. Dieses Kind, das Krieg spielt, das sich vor einem Kaninchen, aber nicht vor verstümmelten Männern fürchtet, dem ein entsetzliches Geschehen endlich das wirkliche Grauen beibringt, dem es gar nicht Ausdruck geben kann, und das allein, einem nur allzu gewissen Schicksal überlassen, in einem Universum aus Tod und Zerstörung zurückbleibt, ist ein Geschöpf des amerikanischen Erzählers Ambrose Bierce.

Bierce ist, von den USA und allenfalls England abgesehen, lange so gut wie unbekannt geblieben. Er wurde 1842 in einem kleinen Ort im Staat Ohio geboren, als jüngstes von neun Kindern eines armen Farmers. Man kann gewisse Schlüsse auf seine

Kindheit aus der Tatsache ziehen, daß er eine größere Anzahl von Geschichten schrieb, in denen der Vatermord eine Rolle spielt. Er besuchte keine gute Schule; jedenfalls ist eine Beziehung zwischen seinem Bildungsgang und der Qualität seines späteren Werks schwer herzustellen. Er war achtzehn Jahre alt, als der Bürgerkrieg ausbrach und er als Freiwilliger der Armee der Nordstaaten beitrat. Er begann als Trommler im 9. Infanterieregiment, wurde verwundet; als der Krieg zu Ende ging, war er Offizier. Der Krieg hat ihn für den Rest seines Lebens geprägt, die meisten seiner Geschichten behandeln den Krieg, aber der Krieg hat nicht allein seine Themata bestimmt, sondern auch seinen Blick auf die Welt, seinen Stil. Er lebte hauptsächlich in San Francisco, wurde Journalist, keiner von der besten Sorte, vielmehr einer von jenen, die man in Amerika hack writers nennt. Er heiratete, ging für fünf Jahre nach London, kehrte wieder nach San Francisco zurück, wo er jetzt allmählich einen beträchtlichen, freilich lokal begrenzten Einfluß gewann. Die Zeitungen ließen ihn nicht mehr los. Sein persönliches Leben war bestimmt von Fehlschlägen und Familientragödien. Seine Frau verließ ihn. Sein ältester Sohn kam in einer Schießerei um, der jüngere trank sich zu Tode. Ambrose Bierce war einundsiebzig Jahre alt, als er im Jahre 1913, wie andere Schriftsteller vor ihm, aus der Gesellschaft ausbrach, die ihn so lange mit unerträglichem Zwang umstellt hatte – er flüchtete nach Mexiko, in die Revolution. Man hat ihn nie wieder gesehen, nie wieder etwas von ihm gehört.

Bierces erstes Buch hatte keinen Verleger gefunden – der Autor hatte es auf eigene Kosten herausgebracht; es trägt einen entsprechenden Hinweis. Sicherlich hat Bierce im letzten Halbjahrhundert einen bescheidenen Platz in der amerikanischen Literatur eingenommen – seine eigentliche Bedeutung wurde erst allmählich begriffen, und außerhalb Amerikas und Englands ist sein Ruhm vielleicht zehn Jahre alt. Im deutschen Sprachgebiet kamen mehrere Ausgaben seiner Kurzgeschichten in den letzten drei, vier Jahren Schlag auf Schlag heraus. Bierces merkwürdige Aktualität wurde entdeckt; dabei versäumte keiner seiner Herausgeber zu versichern, er sei eigentlich kein großer Schriftsteller.

Man ist bemüht, ihm stilistische Schwächen, einen Hang zum Melodramatischen, eine Unsicherheit des Geschmacks nachzuweisen.

Darüber soll nicht gestritten werden. Ein Schriftsteller, gezeichnet von einer dubiosen Brotarbeit, ist immerhin sicherlich so bedeutend wie das, was ihm gelungen ist. Deutlich entsinne ich mich des Eindrucks, den mir vor fünfundzwanzig Jahren beim ersten Lesen *An Occurence at Owl Creek Bridge* (Eine Begebenheit an der Eulenflußbrücke) machte, eines Eindrucks, der so jäh, alles übrige ausschließend und imperativ war, daß ich ihn nur durch den Versuch bewältigen konnte, selber auf der Stelle etwas nach dem doch unnachahmlichen Modell des unvergleichlichen Stücks zu versuchen. Auch diese zehn Seiten sind eine Kriegserzählung: Ein Späher der Südstaaten, zum Tode verurteilt, der auf der Brücke gehängt werden soll, blickt noch einmal in die wirbelnden Wasser unter ihm, überlegt, wie es ihm gelingen könnte, der Schlinge zu entkommen, hinabzutauchen, zu seinem Hof, seiner Familie zurückzukehren. In der Tat – der Strick reißt, er befreit sich unter Wasser von den Fesseln an seinen Händen, die Schüsse, die man ihm nachsendet, treffen nicht, er gewinnt das Ufer, irrt durch ungeheure, fremdartige Wälder und erreicht die Seinen im Augenblick, da ihn der Tod ereilt: er hängt an der Brücke, und alles, was sich begab vom Augenblick des Fluchtbeginns an, ist Halluzination gewesen, Produkt eines wahnsinnigen, verzweifelten Wunsches in der Dauer jener Sekunde, die zwischen seinem Sturz vom Brett und dem Sichstraffen des Stricks lag. Bedeutend ist diese Erzählung zunächst durch ihren souveränen, nicht in Frage zu stellenden Bau, der dem einer Kleistschen Novelle nicht nachsteht, dann aber durch die Präzision, den Realismus, mit dem Halluzinatorisches, Visionäres dargestellt wird. Dies ist durchaus neu und, möchte man sagen, *richtig*; wenn ein minderer Autor hier gerade sich in Unschärfe, Vagheit geflüchtet hätte, weil ihm diese Mittel als die entsprechenden erschienen wären, und nicht nur aus diesem Grunde, sondern auch, weil er sich in der Materie nicht genau auskennen würde, so bedient sich Ambrose Bierce gerade der entgegengesetzten Mittel. Sein Lakonismus, die Akribie, mit der er visuelle und akustische Akzente setzt, sein reporterhaftes Dabei-Sein schließen jede Flunkerei aus; der, dem die Geschichte erzählt wird, entdeckt zu seiner Bestürzung, daß er identisch ist mit dem Helden der Geschichte, mit diesem Sterbenden, daß Halluzination nicht angeblich dies oder jenes ist, an das man nach dem Willen des Autors doch bitte glauben soll, sondern daß Realität und Wunschtraum sich aufs phantastischste durchdringen, daß man selber in die Halluzination hineingeführt, zu ihr verführt wurde.

Neu, beklemmend, von quälender Eindringlichkeit sind die Elemente, aus denen Bierce immer wieder seine Geschichten fügt, sind die harten Konturen eines Details inmitten flutender Visionen. In der Erzählung *Der Reiter am Himmel* tötet ein auf Vorposten liegender Soldat einen feindlichen Offizier, der sein eigener Vater ist. Diese Pointe klingt melodramatisch, ist es aber keineswegs – es handelt sich um einen für den amerikanischen Bürgerkrieg durchaus typischen Vorfall. Wichtig an der Erzählung sind zwei andere Umstände: es ist der Blick, mit dem der Posten den feindlichen Reiter auf einem Felsen betrachtet, »in den Hintergrund des Himmels mit der Schärfe einer Kamee eingeschnitten«, heißt es. Es ist weiterhin der Blick eines Augenzeugen im Tal, der Reiter und Pferd in jenem Moment wahrnimmt, in dem sie getroffen abstürzen; aber dieser Sturz erscheint den Bruchteil einer Sekunde lang als ein großartiger, unwirklicher Flug. »Fast glaubte er«, sagt Bierce von diesem Augenzeugen, »der auserwählte Chronist einer neuen Apokalypse zu sein.«

Das Interesse, das Bierce seit einigen Jahren geweckt hat, die Bereitwilligkeit, ihn in der großen Erzähler-Linie der Poe, Hawthorne, Melville, Crane zu sehen, hat die ursprünglich kleine Schar seiner Bewunderer nicht überrascht. Bierce selber ist der Chronist einer neuen Apokalypse. Der nächtliche Wanderer in einer seiner Erzählungen beobachtet einen lautlosen Heerzug, ähnlich jenem, den das Kind in *Chickamauga* erlebt – am nächsten Tag erfährt er durch eine Gedenktafel, daß hier eine große Schlacht stattfand. Der Krieg, den Bierce erlebt hat, den er schildert und den er zugleich in die Zukunft projiziert, endet nicht:

Bierces kurze Prosastücke sind Reportagen von den katalaunischen Feldern. Seine Toten sind nicht immer einwandfrei tot – so etwa jener Gefallene, den ein Offizier nach siegreichem Gefecht an einem Waldrand von seinem Platz aus beobachtet, der näherzukriechen scheint; am nächsten Tag findet man zwei Tote an jener Stelle. In der gräßlichen Erzählung vom *Vernagelten Fenster* bewacht ein einsamer Farmer nachts seine eben verstorbene Frau; Raubtiere, Panther schleichen um das Haus, einer springt ins Zimmer, der Farmer schießt auf ihn. Am nächsten Morgen erblickt man einen zerfleischten Leichnam, der ein Pantherohr zwischen den Zähnen hält. Eine Zeit, die über Herzverpflanzung und klinischen Tod debattiert, liest so etwas anders als die Leute der Jahrhundertwende. Der durchaus ungemütliche Schriftsteller Bierce brillierte auch in einem heutzutage weitverbreiteten Genre, das man schwarzen Humor nennt. Eine seiner Erzählungen beginnt mit dem meisterlichen Satz: »Eines Junimorgens des Jahres 1872 ermordete ich meinen Vater – eine Tat, die damals einen tiefen Eindruck auf mich machte.«

Man nannte ihn, wie einen anderen, freilich bedeutenderen Schriftsteller, der sich das Adjektiv als Pseudonym zulegte, den Bitteren. Ohne Zweifel ist Bierces Bitterkeit von anderer Art als die Gorkis. Bekümmert müssen wir es eingestehen – von Glauben an die Menschheit ist bei ihm kaum etwas zu finden. Je nun – trösten wir uns in dem Bewußtsein, daß er zu jenen gehört, die den Krieg, um ein Wort von Victor Hugo zu gebrauchen, am nachdrücklichsten entehrt, seine Sinnlosigkeit unerträglich deutlich dargestellt haben. Er hat um psychologische und artistische Dinge gewußt, die zu seiner Zeit noch nicht erkannt worden waren. Daß er ein Pessimist war, soll man dem großen Erzähler Ambrose Bierce nicht vorwerfen – denn das Gericht, das er zu bieten hat, hat ihm und uns die Welt eingerührt. Sie muß es auch auslöffeln. Bierce, Schriftsteller des Grauens und der Gewaltsamkeit, berichtet prophetisch von einer heutigen Gesellschaft in seinem Land, von dessen Möglichkeiten allein Gewaltsamkeit sich bisher als unbegrenzt erwiesen hat.

WELCH WORT...

Welch Wort, in die Kälte gerufen: eine Zeile aus einem Gedicht von Arno Nadel, eines stillen Dichters, eines hochgeachteten Dichters, den heute kaum einer noch kennt, nachdem er 1943 mit Millionen anderen in Auschwitz verschwand – welch Wort, in die Kälte gerufen: so heißt eine Anthologie, keine übliche, eine, die anders ist als andere: sie besteht aus Gedichten in deutscher Sprache, die der deutschen Judenverfolgung gelten. Über achtzig Autoren stehen da wahrlich Seite an Seite, deutsche Dichter, berühmte, weniger berühmte und ganz unbekannte, Juden und Nichtjuden, alte und junge, noch lebende und tote, und unter den Toten sind manche, die jung geblieben sind.

Unüblich die Anthologie, unüblich auch das Vorwort des Herausgebers Heinz Seydel, der es gar nicht »Vorwort«, sondern *Reflexionen* betitelt, ein paar Seiten, die gleich hervorgehoben werden sollten, weil sie gescheit sind, wohlunterrichtet, wesentlich, und weil man auf ihnen nicht sentimentale Gemeinplätze findet und kein Werben um Mitleid, sondern die Erschütterung ihres Verfassers; die Leser sollten also diese Reflexionen nicht überblättern. Sie bestehen aus kurzen Absätzen, fangen mit einer Art Tagebuchnotiz an, es folgen Stücke aus Briefen, Dokumenten, Reden, Zeitungsartikeln, Buchzitaten. So oft kommt es einem ja nun wirklich nicht in den Sinn, viel Wesens von einem Vorwort zu machen. Nochmals: das hier sollte gelesen werden. Der Autor sei bedankt. Ein Satz aus dem Vorwort lautet: »Den Juden gegenüber gibt es eine moralische und geistige Verpflichtung.« Gewiß. Derlei Verpflichtungen haben die Eigenschaft, mit der Zeit schwächer empfunden zu werden. Das Buch, das Heinz Seydel zusammengestellt hat, hilft mit, sie wach zu halten.

Natürlich rekapituliert das Buch nicht die Geschichte der Judenverfolgung in Deutschland, die ja etwa halb so alt ist wie die Geschichte der Juden in Deutschland; die ersten Juden kamen mit den Römern vor etwa zwei Jahrtausenden an den Rhein. Sie zu verfolgen kam keineswegs den Germanen, sondern erst ihren späten Nachfahren im Mittelalter in den Sinn. Die Anthologie beschränkt sich nur auf einen kurzen Zeitraum, etwa zwölf Jahre, die wir allzu gut kennen. Von zwei Jahreszahlen eingegrenzt, bemüht sich die Sprache der Toten, der Überlebenden, der Nachgekommenen etwas zu umschreiben, etwas auszusagen, dessen Unglaublichkeit die Mörder schon bei der Tat höhnisch vorausgesehen hatten. Daß das Unglaubliche glaubhaft werde, macht sich die Dichtung ans Werk, und die Toten erscheinen. »Wir ringen mit ihnen«, heißt es in einem schönen Gedicht Berthold Viertels, »und sie verrenken die Lende unseres Geistes.« Von Paul Celan, dessen berühmte *Todesfuge* natürlich auch in dem Band steht, lautet ein Vers, hinuntergesprochen an unbekannte Gräber in der Bukowina:

> Und duldest du, Mutter, wie einst, ach, daheim,
> den leisen, den deutschen, den schmerzlichen Reim?

In seinem Vorwort empfiehlt Heinz Seydel, die biobibliographischen Notizen über die Autoren durchzusehen, ehe man an die Gedichte selbst geht. Man lese eine solche Notiz: »Geb. 1884 in Wien. Von Beruf Architekt; nebenberuflich Schriftsteller. Beim Einmarsch Hitlers in Österreich mißglückter Selbstmordversuch; nach der Genesung ins KZ Dachau verschleppt. 1939 Entlassung; Flucht über die Schweiz und Italien nach Südfrankreich. Dort 1940 interniert; nach Entlassung kümmerliches Emigrantendasein bis Herbst 1942; im Auftrag der Gestapo verhaftet und ausgeliefert. Wahrscheinlich nach Auschwitz oder Treblinka deportiert und dort ermordet.« Das Leben, das in diesen sieben Zeilen zusammengefaßt wird, gehörte einem Alfred Grünewald. Ein Gedicht von ihm heißt *Im Volkston*:

> Wer kann wohl müder sein
> als der, der lang allein
>
> verlorne Wege ging?
> Sein Leid ist nicht gering.

Und fänd er wo auch Rast,
ist er doch keinem Gast.

Die Wolken ziehn zuhauf,
es steigen Nebel auf.

O sag nicht, was dich quält;
es wär dem Wind erzählt.

Ich finde einen anderen Vers:

Von dem, was einmal war, trennt lang schon mich ein Riß;
daß alles ungewiß ist, ist allein gewiß.
Die Maus selbst hat ihr Loch; ein Ziel winkt, wenn sie ziehn,
den Staren... Nur der Mensch lebt so im Nichts dahin.

Das hat einer meiner Lieblingsdichter geschrieben, diese Zeilen, die aus dem deutschen Barock zu dringen scheinen, Theodor Kramer, ein Österreicher, der um 1930 berühmt geworden war, der in seinen Gedichten das Leben der Bergbauern, der Holzfäller und Arbeitslosen mit einem hintergründigen Realismus beschrieb, der nach dem Einmarsch Hitlers zusammengeschlagen und herumgehetzt wurde, nach London floh, als Sechzigjähriger nach Wien zurückkehrte und dort, meldet die Notiz, »in Einsamkeit und Verzweiflung« starb.

Und wieder ein Unbekannter, Heinrich Schaffer, ehemals Rechtsanwalt in Wien. Roman- und Lyrikveröffentlichungen. Seit Ende der dreißiger Jahre verschollen, vermutlich, liest man, während des Krieges vergast...

In dem Band steht ein vollkommenes Gedicht von ihm, das den Titel *Für die kommenden Brüder* trägt:

Immer wird die Schönheit dieser Himmel,
dieser Abende auf Erden sein.
Immer über Markt- und Schlachtgewimmel
eines fremden Lichtes Widerschein.

Immer auch, allein im Schoß der Horden,
in dem Stickgeruch aus Stall und Blut,
wird unsäglich selten, Geist geworden,
einer fühlen diese eisige Glut –

Eine wichtige Bemerkung des Vorworts befaßt sich mit dem möglichen Einwand, Nichtbetroffene könnten zum Thema des Bandes wohl nichts Gültiges beitragen; das würde sich vor allem auf jüngere Autoren beziehen. Der Herausgeber lehnt eine solche Auffassung scharf ab. Ich muß ihm recht geben. Der Einwand hatte noch nie gestimmt, weil er schon immer unmittelbares, sozusagen biologisches und künstlerisches Betroffensein verwechselt hatte. Ich stimme Seydel auch zu, wenn er die Tatsache der Beschäftigung ganz junger Autoren mit dem Thema hoch bewertet, den moralischen über den ästhetischen Faktor stellt. Erfreulicherweise haben aber junge Dichter aus der DDR ausgezeichnete Gedichte beigesteuert, so Sarah Kirsch, Rainer Kirsch, Heinz Czechowski. Besonders eindrucksvoll die Gedichte einiger Dichter der mittleren Generation wie dieses von Günter Kunert, der freilich ein in jedem Sinne Betroffener ist:

Wenn die Feuer verloschen sind
fällt die Asche in die Kamine zurück:
Aus den Öfen gleiten die Leiber heil
und erheben sich. Das Gas verweht.

Aus den zementnen Menschenfallen
gehen sie hervor,
voran die Kinder. Über die Rampe in Viehwaggons
zum wiederholten Mal: Eilig und eisern
ziehen ihre Bahn sie in sechsfacher Richtung
sterngleich:
Nach Kiew. Paris. Athen und Amsterdam.
Lemberg und Berlin. In die gewesnen Städte.

Da werden welche heimkehren,
erwartet von Haus und Tisch und Bett,
als wäre nichts geschehen: Einen Augenblick nur ausgegangen
der Leuchter, der gewisse, der siebenarmige:
Für eine kleine Weile
nachdenklicher Dunkelheit.

Schwerlich findet man Eindrucksvolleres als diesen nach rückwärts ablaufenden Film.

Die schöne Anthologie hat, täuschen wir uns nicht, eine Dimension, die außerhalb ihrer selbst liegt, außerhalb des Worts, sie heißt Schweigen. Ihr Aufruf, ihre Mahnung, ihre Zuversicht deutet auf etwas anderes, auf Verzweiflung. In einem Gedicht von Louis Fürnberg steht die Frage:

Ließ sich von allen Seuchen,
die einst die Welt verheert,
die eine nicht verscheuchen,
daß sie noch immer schwärt?

und in des Herausgebers Vorwort wird ein Wort Jakob Wassermanns zitiert: »Es ist vergeblich, für sie zu leben und für sie zu sterben.« Sie – das sind die anderen, jene, die keine Juden sind. Wenn wir von Schweigen und Verzweiflung reden, dann nicht, als wäre Unabänderliches gemeint. Schweigen fordert Antwort und Verzweiflung, will tätigen Trost. Niemand täusche sich – diese Anthologie befaßt sich nicht mit Historischem, Abgetanem. Man kann den Kannibalismus, den sie bezeugt, nicht an irgendwen irgendwohin delegieren. Nur eine nie ermüdende Wachheit wird mit ihm fertig, mit ihm und seinen manchmal kaum sichtbaren, kaum hörbaren Manifestationen. Noch einmal sei an das Wort des Herausgebers erinnert: »Den Juden gegenüber gibt es eine moralische und geistige Verpflichtung.«

MIGUEL HERNÁNDEZ

Zweiundzwanzig Jahre nach dem Tode des spanischen Dichters Miguel Hernández liegt zum erstenmal eine umfangreiche, würdige Auswahl seines Werks in deutscher Sprache vor. Sein Name war schon längere Zeit bekannt, sicherlich überquerte er bereits damals die deutschen Grenzen, als das große Sichten begann, das Nachholen und Aufholen nach dem Ende der Hitler-Ära, der Name eines sehr großen Dichters, wie die Informierten wußten, eines großen Dichters unter anderen großen Dichtern, die ihn nicht verdunkeln, sondern heller strahlen lassen. In der Tat: auch wenn wir keinen Moment vergessen, was Deutschland, Rußland, Frankreich, Nordamerika an bedeutenden poetischen Gestalten in der ersten Jahrhunderthälfte hervorgebracht haben – die größte Quantität der großen Qualität scheint uns doch in Spanien zu liegen und in den spanisch sprechenden Ländern: Jiménez, Machado, Lorca, Alberti, Aleixandre, Altolaguirre, Neruda, Jorge Guillén, Gabriela Mistral, Octavio Paz, Vallejo, Nicolás Guillén und eben dieser Hernández. Die Reihe dieser Namen ist imposant und noch längst nicht zu Ende.

> Zu früh begann der Tod den Flug,
> zu früh brach an der Morgen,
> zu frühe glittest auf den Boden du

heißt es in einem Gedicht von Hernández. Man erschrickt bei der Überlegung, daß Hernández, lebte er noch, immer noch ein jüngerer Dichter sein würde, jünger als Alberti, jünger als Neruda. Wie viele andere vollendete er sich rasch. An ihm gibt es etwas, das mich immer faszinierte und mir immer als ein unlösbares Rätsel erschien: das Zusammentreffen dieser Herkunft, dieses Lebens und der Kunst, die aus ihm hervorging.

Hernández war, im Gegensatz zu fast allen Genannten, kein Intellektueller. Eine wunderschöne Fotografie zeigt ihn vor der weißgetünchten Fassade einer Hütte auf der Weide von Orihuela, im Grase kniend, ein schwarzes Zicklein im Arm, lächelnd, einer kleinen heidnischen Gottheit gleich. Er war ein ganz gewöhnlicher, durchschnittlicher Mensch aus einem kleinen Ort bei Alicante, Hirtenjunge, Sohn eines Ziegenzüchters. Fast sein ganzes Leben spielte sich in diesem durchschnittlichen spanischen Dorf ab, in dem er geboren wurde, wo er nur ein paar Jahre zur Schule ging, seine ersten Verse schrieb, seine Liebe fand und wo er schließlich seinen Mördern in die Hände fiel. »Miguel«, sagte Pablo Neruda von ihm, »Miguel mit seinem Gesicht wie eine Kartoffel, die man gerade aus der Erde gezogen hat.« Und Hernández sagt von sich: »Ich heiße Lehm, obwohl ich mich Miguel nenne.«

Das Merkwürdige liegt zunächst darin, daß dieser Hirtenjunge, dem zu Hause beigebracht wird, daß Schule und Lektüre einen nur von der Arbeit abhalten, eine Vorliebe für große Dichter hat. Der noch lebende Bruder Miguels berichtet, wie dieser leidenschaftlich Vergil, San Juan de la Cruz, Góngora, aber auch die Modernen, Machado und Jiménez, las. Große Dichtung wächst aus großen Spannungen. Es ist die Spannung zwischen dem Bukolisch-Terrestren, dem mit Händen Greifbaren, und dem Erbe der großen Mystiker und des spanischen Barock, aus welcher Hernández' Dichtung hervorgeht. Formal realisiert sie sich in der Gleichzeitigkeit von unmittelbar Angeschautem und Raffinement, von Populärem und Vertrautheit mit schwierigen Metren, von Naivem und Sentimentalischem. »O du, Reiner und Authentischer!« ruft Vicente Aleixandre an Hernández' Grab aus, »du Wirklichster von allen, du immer Gegenwärtiger!« In der Tat – wer nach realistischer Dichtung fragt, sehe sich Hernández' Gedichte an.

Hernández hatte das Glück, in seinem Heimatflecken ein paar Gleichaltrige zu finden, die seine Entwicklung aufs schönste förderten, vor allem seinen besten Freund Ramón Sijé, einen katholischen Demokraten. Mit anderen versammelte man sich um den Ofen des Bäckers Fenoll, der selber Gedichte schrieb, und hielt in der Backstube regelrechte literarische Sitzungen ab. Hier wurde eine kleine Zeitschrift gegründet, von der nur wenige Nummern erschienen, der *Gallo Crisis*, ein kleiner Teil jener geistigen Revolution im Spanien der frühen dreißiger Jahre, die zur großen Auseinandersetzung mit Feudalismus und Faschismus führte. Aber Hernández wurde es bald zu eng in Orihuela. Ende 1931 flüchtete er im buchstäblichen Sinne nach Madrid, um seinem strengen Vater zu entgehen. Er hatte den festen Vorsatz, ein erfolgreicher Dichter zu werden. Diesmal erleidet er Schiffbruch. Sehr bald kehrt er in sein Heimatstädtchen zurück, arbeitet fieberhaft, von Sijé ermutigt, und veröffentlicht auf eigene Kosten in Murcia seinen ersten Gedichtband *Perito en lunas* (Sachverständiger in Monden), ein Buch, das kaum mehr ist als eine Übung und das gar keinen Erfolg hat. Er hütet nicht mehr die Ziegen des Vaters, sondern arbeitet in einem kleinen Laden, später als Sekretär bei einem Rechtsanwalt.

Zwei Jahre später nimmt er einen neuen Anlauf und geht von neuem nach Madrid. Und diesmal gelingt es: er hat ein Manuskript bei sich, das José Bergamin in seiner Zeitschrift veröffentlicht, er befreundet sich mit Alberti, Altolaguirre, Lorca, Cernuda, vor allem aber mit Neruda und Aleixandre, die den größten Einfluß auf ihn ausüben. Auch findet er materielle Sicherheit als Sekretär eines Schriftstellers. Dennoch bleibt die Großstadt dem Bauernjungen immer fremd. »Ich gehe schlafwandelnd und traurig hier durch die Straßen, die voll sind von Rauch und Straßenbahnen, so verschieden von den stillen, fröhlichen Gassen der Heimat«, heißt es in einem Brief. Immer wieder unternimmt er kurze Reisen nach Hause, um seine spätere Frau Josefina und seine Freunde zu sehen.

Mit einem Schlag, ohne langes Zögern, ohne Umweg hat sein Gedicht die endgültige Höhe erreicht. So etwa bietet sich große Dichtung dar als Zusammenklang von privater und öffentlicher Sphäre, oder besser, als poetische Reaktion auf bestimmte Erlebnisse, die in einer ganz bestimmten Epoche angesiedelt sind:

Ich habe mich von den Kirchen befreit, lächelt mir zu,
wo mit Öllampentraurigkeit ich mich verzehre,
eingesperrt in die stickige Luft der Reliquienkammer,
ich sprang zum Bergwald hinauf, aus dem ich stamme,
zu den Weinbergen, wo mein Blut soviel Schwestern trifft,
in eure Gesellschaft aus irdischem Lehm.
Ich gesell meinen Hunger, meine Leiden und Narben,
die ich von der Arbeit mit Stein und Äxten habe,
eurem Hunger, euren Leiden, eurem mit glühendem Eisen
    gezeichneten Fleisch:
um unsre Verzweiflung gezüchtigter Stiere zu mildern,
wir müssen meerhaft uns vereinigen.

Und weiter heißt es:

                    Schon blitzen
Äxte und Sicheln mit ihrem gekrallten Metall,
schon dröhnen Hämmer und Rammen
in die Gedanken derer, die uns
zu Lasteseln, Zugbüffeln erniedrigen.
Aus seinem unflätigen Luxus flüchtet der Kapitalist,
mit ihren obszönen Mitren fliehen die Erzbischöfe,
Notare und Registratoren des Besitzes
fallen erdrückt von wütenden Protokollen,
Priester fassen den Entschluß, Menschen zu werden,
und schon ist der Käfig geöffnet, in dem das Gold,
das als Löwe geherrscht hat, im schrecklichsten Elend
    zurückbleibt.

Ein Gedicht, das den Titel *Der Schweiß* trägt, lautet folgendermaßen:

Im Meer findet das Wasser sein ersehntes Paradies
und der Schweiß seinen Horizont, sein Knistern, sein Gefieder.
Der Schweiß ist ein überschäumender salziger Baum,
eine gierige Flut.

Er kommt aus dem fernsten Alter der Welt,
der Erde anzubieten sein geschütteltes Glas,
den Durst zu erhalten und, Tropfen um Tropfen, das Salz,
das das Leben erleuchtet.

Sohn der Bewegung, Vetter der Sonne, Bruder
der Träne, läßt er über die Tenne
vom April bis Oktober, vom Winter zum Sommer
goldene Ranken gleiten.

Wenn in der Morgenfrühe die Bauern, die Stille aufbrechend,
zum Pflugholz gehen,
ziehen sie eine schweigsame goldene Bluse an
aus schweigsamem Schweiß.

Goldnes Gewand des Arbeiters,
Zier der Hände und Augen.
In der Luft verbreitet ein Achselregen
seine fruchtbaren Düfte.

Reicher und reifer wird der Geschmack der Erde:
es fallen die Tropfen der arbeitsreichen duftenden Klage,
Manna der Männer und des Ackerbaus,
Getränk meiner Stirn.
...

An solchen Beispielen zeigt sich einmal mehr, wie tief die Feindschaft des wahren Gedichts gegen die Phrase ist, gegen den Kitsch verbrauchter Bilder, gegen die Gedanken- und Empfindungslosigkeit. Es setzt Präzision gegen Verblasenheit, den Beweis der Überraschung gegen den Theaterdonner hohler Behauptungen, Kraft gegen Kraftmeierei.

Als im Juli 1936 verräterische Generale die spanische Republik angriffen, meldet sich Hernández sofort als Freiwilliger und tritt in das legendäre 5. Regiment ein. Zweieinhalb Jahre kämpft er mit größtem Mut an der Front und schreibt im Schützengraben seine wunderbaren Gedichte. Unterbrochen wird diese Kampfzeit nur durch eine kurze Reise in die Sowjetunion. Hernández' Kriegsgedichte sind das mächtigste poetische Zeugnis spanischer Hoffnung, spanischer Tragödie. Ein Gedicht wie *Juramento de le alegría* (Freudenschwur) widerspiegelt mit kosmischer Gewalt den Aufbruch einer Menschheit in die Zukunft, es widerspiegelt herzerschütternd, wie das spanische Volk in jenen Tagen des Jahres 1936 sich selber sah: als den Freudebringer in der Abwehr von Finsternis und Tod. Aber bitterer werden später die Verse Hernández', er wird der Dichter der Abwesenheit, des Wartens.

Im Frühjahr 1939, als die Republik dem Komplott der Faschisten und der westlichen Demokratien erliegt, versucht Hernández nach Portugal zu entkommen. Er wird festgenommen, nach Spanien ausgeliefert, ins Gefängnis gebracht, auf die Intervention eines geistlichen Würdenträgers hin freigelassen. In einer ungeheuren, kopflosen Sehnsucht wendet er sich dem Ursprung zu, dem kleinen Ort Orihuela, wird dort von einem Denunzianten erkannt, von neuem verhaftet. Damals werden in Spanien Zehntausende hingerichtet. Auch Hernández wird zum Tode verurteilt, später ermäßigt man seine Strafe auf dreißig Jahre Zuchthaus. In den Zuchthäusern Francos stirbt man so sicher wie vor dem Exekutionspeloton, nur langsamer.

Es gibt Berichte von Zeugen aus dieser Zeit. Die Tuberkulose hat Hernández ergriffen. Er dichtet unaufhörlich. Vielleicht sind diese Gedichte, die aus dem Zuchthaus gerettet wurden, seine bedeutendsten. Sie sind auf Toilettenpapier geschrieben. Es sind Verse der Liebe, des Abgeschiedenseins, eines Klagens, das furchtbarer ist als jede Anklage. Verse sind darunter, leiser als ein Hauch, wie mit einem Diamanten in Glas geritzt. Eine Canción, ein Gesang aus drei Zeilen, gilt seinem Sohn, der, noch kein Jahr alt, im Kriege starb:

Totes Kindlein, mein totes.
Keiner fühlt uns in der Erde,
wo du die Kälte wärmst.

Die meisten Gedichte sind an seine Frau Josefina gerichtet:

Sand der Wüste
bin ich: Wüste aus Durst.
Oase ist dein Mund,
wo ich nicht trinken darf.

Man vernichtete ihn nicht, ehe man nicht alles versucht hatte, um ihn zu korrumpieren. Schriftsteller, die sich dem Franco-Regime angeschlossen hatten, besuchten ihn und versuchten ihn zum Verrat zu überreden. Er hätte sofort freikommen können. Hernández setzte ihnen nichts entgegen außer höflicher Verachtung. Er starb im Frühjahr 1942, nach dreijähriger Haft, zweiunddreißig Jahre alt.

Die erste deutsche Hernández-Auswahl wurde von Erich Arendt und Katja Hayek-Arendt übertragen. Man kennt Erich Arendt, der ein Dichter von Rang ist, als sicherlich bedeutendsten Übersetzer spanischer Lyrik in unseren Tagen: wir haben ihm viel zu danken – einen nahezu kompletten Neruda, einen hervorragenden Alberti, die erste Auswahl der Gedichte von Vicente Aleixandre, die Dichtung von Nicolás Guillén und vieles andere. Arendt hat auch Hernández mit Leidenschaft, Treue und poetischer Verve übertragen.

Miguel Hernández ist eines der wenigen großen poetischen Wunder dieses Jahrhunderts, er ist der Sprecher einer Tragödie, die die Welt beschäftigen wird. Für alle, die die Frage nach dem Verhältnis von Volk und Dichtung, von Dichtung und Zeit stellen, setzt der Hirtenjunge von Orihuela neue Maßstäbe. Ecce poeta.

ELSE LASKER-SCHÜLER

Es ist erfreulich, daß beinahe gleichzeitig zwei kleine Bände mit einer Auswahl aus dem Werk von Else Lasker-Schüler in der DDR erschienen sind: der eine, zu gleichen Teilen den Gedichten und der Prosa gewidmet, kam bei Gustav Kiepenheuer in Weimar heraus; er wird von einem kenntnisreichen und teilnehmenden Nachwort von Friedrich Minckwitz begleitet; der andere, vom Aufbau-Verlag publiziert, bringt Gedichte aus dem poetischen Gesamtwerk, das von den Jahreszahlen 1902 und 1943 eingegrenzt wird. Dieses Buch trägt den Titel eines der schönsten Gedichte *Leise sagen*. Ohne jeden Zweifel kennzeichnet dieser Titel den durchgehaltenen Ton von Else Lasker-Schülers Dichtung: ihre Ekstase, ihre märchenvolle Heimatlosigkeit, ihr Heimverlangen aus vergeblich gesuchter Liebe war leise. Aber schon bei Nennung des Titels begegnet uns das Schicksal von Dichterin und Werk. Als eine Hamburger Zeitung das Gedicht *Leise sagen* aus der damals wichtigen Zeitschrift *Sturm* übernahm und ohne Genehmigung mit einem unverschämten Kommentar nachdruckte, reichte der Herausgeber des *Sturm*, Herwarth Walden, gerichtliche Klage ein. Das Urteil des Hamburger Landgerichts aus dem Jahre 1911, das der Dichterin übrigens Schadenersatz in Höhe von zehn Mark zubilligte, überliefert den kaum überraschten Nachkommen das geistige Niveau deutscher Richter: »Geht man von der gemeinhin verbreiteten Vorstellung aus, daß die Sprache dazu dient, Gedanken zutage zu fördern, so fragt man sich vergebens nach der Existenzberechtigung eines Geistesprodukts, das im wesentlichen nur Worte enthält, denen wenigstens prima facie irgendwelcher vernünftige Sinn nicht innewohnt. Wenn es beispielsweise in dem Gedicht heißt: ›Du nahmst dir alle Sterne / Über meinem Herzen‹, und weiter: ›Ich kann den Abend nicht mehr / Über die Hecken tragen‹, sowie endlich: ›Mein Herz geht langsam unter / Ich weiß nicht wo‹, so steht der normal empfindende Leser diesen Gefühlsausbrüchen ebenso ratlos gegenüber wie der Frage, welche Beziehung wohl der Titel *Leise sagen* zu dem Inhalt des Gedichts haben mag...«

Wie man weiß, hat es der normal empfindende Leser dabei nicht bewenden lassen. Zwei Jahre später meldet sich ein gewisser Heinrich Binder zum Wort: »Wenn sie (Else Lasker-Schüler) nicht imstande ist, den Erfordernissen des Tages und der Zeit gerecht zu werden und einem gesunden Volk gesunde geistige Kost zu bieten, dann soll sie das Schreiben doch aufgeben und in irgendeinem anderen Beruf arbeiten!« Da, wenn vom gesunden Volk die Rede ist, ein Krieg gewöhnlich nicht lange auf sich warten läßt, bricht dieser bald darauf aus. Es soll aber doch noch einmal fast zwanzig Jahre dauern, bis der normal empfindende Leser in Deutschland die Macht ergreift. Belegt ist der Vorgang in einer Akte der Bayrischen Politischen Polizei, wo es heißt: »Das Verzeichnis ist im Interesse eines einheitlichen Vorgehens zur Säuberung des deutschen Büchermarktes von Schund und Schmutz, sowie von antinationaler Literatur, geschaffen worden.« Es sind einzuziehen von: »Else Lasker-Schüler alles.« Kommentiert wird das drei Jahre später, also 1936, im *Schulungsbrief* der NSDAP folgendermaßen: »Aus zahllosen Kloaken ergoß sich der Schmutz über das deutsche Volk, um die letzten Hemmungen wegzuspülen. Die ›Dichtkunst‹ jener Zeit bewegte sich zwischen Verbrecherkaschemme und Bordell – ihre schwülstige Erotik steigerte sich bei den ganz ›Modernen‹ zu völlig unverständlichem Wortsalat. Als typischer Fall sei hier an die Gedichte der Jüdin Else Lasker-Schüler erinnert. Welche Idiotien damals auf das Volk losgelassen wurden, ist kaum noch vorstellbar. All diese expressionistischen und dadaistischen Dichtereien wurden als ›Literatur‹ angepriesen und achtungsvoll in literarischen Zeitschriften gewürdigt...«

Als diese Worte gedruckt wurden, war der normal empfindende Leser allerdings schon lange zu Taten übergegangen: wenige Tage nach Hitlers Machtantritt schlug man Else Lasker-Schüler auf der Straße mit Knüppeln nieder; halbbetäubt erreichte sie den Bahnhof und verließ Deutschland, so wie sie war, davongehetzt. In Zürich nahm die Polizei ein paar Tage später eine alte Frau fest, die auf Parkbänken nächtigte und sich in einem Zustand der Verstörung, panischer Angst befand. Sie wollte ihren Namen nicht sagen. Schließlich stellte es sich heraus, mit wem man es zu tun hatte: mit der seit den Tagen der Droste größten Dichterin Deutschlands.

Ich kann die Sprache
Dieses kühlen Landes nicht,
Und seinen Schritt nicht gehn.

Auch die Wolken, die vorbeiziehn,
Weiß ich nicht zu deuten.

Die Nacht ist eine Stiefkönigin.

Immer muß ich an die Pharaonenwälder denken
Und küsse die Bilder meiner Sterne.

Meine Lippen leuchten schon
Und sprechen Fernes,

Und bin ein buntes Bilderbuch
Auf deinem Schoß.

Aber dein Antlitz spinnt
Einen Schleier aus Weinen.

Meinen schillernden Vögeln
Sind die Korallen ausgestochen,

An den Hecken der Gärten
Versteinern sich ihre weichen Nester.

Wer salbt meine toten Paläste –
Sie trugen die Kronen meiner Väter,
Ihre Gebete versanken im heiligen Fluß.

Dem normal empfindenden Leser wird schwerlich klarzumachen sein, daß dies keine Flucht aus der Realität ist, sondern ihre präzise Benennung, und daß hier aus unserer Welt, aus all ihren Elementen, eine neue Welt aufgebaut wird.

Von einer symbolisch verwandelten Realität sprach einer ihrer Kritiker. Sie läßt sich leicht entdecken, vor und mitsamt der Verwandlung – die Welt der Kindheit, die Stadt Elberfeld, in der Else Lasker-Schüler 1869 zur Welt kam, die Vorfahren, die Eltern, die Schulgefährten, später die Kunstgenossen, die sie umgaben, denen sie viele Gedichte widmete und feierliche Namen verlieh. Gerade dies: die Kindheit, die Familie, das Elternhaus, ein Garten blieb eigentlich immer Kern, innerstes Motiv der Dichtung, bis zuletzt, ein enges Paradies, Zuflucht aus Welt-Kälte. Aber es begann sogleich in magischen Farben zu leuchten: ein unabweisbarer, von weither erinnerter Orient durchdrang und schmückte diese Gedichte, Wupper und Jordan mischten in ihnen ihre Gewässer, und Else Lasker-Schüler nannte sich selber den Prinzen von Theben.

Blickt man auf die Photographien aus der Jugend, so sieht man eine schöne junge Frau in phantastischer Verkleidung. Sie ähnelt wirklich einem Prinzen, zur Hälfte aus Tausendundeiner Nacht, zur Hälfte aus dem deutschen Volksmärchen. Wer dem Spießer so aufgemacht unter die Augen tritt, hat seine Sympathien verwirkt; ein solches Geschöpf kann nicht ins Leben passen. Else Lasker-Schüler hatte als Malerin begonnen, 1902 erschien ihr erster Gedichtband; sie setzte ihr graphisches Schaffen fort als Illustratorin der eigenen Bücher. Aber nie war es ihr möglich, sich eine gesicherte Existenz zu schaffen. Sie war und blieb arm, befand sich oft in äußerster Not, lebte unstet in billigen Hotels. Im Jahre 1913 erschien zum erstenmal in einer Zeitung ein Aufruf zur Unterstützung der Dichterin, unter dem die großen Namen von Selma Lagerlöf, Richard Dehmel, Karl Kraus, Arnold Schönberg standen. »Nicht oft genug kann diese taubstumme Zeit«, schrieb Karl Kraus, »die die wahren Originale begrinst, durch einen Hinweis auf Else Lasker-Schüler gereizt werden, die stärkste und unwegsamste lyrische Erscheinung des modernen Deutschland.«

Fünfzehn Jahre später, zur Zeit der Weimarer Republik, erklärt Arnold Zweig: »Ungebrochen und abseitig eine Lebenslinie zu ziehen und sie vor sich hin zu leben, die besten Gedichte, die schönsten, lockersten, einfachsten Strophen einer ganzen Literaturepoche zu schreiben und zwischen beidem, Leben und Dichtung, unter keinen Umständen einen Unterschied zuzulassen: dessen war diese Frau, dessen ist sie fähig. In einer bourgeoisen Zeit wie der heutigen steht sie als Monstrum, als eine Abnormität: als ein wirklicher Dichter.«

Das eben war ihr unentrinnbares Geschick. Da sie ihre Dichtung nicht nur schrieb, sondern lebte, stand sie selber in der von ihr symbolisch verwandelten Realität, die manche Leute für ein Wolkenkuckucksheim halten. Else Lasker-Schüler kannte die Welt, in der sie leben mußte, sie kannte auch ihre Geistesbrüder und Verbündeten. »Die Künstler«, schrieb sie, »die ihren Leib der Gerechtigkeit zur Verfügung stellen, sind zu zählen. Bewegt beuge ich meine Knie vor meinen dichtenden, schlichten Märtyrerfreunden Apostata. Zwei von ihnen, Gustav Landauer, der Jakobus, und Leviné, der erzengelhafte, fielen ihrer Erlösungsballade zum Opfer. Und noch zwei Dichter schmachten schon jahrelang. Erich Mühsam und Toller. Diese vier Menschen der Liebe, die alle äußere Pracht verschmähten und den Nächsten liebten wie sich selbst, ja über sich hinaus, unsere Könige. Wie sie auch kritisiert werden mögen, ihr ehrlicher blutiger Vers bleibt ewiglich zu respektieren. Er wurde ihr Todesspruch.« Und dann folgt der seltsame, hintergründige Satz: »Der Dichter vermag eher eine Welt als einen Staat aufzubauen...«

Sie war heimatlos, noch ehe ihre Flucht aus Deutschland erzwungen wurde. Sie lebte ein paar Jahre in der Schweiz, in einem Elend, das nicht geringer und nicht größer als das gewohnte war. Dann kam sie nach Palästina, nach Jerusalem, der Stadt ihres Traums, und es war nicht das Jerusalem ihrer Gedichte. Hier erschien, in einer ganz fremden Umgebung, ihr letztes Gedichtbuch *Mein blaues Klavier*, in dessen Titelgedicht die Zeilen stehen:

Ich habe zu Hause ein blaues Klavier
Und kenne doch keine Note.

Es steht im Dunkel der Kellertür,
Seitdem die Welt verrohte.

Sie starb, wenige Monate vor dem Ende des Krieges, fünfundsiebzig Jahre alt. Bis ans Ende schreibt sie Verse, die der Mutter, den Eltern, ihrem einzigen Sohn, der als junger Mensch starb, gewidmet sind. Immer noch sagt es leise aus ihr; nie hat ihre Dichtung den Aufschrei gekannt, jetzt heißt es geflüstert: »Die heilige Liebe, die ihr blind zertratet, / Ist Gottes Ebenbild – ! / Fahrlässig umgebracht.« Zwanzig Jahre zuvor hatte sie in einem Aufsatz geschrieben: »Meine Klage ist nicht jüdisch noch christlich, meine Klage ist ein Chor vieler, vieler, vieler Dichterseufzer. Wo wollen wir unser Haupt hinlegen, unsere Schöpfungen einpflanzen...«

Sie liegt am Ölberg begraben.

VATHEK

»... Der Kalif und Nuronihar blickten einander erstaunt an, als sie sich an einem Ort fanden, der, obschon gewölbt, doch so weit und hoch war, daß sie ihn für eine ungeheure Ebene hielten. Ihre Augen gewöhnten sich endlich an die Größe der Gegenstände; sie entdeckten Säulen und Arkaden in Reihen, die, immer kleiner werdend, in einem Punkt zusammenliefen, der glänzte wie die Sonne, wenn sie auf das Meer ihre Strahlen wirft. Der Boden war mit goldenem Sand und Safran bestreut und strömte einen Geruch aus, der sie ganz betäubte. Sie schritten weiter und sahen eine Unzahl kleiner Pfannen, worin graue Ambra und Aloeholz brannte. Zwischen den Säulen gab es Tische, gedeckt mit vielen

Gerichten und allen Sorten Weines, der in kristallenen Gefäßen glänzte. In diesem ungeheuren Saal wandelte eine große Menge Frauen und Männer, die alle ihre rechte Hand aufs Herz gelegt hielten, auf nichts achthatten und ganz stille waren...

Sie kamen in einen weiten Saal, gewölbt wie ein hoher Dom; ringsum erblickte man fünfzig Türen aus Bronze, die mit fünfzig Stahlschlössern geschlossen waren. Es war an diesem Ort eine traurige Dunkelheit; und auf Betten aus unverwüstlichem Zedernholz lagen die abgezehrten Körper der berühmten präadamitischen Könige, einstmals mächtige Herrscher der Welt. Sie schauten manchmal einander an, und alle hielten die rechte Hand über ihrem Herzen. Zu ihren Füßen sah man Inschriften, die ihre Regierungszeit aussagten, ihre Macht, ihren Stolz und ihre Verbrechen.«

Diese Treppen, diese Gewölbe à la Piranesi, diese ungeheuren Perspektiven, diese Trostlosigkeit inmitten eines orientalisierenden Barock, diese Hände über längst verstummten Herzen – kein Zweifel, wir befinden uns in der Hölle. Ihr Herr heißt Eblis, und ihr Schilderer, ein gewisser William Beckford, stellt eine der merkwürdigsten Figuren der europäischen Literaturgeschichte dar. Merkwürdig ist auch die Geschichte seines berühmtesten Buches, des Romans *Vathek*.

Aber kann man das Buch überhaupt berühmt nennen? Das läßt sich nicht eindeutig sagen. Ist ein Buch, das vor fast zweihundert Jahren geschrieben wurde, alle fünfzig Jahre gleichsam neu entdeckt werden muß und in den meisten Literaturgeschichten nicht einmal erwähnt wird, wirklich berühmt? Und dabei steht nicht einmal fest, welcher Literatur es eigentlich zuzurechnen ist. Engländer und Franzosen erheben mit etwa gleichem Recht darauf Anspruch. Sagen wir, *Vathek* stellte immer eine Art Geheimtip dar. Keats, Poe, Mérimée, Flaubert, Swinburne haben Beckford bewundert, Byron hat ihm in seinem berühmten Gedicht *Childe Harold* preisende Worte gewidmet, Mallarmé, der auf die ganze moderne Dichtung einen so großen Einfluß ausübte, hat über ihn sein wohl längstes Prosastück geschrieben, an die dreißig Seiten. Die Aufzählung dieser Namen ist schon beinahe ein Programm – sie alle, mit Ausnahme von Mérimée vielleicht, der aber ein großer Entdecker war und als erster die Genialität eines Stendhal erkannte, sie alle waren Vertreter eines Neuen in der Literatur, so verschieden sie untereinander waren, in ihnen allen manifestierten sich Übergänge, sie alle drangen in unbekannte Bereiche vor. Sie alle fesselte der finstere Glanz dieses Werks, das der Reflex eines Lebens war, seiner gelebten und ungelebten Süchte, seiner Ängste.

William Beckford, 1760 geboren, war der Sohn einer Hamilton, die mit den Stuarts verwandt waren, und eines bürgerlichen Vaters, der aus einer der reichsten Familien Englands kam. Die Beckfords hatten Zuckerrohrpflanzungen auf Jamaika; sie gehörten zu den Erbauern eines Kolonialreichs, das heute zusammenbricht. Beckfords Vater, Bürgermeister von London, war reicher als die meisten ausländischen Fürsten, die nach England kamen, er war wild, stolz, ungezügelt, Typ eines Großbürgers, wie ihn Deutschland nie gekannt hat, man nannte ihn »William Hurricane«, und vor dem König hielt er einmal eine Rede, in der von »der glorreichen, notwendigen Revolution« gesprochen wurde. Sein Sohn William, der uns hier interessiert, war schön und begabt, hatte ein riesiges Vermögen und eine parlamentarische Zukunft vor sich, alles schien ihm gelingen zu müssen. Als Vierjähriger saß er am Klavier und spielte vierhändig mit einem Wunderkind, das gerade in London aufgetaucht war, einem gewissen Mozart. Er war siebzehn Jahre alt, als er aus der Schweiz seinem Hofmeister schrieb: »Regel und Recht, moralisches und physisches Übel aufzuspüren; die Poesie zu verachten, den Geschmack umzubringen, die Einbildungskraft zu verabscheuen... Seinen ganzen Ehrgeiz auf Pferde setzen, ihre Dressur, Stallgeruch, Flüche, blutiges Roastbeef, jeder Vernunft zum Trotz Französisch reden, alles Dinge, die in den Augen von Engländern keineswegs schmachvoll sind. So sieht also das Vieh aus, das ich entschlossen bin, nicht zu sein.«

Er übrigens redete und schrieb Französisch keineswegs »jeder Vernunft zum Trotz«, den *Vathek* schrieb er mit zweiundzwanzig Jahren in ebendieser Sprache. Hat er auch eine literarische

Zukunft? Zwei Jahre später muß er England verlassen, Opfer eines Sittenskandals wie seine größeren Zeitgenossen Shelley und Byron, wie nach ihm Oscar Wilde. Der Skandal war, wie sich später herausstellte, eine Machination der Feinde seiner Familie unter Führung eines gewissen Loughborough, der unter Pitt Minister wurde. Fünfzehn Jahre lang zog Beckford durch Europa; am längsten blieb er in Frankreich und Portugal. In Paris lebte er als aufmerksamer, wohl auch sympathisierender Beobachter der Revolution; als er abreiste, vermerkte man in seinem Paß – denn solche freundlichen Floskeln gelangten damals sogar in Reisepässe –, er scheide »zum Bedauern der Sansculotten«.

Die britische Regierung ließ Beckford übrigens auch in der Fremde nicht in Ruhe, sondern intrigierte gegen ihn, wo sie konnte. Beckford wartete voller Wut auf den Tod seines Feindes Loughborough. Gelegentlich verfaßte er Reisebeschreibungen, etwa einen *Ausflug nach Alcobaça und Batalha*, Mischung aus Komödie und Aufrichtigkeit, Ironie und Ernst, nuancenreich, vieldeutig, modern, auch hier ein Vorläufer, Vorläufer vielleicht einer Prosa, wie sie später, sehr viel bedeutender, Stendhal unübertrefflich geliefert hat.

Als Beckford schließlich nach England zurückkehrte und sich auf sein Gut Fonthill setzte, hatte sich sein Reichtum beträchtlich vermindert. Die Kontinentalsperre und der Zuckerrübenanbau ruinierten ihn allmählich, dazu kamen seine Schrullen, eine Art Bauwahnsinn. Im *Vathek* heißt es: »An Glanz übertraf er alle seine Vorfahren. Der Palast Alkoremmi, den sein Vater Motassem auf dem Wildpferdhügel erbaut hatte und der die ganze Stadt Samarah beherrschte, war ihm nicht weit genug. Er ließ noch fünf Flügel, oder vielmehr fünf neue Paläste anbauen, und jeder davon war zur Befriedigung eines seiner Sinne bestimmt.« So etwa verfuhr Beckford auf seinem Gut, mit dem Erfolg, daß er schließlich nichts mehr besaß und das Gut verkaufen mußte. Er war völlig vereinsamt und starb, vierundachtzig Jahre alt, 1844, nachdem er unerhörte Wandlungen gesehen und unerhörte Wandlungen im Kommen wußte. Kurz vor seinem Tod schrieb er in einem Brief, er sähe das »weltweite Auseinanderfallen dieser mitleiderregenden Erde« voraus. Er starb im Schrecken vor einer Zeit, die er nicht begreifen konnte.

Der *Vathek*, nach Behauptung seines Verfassers in drei Tagen niedergeschrieben, ist selbst der Ausdruck dieses Schreckens. Die im Geschmack der Zeit orientalisierende Erzählung, die Geschichte eines Kalifen, der Opfer der eigenen Hybris wird, in einem gläsernen, zwischen Grauen und Groteske oszillierenden Französisch geschrieben, hat manches von Voltaire, an dessen Stil Beckford sich geschult hat, sie hat auch mit dem zeitgenössischen englischen Schauerroman des Sir Horace Walpole oder der Mary Shelley zu tun, aber auch mit Sade, mit dem später lebenden Lautréamont, und wenn ich diese beiden letzten Namen nenne, so ist der eigentliche Ort von *Vathek* bezeichnet, ein Ort außerhalb des Etablierten, Literatur, die gegen die gewohnte, die übliche Literatur der Zeit geschrieben ist. Auch, gerade in solchen Werken, die als Findlinge in der literarischen Landschaft stehen, haben sich riesige Veränderungen angekündigt. Wir lesen heute mit dem Blick von Eingeweihten die Greuel des *Vathek*, das Opfer der fünfzig Kinder, und von der bestialischen Freundlichkeit, mit der sie in den Tod geführt werden, uns kommt die Episode bekannt vor, die berichtet, wie man junge Männer in einem Serail entdeckt und, so heißt es wörtlich, »mit guten Empfehlungen den Chirurgen übergibt«, und wenn die schreckliche Königin eine Fackel aus menschlichem Fett schwenkt, so wissen wir, daß in unserer Zeit viele solcher Fackeln gebrannt haben.

Der Grundton des Buches ist maßlose Trauer; sein Zynismus ist nur der Kontrapunkt dieser Traurigkeit. »Sie irrten von Zimmer zu Zimmer«, heißt es im *Vathek*, »von Saal zu Saal, durch Gänge und Gewölbe, durch so viele Räume ohne Grenze und Ende, alle von dem gleichen fahlen Licht beleuchtet, alle in derselben traurigen Pracht geschmückt, alle durchlaufen von Leuten, die Ruhe suchten und Trost; aber sie suchten sie alle umsonst, weil sie überallhin ein Herz trugen, das in Flammen brannte.« Eine Zeit geht hier zu Ende, eine Gesellschaft, und alles, was ihre Glorie auszumachen scheint, Reichtum, Pracht, Überfluß, ist gerade Anlaß ihrer Ausweglosigkeit.

Das Buch hat, wie erwähnt, ein seltsames Schicksal gehabt. Französisch geschrieben, wurde es gegen den Wunsch Beckfords 1786 in einer mangelhaften englischen Übersetzung in London veröffentlicht. Beckford gab es darauf, noch unfertig, in der französischen Originalfassung in Druck. Während er einerseits dieses Original ein Jahr später in einer verbesserten Variante herausbrachte, autorisierte er andererseits nachträglich die englische Ausgabe. Alle diese Ausgaben blieben aber unvollständig. Die dem eigentlichen Roman angehängten Episoden blieben ungedruckt, verschwanden teilweise im Manuskript. Mehr als hundert Jahre nach dem ersten Erscheinen kam die erste vollständige Ausgabe in England heraus, soweit das Manuskript erhalten geblieben war. Beckfords literarischer Nachlaß ist übrigens noch bis heute zum größten Teil ungedruckt geblieben.

MITTERNACHTSERINNERUNGEN

Der Graphiker Jean Bruller hatte vor dem Krieg in Paris einen guten Namen; zu den Berühmtheiten zählte er nicht. Er war damals in den Dreißigern, hatte ursprünglich als Elektroingenieur begonnen, war aber dann Zeichner und Illustrator geworden. Ein paar Jahre später, in sehr dunklen Stunden, erschien im besetzten Frankreich eine illegal geschriebene, gedruckte, verlegte Novelle, ein literarisches Meisterstück übrigens, die den Titel *Das Schweigen des Meeres* trug und als deren Verfasser ein gewisser Vercors zeichnete. Die Novelle, die nach und nach in sämtliche wichtigen Sprachen übersetzt wurde, spielte eine enorme Rolle in und nach der Besatzungszeit. Der Name, der über ihr stand, war offensichtlich ein Pseudonym – es bezeichnete ein Gebirgsmassiv, das jeder Besucher der Stadt Grenoble kennt; das Gebirgsmassiv wurde übrigens zwei Jahre nach Erscheinen des Prosastücks berühmt durch seinen Maquis, einen der stärksten und tapfersten, die Frankreich besaß; er wurde im Sommer 1944 durch eine ungeheure deutsche Übermacht vernichtet, wobei nicht nur die Kämpfer zugrunde gingen, sondern auch die in ihm gelegenen Dörfer, vom ältesten Greis bis zum Säugling, vertilgt wurden. Beteiligt an der Vernichtung waren, das sei nebenher erwähnt, nicht etwa SS-Verbände, sondern Einheiten der sogenannten normalen deutschen Wehrmacht. Solche Kleinigkeiten werden ja heutzutage leicht vergessen. Aber kehren wir zu dem Verfasser Vercors zurück. So geheimnisvoll das Pseudonym über der Novelle klang, so geheimnisvoll war der Name des Verlags darunter – er lautete Editions de Minuit, Mitternachtsverlag. Was es mit diesem Verlag, der auch heute noch existiert, wenn er auch in anderen Händen liegt, auf sich hatte, steht in einem neuen Buch des Schriftstellers Vercors, der eigentlich Jean Bruller heißt; sein Buch heißt auf deutsch *Die Schlacht des Schweigens* oder *Die lautlose Schlacht* und mit dem Untertitel *Mitternachtserinnerungen*.

Zum erstenmal wird hier in solcher Ausführlichkeit über den intellektuellen Aspekt einer Periode gesprochen, die immer noch wenig bekannt ist; in höherem Maße als andere Widerstandsbewegungen hat die französische diesen intellektuellen, vor allem literarischen Aspekt besessen. Vercors' Erinnerungsbuch – es handelt sich bei ihm natürlich nicht um einen Roman, wie eine Wochenzeitung behauptet, sondern um Memoiren, was ja schon aus dem Untertitel hervorgeht – ist nun keineswegs eine Geschichte dieser Widerstandsbewegung, nicht einmal eine Geschichte ihres literarischen Sektors; es behandelt Vercors' eigene Erlebnisse in jener Zeit und eine Entwicklung: ein Mann entschließt sich zum Widerstand, in einer ihm gemäßen Form. Andere Entwicklungen gibt es da eigentlich nicht. Vercors ist nicht aus einem bildenden Künstler ein Schriftsteller geworden. Er ist auch heute noch Graphiker und dazu ein Erfinder auf dem Gebiet der Reproduktion; vor etwa fünfzehn Jahren entdeckte er ein neues Reproduktionsverfahren, das er »Kallichromie« nennt und das, wie man mir sagte, nichts Gleichwertiges neben sich hat. Vercors ist mit einem Schlag Schriftsteller geworden, indem er ein kleines Meisterwerk schrieb von einigen Dutzend Seiten – er hat später eine Reihe ausgezeichneter Erzählungen und Romane herausgebracht, aber sein Name ist für immer mit dieser Novelle verbunden, die mit unglaublichem Instinkt die Dramatik historischer Vorgänge in einen provinziell-privaten Rahmen stellt und Auseinandersetzungen, Illusionen, Leidenschaften klassisch-maßvoll nachzeichnet. Man kennt den Inhalt: der Erzähler, der allein mit seiner Nichte lebt, erhält einen unerwünschten Quartiergast, einen deutschen Offizier, der sich schnell als ein Bewunderer Frankreichs und seiner Kultur zu erkennen gibt. Er ist gebildet, diskret, wohlerzogen. Sein Lieblingsthema ist die deutsch-französische Freundschaft. Seinen abendlichen Exkursen über dies und anderes setzen die beiden anderen Hausbewohner ein höfliches und unüberwindliches Schweigen entgegen. Dieses Schweigen dauert auch an, als in der Panegyrik des Offiziers ein neues, tieferes Gefühl für die junge Französin sich offenbart, ein Gefühl, das diese vielleicht erwidert; es dauert auch an, als der Offizier verzweifelt offenbart, daß er begriffen hat, ein Opfer der offiziellen Propaganda geworden zu sein. Und auch die Konsequenz, die er zieht, die Versetzung an die Ostfront, die er verlangt und erhalten hat, eine Art von getarntem Selbstmord – auch diese Konsequenz wird das Schweigen nicht brechen. Mitunter trifft ein Stück Literatur ins Zentrum eines zeitgenössischen Problems – so war es hier. Ich las Vercors' Novelle damals in Frankreich und entsinne mich der unglaublichen Wirkung, die die Erzählung nicht nur auf mich, sondern auf alle meine Freunde und Bekannten ausübte, die sie gelesen hatten.

Es gab damals Leute, die an Stelle des sympathischen und unglücklichen Offiziers gern eine Bestie gesehen hätten – Bestien begegnete man damals eigentlich häufiger, sie waren sozusagen »typisch«. Nicht jeder erkannte sofort, daß die Gestalt des Gutgläubigen, des zwar Betrogenen, aber den Betrug Stützenden, daß diese Gestalt und ihre Verantwortung vor allem darzustellen war, daß der Kampf, den der deutsche Faschismus gegen jede Humanität führte, nicht eine Minute hätte geführt werden können ohne jenen gutgläubigen und von den edlen Absichten seiner Führung überzeugten Mitläufer, der in Hunderttausenden von Exemplaren zu besichtigen war. Und merkwürdig in der Tat war die Heraushebung des Schweigens und seiner Unerbittlichkeit als einer jedem rednerischen Protest überlegenen Waffe, die der unmittelbaren, der konkreten Waffe am nächsten steht.

In Vercors' *Schlacht des Schweigens* sind viele Umstände berichtet, die die Elemente zu seiner berühmten Erzählung lieferten. Er selbst, der als Offizier den Verrat und den Zusammenbruch Frankreichs im Jahre 1940 erlebt hat, begegnet in seinem eigenen Haus in einem kleinen Ort einem jener kultivierten Offiziere, die Frankreich zwar besetzt haben, aber seinen Geist zu schätzen wissen; er erzählt, wie ihn die Umstände dazu bringen, diesen Deutschen, eigentlich gegen seinen eigenen Willen, nicht zu grüßen, obwohl der Deutsche ihm gegenüber größte Höflichkeit zeigt. Vercors berichtet, wie ihm ein Freund, der Deutsch versteht und unfreiwilliger Mithörer einer Unterhaltung zweier Deutscher wird, folgendes erzählt: der eine Deutsche hätte sich besorgt darüber gezeigt, daß man den französischen Erbfeind allzusehr in Ruhe lasse im Vergleich etwa zu Polen, worauf der andere erwidert habe: »Lassen Sie doch die Franzosen mit ihren Illusionen ruhig einschlafen! Ehe wir sie vernichten, müssen wir ihnen erst die Krallen stutzen. Begreifen Sie nicht, daß wir gerade im Begriff sind, sie hineinzulegen?« Auch diese Episode ist später in *Das Schweigen des Meeres* eingegangen. Schließlich gibt es eine literarische Figur, die mit dem *Schweigen des Meeres* einiges zu tun hat – ihr Name lautet Ernst Jünger. Ich erinnere mich gut daran, wie Jüngers Werke, eines nach dem anderen ins Französische übersetzt, damals die Schaufenster der Buchhandlungen füllten. Vercors schreibt: »Ich begann also *Gärten und Straßen* zu lesen: Notizen des Oberleutnants Jünger, von Tag zu Tag geführt, in der Tat sehr herzliche Bemerkungen über das neuentdeckte oder wiederentdeckte Frankreich... Ich las diese Lobpreisung des besiegten Frankreich von einem seiner Besieger mit einem tiefen Gefühl der Scham und des Ärgers. Ich glaube nicht an einen Betrug, an ein Produkt des Opportunismus. Der Autor schien es ernst zu meinen... Ich stellte mir weniger mißtrauische Leser vor: welch eine Versuchung für sie, in diesem Deutschen den Sprecher deutscher Ansichten über uns zu erblicken! Welche Gefahr lag in dieser Versuchung! Wenn Jünger schon kein Komplize war, so hatte er sich zumindest zum Narren halten lassen.«

Vercors hat seine literarische Résistance mit Umsicht und Disziplin geführt. Ohne einer Partei oder einer sonstigen Organisation anzugehören, hat er die Regeln des illegalen Kampfes streng befolgt. Nur jene, die es unbedingt wissen mußten, kannten ihn als den Leiter der Editions de Minuit, des Mitternachtsverlages, in dem, trotz primitivster Technik und enormen Gefahren, erstaunlich viele bedeutende Werke bis zum Sieg über die Hitlerdeutschen erschienen. Ein alter Mann, Besitzer einer winzigen Druckerei, die einem großen deutschen Militärhospital gegenüberlag, setzte und druckte ein Manuskript von sechsundneunzig Seiten in genau drei Monaten auf gutes Papier und in edlen Lettern – die Einhaltung aller Vorsichtsmaßregeln verlangte eine solche Frist. Die bedruckten Blätter wurden auf einem Fahrrad durch Paris transportiert und von zwei Mitarbeiterinnen Vercors' geheftet. Auch dieser Drucker, der sein Leben wagte, kannte weder einen Jean Bruller noch einen Vercors. Er kannte einen dritten. Paul Eluard, mit dem Vercors lange zusammenarbeitete, erfuhr seinen Namen erst nach der Befreiung. Anders Aragon, der zwar nicht Vercors, aber doch Jean Bruller kannte, aber nur, weil er beim ersten Zusammentreffen während der Illegalität kraft eines ungewöhnlichen Gedächtnisses den Graphiker bei seinem wirklichen Namen nannte – er war ihm einmal Jahre zuvor begegnet.

Wer dieser Vercors, der Verfasser des *Schweigen des Meeres* war, wußte damals nur der nächste Mitarbeiter Vercors', Pierre de Lescure; sonst niemand, auch nicht Vercors' Frau und Familie. Der Ruhm eines Schriftstellers, der bereits während der Illegalität begann, die Tatsache, daß seine Erzählung sofort in mehrere Sprachen übersetzt wurde oder daß man, manchmal in seiner Gegenwart, hinter dem nom de guerre einen berühmten Schriftsteller entdeckt haben wollte – alles das hat Vercors niemals schwanken gemacht, hat ihn seine erstaunliche Disziplin nie aufgeben lassen. Eitelkeit oder auch ein verständliches Gefühl der Befriedigung darüber, daß man ihn anerkannte, das alles konnte seine Haltung nicht ändern, hatte keine Gewalt über ihn. Als einmal eine Freundin ihm auf den Kopf zusagte, er selber sei Vercors, sie habe in dem Buch einen orthografischen Fehler entdeckt, der nur ihm eigen sei, zerstreute er geschickt ihren Verdacht, indem er mit betretener Miene eingestand, ihm sei der Fehler in der Tat zuzuschreiben – er habe die Schreibweise des Autors vor dem Druck geändert, weil er seine eigene Version für die einzig richtige gehalten habe.

In dem Manifest des Mitternachtsverlags, das in jedem Band abgedruckt war, hieß es: »In einer gewissen Zeit der Geschichte Frankreichs ›annullierten‹ manche Präfekten jene Schriftsteller, die sich weigerten, das Lob ihres Herren zu singen. Der Herr sagte von anderen: ›Ich öffnete ihnen meine Vorzimmer, und sie stürzten hinein.‹

Noch existieren in Frankreich Schriftsteller, die keine Vorzimmer kennen und sich Befehlen nicht beugen. Sie fühlen zutiefst, daß der Gedanke die Möglichkeit haben muß, sich auszudrücken. Um auf andere Gedanken zu wirken, gewiß, vor allem aber, weil der Geist stirbt, wenn er sich nicht zu äußern vermag ...«

CHATEAUBRIAND

Den Namen des Mannes findet man heutzutage außerhalb Frankreichs vor allem auf Speisekarten; er bezeichnet eine bestimmte Art von Rinderfilet, das dem ehemaligen Botschafter sein Koch zubereiten mußte. Dabei ist zu bemerken, daß nur wenige zu ihren Lebzeiten größere literarische Erfolge hatten als er; auch waren wenige unbeliebter bei Zeitgenossen und Nachfahren, übrigens nicht zu Unrecht.

Karl Marx, der beim Tode des Vicomte de Chateaubriand dreißig Jahre alt war, schrieb einen zähneknirschenden, von Haß und Verachtung funkelnden Brief über ihn. In einem Brief Stendhals an Balzac finde ich die Zeilen: »Schon 1802 (ich war damals Dragoneroffizier in Piemont, drei Meilen von Marengo) habe ich nie auch nur zwanzig Seiten des Herrn von Chateaubriand lesen können; ich hätte mich beinahe duelliert, weil ich mich über die ›unbestimmten Wipfel der Wälder‹ lustig machte.« Am freundlichsten schreibt vielleicht noch Heine über ihn, dem immer wieder, wenn er von Chateaubriand spricht, der Don Quichotte einfällt: »Don Chateaubriand, der Ritter von der traurigen Gestalt, der beste Schriftsteller und größte Narr von Frankreich.«

Frankreich beging vor kurzem den zweihundertsten Geburtstag des Mannes. Die Ausstellung in der Pariser Nationalbibliothek enthielt unter vielen Dokumenten einen Brief von George Washington an den Marquis de La Rouerie, in dem der Präsident der Vereinigten Staaten bedauert, nicht in der Lage gewesen zu sein, Chateaubriand zu empfangen. In Chateaubriands Memoiren kann man nachlesen, wie er bei Washington zum Essen war und welchen Eindruck dieser auf ihn gemacht habe. Der Bericht enthält alle möglichen Details, die durchaus echt klingen. Dies ist ein Beispiel für viele. Man kann dies und ähnliches komisch finden. Die *Memoiren von jenseits des Grabes* sind ohne Zweifel im historischen Sinne nur in beschränktem Maße stichhaltig. Und dennoch handelt es sich um ein hochbedeutendes, sogar einzigartiges Buch, ohne das eine hundertjährige Entwicklung französischer Prosa nicht denkbar ist und das in den letzten Jahrzehnten neu entdeckt wurde.

Lebensdaten des berühmten, außerhalb Frankreichs viel zuwenig bekannten Mannes: aus einer der ältesten normannischen Adelsfamilien stammend, wird Chateaubriand 1768 in Saint-Malo geboren. Er erhält die standesübliche Erziehung, macht dem König in Versailles seine Aufwartung, erlebt in Paris den Sturm auf die Bastille. Fünf Monate verbringt er in Amerika, kehrt nach Paris zurück, emigriert vor den Jakobinern aber sehr bald mit seinem Bruder, dient bei den Royalisten, wird verwundet und entkommt über Brüssel nach England, der Zuflucht der Aristokraten. Der größte Teil seiner Familie endet auf dem Schafott. Er kehrt acht Jahre später nach Frankreich zurück mit dem ersten Teil eines Buches, das ihn berühmt machen wird, dem *Geist des Christentums*. 1803 ernennt Napoleon ihn zum Legationssekretär in Rom, dann im schweizerischen Wallis. Nach der Hinrichtung des Herzogs von Enghien tritt er zurück. Er macht eine große Reise nach dem Orient, aus der ein Buch entsteht. Seine literarischen Produkte haben gewisse Schwierigkeiten mit der napoleonischen Zensur.

Nach dem Sturz Napoleons wird er Botschafter in Schweden, verbringt die Hundert Tage mit den flüchtenden Bourbonen, wird Staatsminister, aber auch die Bourbonen lieben ihn nicht. Auf den Schultern wurde er nur einmal getragen: von den Revolutionären des Jahres 1830. Er ist Botschafter in Berlin, London, Rom und wird sogar Außenminister. Seine Laufbahn markieren Rücktritte, Absetzungen, Verarmung, Krankheit. Er muß nicht nur seine Häuser, sondern auch seine Bibliothek verkaufen. Manchmal haben die Chateaubriands kein Unterkommen mehr: Freunde müssen sie beherbergen. Chateaubriand irrt immer wieder durch halb Europa und erlebt seine dritte Revolution. Er stirbt, achtzig Jahre alt, im Sommer des Jahres 1848.

Chateaubriand, Schüler des Rousseau und Begründer der französischen Romantik, hat eine Reihe bedeutender Prosawerke hinterlassen, deren Genre schwer zu bezeichnen ist. Ein Buch wie *Atala oder Die Liebe zweier Wilder in der Wüste*, Produkt der amerikanischen Reise, setzt den Erfolg von Bernardin de Saint-Pierres *Paul und Virginie* fort, *René* spielte in Frankreich eine ähnliche Rolle wie der *Werther* in Deutschland; er wurde nur mit der Zeit schwerer lesbar. Letzten Endes ist dies und anderes nur *ein* Buch, das wiederum in das eigentliche, die *Memoiren*, einmündet: eine einzige und unaufhörliche Selbstdarstellung. Die Memoiren haben ihn lange beschäftigt; der Plan entsteht 1803, 1809 beginnt er mit der Niederschrift, die zweiunddreißig Jahre lang dauert. Sie umfaßt etwa zweitausend Seiten. Der Bericht wird stückweise erstattet. Über den einzelnen Abschnitten stehen die Daten der Abfassung und die der oft viel später erfolgten Durchsicht. Aus den natürlichen Pausen ergibt sich ein schöner Wechsel des Rhythmus. Meditationen leiten über zum Sichfortsetzen der Erzählung. Ein Satz steht plötzlich da, der vielleicht schon ein Schlüssel zum Ganzen ist: »Alexander erbaute Städte, wohin er auch immer stürmte: ich ließ überall Träume zurück, wo ich mein Leben hinschleppte.« Später, als er seinen Entschluß mitteilt, aus Amerika nach Frankreich zurückzukehren, können wir lesen: »Ein einfacher Widerstreit zwischen mir und meinem Gewissen schleuderte mich auf die Bühne der Welt. Ich hätte schließlich tun können, was ich eigentlich wollte, da ich ja der einzige Zeuge des Konflikts war; aber von allen möglichen Zeugen war es dieser, vor dem ich am meisten befürchtet hätte, erröten zu müssen.« Und dann dies: »Niemals war mir möglich, Zurückhaltung und jenes innere Alleinsein zu überwinden, das mich hindert, von dem zu reden, was mich anrührt. Nie habe ich denen, die an mir vorübergehen, von meinen Interessen, meinen Plänen, meiner Arbeit, meinen Neigungen, meinen Freuden, meiner Trauer gesprochen, überzeugt von der tiefen Langeweile, die man anderen verursacht, wenn man von sich selber redet. Bin ich auch aufrichtig, mangelt es mir doch an Offenheit des Herzens: meine Seele strebt immer danach, sich zu verschließen. Nie sage ich etwas ganz, und mein ganzes vollständiges Leben habe ich nur in diese Memoiren einfließen lassen.« Auch das ist übrigens nicht ganz wahr. Man weiß genug von seinen Liebesaffären, d.h. man weiß, daß es sie gab. Man findet so gut wie nichts davon in den Memoiren, die im Grunde mehr die Memoiren anderer als die des Verfassers sind. Zweitausend Seiten also, die viel verschweigen.

Einer der wichtigsten Aspekte des Riesenbuchs ist sein politischer. Vergessen wir nicht, daß Chateaubriand nicht nur Botschafter und Minister war, sondern als Botschafter und Minister eine große Begabung, die es freilich immer nur ein paar Monate im Amt aushielt. Natürlich wissen wir, daß der Mann ein Aristokrat war, der abwechselnd Bonaparte und den Bourbonen diente – das taten andere große Schriftsteller der Zeit auch, wenn auch mit deutlich wahrnehmbarem Ekel – ich denke da an Stendhal. Was war eigentlich dieser Chateaubriand? Ein Reaktionär? Die spanische Episode, jene, die Karl Marx im Auge hatte, sein Versuch, Ferdinand VII. wieder auf den Thron zu bringen, ist übel genug. Aber etwa zur gleichen Zeit, 1822, schreibt er in den Memoiren über seinen großen *Historischen Essay über die Revolutionen*: »Der Essay verursachte Lärm unter den Emigranten: er stand im Widerspruch zu den Empfindungen meiner Gefährten im Unglück; die Unabhängigkeit meiner Positionen verletzte fast immer die Männer, mit denen ich ging.« Nachdem er den Sturm auf die Bastille mit angesehen hat, wobei er jene Details vermerkt, die einen realen historischen Vorgang von seiner Legende scheiden, schreibt er: »Doch die Nation, die sich über den Umfang des materiellen Faktors täuschte, irrte nicht hinsichtlich seiner moralischen Bedeutung. Das Volk, das eine Festung niederriß, glaubte das militärische Joch zu zerbrechen und gelobte schweigend, die Armee, die es entließ, zu ersetzen: man weiß, welche Wunder das Volk vollbrachte, als es selber Soldat wurde.« Sehr viel später, im Jahre 1841, hat der alte Chateaubriand dieser Stelle eine Fußnote hinzugefügt: »Nach zweiundfünfzig Jahren errichtet man fünfzehn Bastillen, um jene Freiheit zu unterdrücken, um derentwillen man die erste Bastille zerstörte.« Man kann Chateaubriand nicht verdenken, daß er unfreundlich über die großen Führer der Revolution schreibt, wenn man bedenkt, daß weniger Betroffene als er, die zudem offen mit der Revolution sympathisierten, nach dem Jahre 1793 andere Töne anschlugen – Klopstock und Schiller sind darunter. Er selber bestritt nicht das Daseinsrecht der Revolution; sowenig wie er die Partei von Koblenz idealisierte.

Dies entspricht ganz und gar der Haltung des Ganzen, die melancholisch ist, voller Gelassenheit. Das Werk, hervorragend aus zahllosen anderen durch seinen großen Stil, zeigt auch, wie in ihm ein Verfasser sich stilisiert. Manche haben ihm Unaufrichtigkeit vorgeworfen – ich kann sie bei ihm nicht entdecken. Vielmehr glaube ich, daß das durchgehaltene sotto voce dieser Bekenntnisse, dieses »Mir war das Leben auferlegt«, das irgendwo steht, eine unüberwindliche, nie abwesende Traurigkeit durchaus authentisch sind. Chateaubriand ist vielleicht der erste in der Reihe großer Schriftsteller-Praktiker, Schriftsteller-Politiker, Schriftsteller-Abenteurer; sein Werk ist unglaublich folgenreich.

Ohne dieses Buch hier wären die *Anti-Memoiren* von André Malraux, wäre Aragons *Karwoche* nicht geschrieben worden. Die Modernität des Werks beruht in seinem Lebensgefühl. Auch hier bereits haben wir eine Suche nach der verlorenen Zeit. Dann ist da das Bewußtsein des Verfassers, der Mann eines Endzustands zu sein in dem unendlichen, unaufhaltsamen Vorwärtsstürzen eines Neuen. »Zwanzigmal seit damals habe ich die gleiche Beobachtung gemacht; zwanzigmal haben sich um mich her Gesellschaften gebildet und aufgelöst. Diese Unmöglichkeit der Dauer menschlicher Bindungen, dieses tiefe Vergessen, das uns folgt, dieses unbesiegliche Schweigen, das sich unseres Grabes bemächtigt...«

Chateaubriands Gefaßtheit, seine Resignation ist heutig; heutig ist dieses Hinfahren eines Menschen auf den Fluten der Zeit, das von ihm erzeugte Bewußtsein. Im Maße, in dem dieser Zustand zum wichtigsten Thema des Romans wird, scheinen Chateaubriands Memoiren uns heute der erste moderne Roman zu sein.

»Die Szenen von morgen«, heißt es am Schluß des Buches, »gehen mich nichts mehr an. Sie rufen nach anderen Malern: bitte, meine Herren...«

ARAGONS GEDICHTE DEUTSCH

Es geht mir unter meinen Landsleuten merkwürdig mit dem Dichter Aragon, den ich über alle Zeitgenossen stelle – ich sage »über alle« und meine nicht nur Franzosen. Ich habe einmal einen der großen Romane Aragons übersetzt, dagegen von seinen vielen hundert Gedichten nur zwei, das ist lange her, und seitdem befinde ich mich in der Lage eines Menschen, der seinen Freunden und Bekannten bei jeder Gelegenheit von einer Landschaft spricht, die sie nie gesehen, von einem Wein, den sie nie gekostet haben, wobei er ihnen zuredet, sie beschwört, sie mögen ihm doch ja glauben, diese Landschaft, dieser Wein sei mit nichts anderem vergleichbar. Ich rede natürlich von dem Lyriker Aragon, der bisher in deutscher Sprache so gut wie nicht vorhanden war. Das ist nun, nach Jahrzehnten, anders geworden. In der schönen Lyrikreihe des Verlags Volk und Welt, in der bisher einige der bestimmenden Dichter des Jahrhunderts wie die Achmatowa, Radnóti, Arghezi erschienen sind, gibt es jetzt einen Aragon, zweisprachig wie die meisten Bände der Reihe, die erste Buchausgabe Aragonscher Gedichte in deutscher Sprache.

Die Tatsache muß vermerkt werden. Vermerkt werden soll die Beharrlichkeit und der Mut der Herausgeberin Marianne Dreifuß, die eine Aufgabe in Angriff nahm, vor der andere, ich zum Beispiel, zurückschreckten; und die überdies, man mag sagen, was man will, die selbstgestellte Aufgabe auf respektable Art löste. Man kannte Marianne Dreifuß als eine sehr gebildete und sensible Lektorin; hier macht sie in einer von ihr zusammengerufenen Schar von Übersetzern ihr Debut als Nachdichterin. Sie kommt zu eindrucksvollen Ergebnissen. Außerdem hat sie ein Nachwort zu dem Buch geschrieben, das dem deutschen Leser viele Zugänge zu dem wahrscheinlich doch kompliziertesten, ich möchte sagen abenteuerlichsten Werk moderner Poesie erschließt; nicht, daß dieses Nachwort nicht manche Wünsche offenließe, auch behandelt es die letzte Periode dieser Dichtung etwas summarisch und geht auf manches Wichtige nicht ein wie etwa auf das schon vor zehn Jahren erschienene Buch *J'abats mon jeu* (Ich decke meine Karten auf), in dem Aragon wesentliche Gedanken zum eigenen Werk und seinen Voraussetzungen äußert; dennoch bleibt das Nachwort der Herausgeberin die bisher beste Einführung in Aragons Dichtung in deutscher Sprache. Daß dem so ist, bezeichnet allerdings auch den Skandal einer Vernachlässigung.

Ich habe oft genug das Abenteuer des Übersetzens zu beschreiben versucht, jenes Wagnis, das ich die *Eroberung des Gedichts*, die *Integrierung des Gedichts* in die eigene Sprache nenne.

Natürlich bietet da jeder Dichter dem Übersetzer ein neues, sein eigenes Problem. Ich habe aber bisher keinen gefunden, bei dem die Summe zu überkommender Schwierigkeiten höher läge als bei diesem. Die Entsprechungen, die sich dem Übersetzer Aragons anbieten, ja aufdrängen, enthüllen sich schon beim zweiten Blick allzuleicht als Fälschungen. Die Intonation bekommt im Deutschen gern einen süßen, um nicht zu sagen süßlichen Klang, den das Original nicht besitzt. Der Aragonsche Stil, ein sehr merkwürdiges Amalgam aus Alltags- und Kunstsprache, klingt deutsch unversehens hochgestochen und manieriert, wo er doch in Wirklichkeit den Leser durch Einfachheit, Intelligenz und die Fülle ebenso unvorhersehbarer wie schlagender Einfälle überwältigen müßte. Ein Aragonscher Vers entzückt noch den Verstand, wo er einem schon das Herz stocken läßt. Ich will gleich ein Beispiel anführen, um zu erklären, was ich meine.

Das Buch, um das es hier geht, trägt den Titel *Zu lieben bis Vernunft verbrennt*. Ich gebe zu, daß der Titel mir beim ersten Lesen sogleich unbehaglich ist, weil er, ohne weiteres als Gedichtzitat kenntlich, dem Leser etwas als Poesie suggeriert, das in Wirklichkeit unter dem Zwang der Umstände an die Stelle der Poesie getreten ist. Das Gedicht, aus dem die Zeile stammt, besteht aus regelmäßigen gereimten Sechszeilern, deren vierte Strophe, prosaisch übersetzt, so beginnt: »Lieben, daß man den Verstand verliert – lieben, daß man nicht mehr weiß, was man sagen soll – daß man nur noch dich als Horizont hat« und so weiter... Hier wird unter dem Zwang des Reims also jenes gar nicht außergewöhnliche Bild von der Liebe, die einen den Verstand verlieren läßt, ein Bild, das seine poetische Kraft aus dem Kontext bezieht, in dem es steht, in das »seltenere«, in Wahrheit aber pseudopoetische, schwächliche »Zu lieben bis Vernunft verbrennt« umgebogen; pseudopoetisch, weil die Findung dieser verbrennenden Vernunft nicht einmal auf den ersten Blick als genuine Neuentdeckung empfunden wird, sondern nur als mühsame Kontorsion. Ich habe hier ein beliebiges Beispiel angeführt, um zu zeigen, wie leicht der deutsche Übersetzer eines Aragon-Gedichts aus echter Originalität in eine falsche einschwenken kann, wobei es sich übrigens gerade bei dem hier gemeinten Übersetzer um einen hervorragenden Dichter handelt. Das Beispiel zeigt die wirkliche Problematik der Aragon-Übersetzung: an die Stelle der Integration, des Einschmelzens in die eigene Sprache tritt vorgebliche Poetisierung, die im Original immer wieder zur Bewunderung herausfordernde Mühelosigkeit muß Wendungen weichen, deren artifizieller Anspruch eigentlich unbegründet ist.

Auch hier, in dieser Zusammenstellung, finden sich, was noch ärgerlicher ist, gelegentlich schlichte Übersetzungsfehler oder auch, meist ebenfalls durch Reimzwang verursachte, Freiheiten, die das zulässige Maß überschreiten. Wenn Klaus Möckel den Titel eines Gedichts, das *La Beauté du diable* heißt, wörtlich mit *Die Schönheit des Teufels* übersetzt, so irrt er. Als Beispiel für die andere Versündigung sei das folgende erwähnt: wenn es bei Aragon irgendwo »In der Dämmerung des Blutes« (Dans ce crépuscule de sang) heißt, macht der Nachdichter, weil es ihm besser paßt, daraus »Blut der Dämmerungen«, was ein durchaus mögliches Bild ist, auch nicht einfach das Gegenteil des erstgenannten Bildes, sondern etwas ganz anderes. Das eben nenne ich eine unzulässige Freiheit. Ich kann als Nachdichter, besonders dann, wenn Metaphern sich häufen, zu einem Verzicht gezwungen sein, ich kann eine Wahl zu treffen haben, aber ich habe nicht das Recht, die Teile einer Metapher zu vertauschen.

Dennoch gibt es dann wieder erstaunlich Gelungenes. Marianne Dreifuß selber hat sich an eines der ergreifendsten und zugleich schwierigsten Gedichte aus dem Kriege gemacht, jenes *Elsa vor dem Spiegel*, das nichts weiter zeigt als eine Frau, die sich kämmt, endlos, schweigend, während sie im Spiegel die Visionen des Schreckens zu erblicken scheint, ein Gedicht, in dem sich immer wieder die schöne Zeile wiederholt: »C'était au beau milieu de notre tragédie«. Die Nachdichterin hat dafür eine richtige und wohlklingende Entsprechung gefunden: »Das Trauerspiel war bis zum dritten Akt gediehn«. Es gelingt ihr auch weiter, dem Leser eine Vorstellung von dem wundervollen Gedicht zu geben, obwohl sie ihre eigenen Möglichkeiten selber eingeschränkt hat.

Eine der schönsten Übersetzungen des Bandes, zugleich eine der ältesten, stammt von Friedhelm Kemp. Das Gedicht *Der Flieder und die Rosen* beschreibt eine Episode des Krieges, die deutsche Offensive im Mai 1940, den Vormarsch der französischen Truppen über die belgische Grenze, den Jubel der Bevölkerung, die sich geschützt und befreit meint, das darauffolgende Debakel.

O Mond der Blütenfülle   Mond der Metamorphosen
Mai wolkenlos und Juni   von scharfem Dolch durchwühlt
Nie werd ich dies vergessen   den Flieder und die Rosen
und jene die der Frühling   in seinem Schurz behielt

Nie werd ich dies vergessen   die tragische Verblendung
den lauten Jubelzug   das Volk die Sonne groß
die Panzer Belgiens Gaben   und liebende Verschwendung
der Straßen grellen Flimmer   in summendem Getos
den Taumel des Triumphes   voran ob Schlacht und Stürmen

das Blut das im Karmin   der Küsse schon erglänzt
und jene Todgeweihten   aufrecht in ihren Türmen
die ein berauschtes Volk   mit Flieder rings umkränzt

Ungleichmäßiges findet man dann wieder unter den späten Gedichten, von denen einige wundervolle Beispiele abgedruckt sind – aber die Übersetzung läßt uns im Stich. Klaus Möckel übersetzt einen Vierzeiler so:

So viele Menschen sah ich gehn
Ein Funke hätte schon genügt
Zu rasch verzagt zu schnell begnügt
Ihr Zorn war schwacher Winde Wehn

Was da im Original steht, will ich wörtlich wiedergeben: »So viele hab ich gehen sehn – sie haben nur um Feuer gebeten – mit so wenig waren sie zufrieden – so gering ist ihr Zorn gewesen.« Man wird bemerken, daß hier wie so oft bei Aragon die erschütternde Wirkung einer Strophe aus ihrer Anspruchslosigkeit kommt. Das einzige Bild, das im Original unvergeßlich auftaucht, ist das Bild des Passanten, der auf der Straße im Vorbeigehen jemand um Feuer bittet und verschwindet – er hat wie Millionen anderer *nur* Feuer verlangt, und sonst nichts im Leben. Was der Übersetzer uns anbietet, ist ein ganz anderer, dafür aber auch sehr banaler Gedanke: »Ein Funke hätte schon genügt.« Auch er tats um des Reimes willen. Um uns zu entschädigen, denkt er sich für die letzte Zeile (»so wenig Zorn war in ihnen«) etwas aus, das nicht dasteht, das Aragon übrigens auch nicht zuzutrauen ist.

Der gleiche Nachdichter findet übrigens an anderer Stelle bessere Lösungen; noch bessere findet Paul Wiens, der ein Stück aus *Les Poètes* übertragen hat. Dennoch muß man sich im klaren darüber sein, daß man es bei vielen Stücken in diesem Band nur mit Anläufen zu tun hat, mit Stufen, die einem größeren, vielleicht einem endgültigen Gelingen entgegenführen. Der Leser, der auch nur geringe Kenntnisse des Französischen besitzt und den Urtext im Blick behält, wird einen Teil wenigstens der originalen Schönheit dieser Dichtung begreifen und sich gleichzeitig ein Bild von den enormen Schwierigkeiten der Übersetzung machen können.

Natürlich kann man es sich leichtmachen und konstatieren, daß eine Übersetzung, die das Original nicht erreicht, besser unterblieben wäre. Gerade ernsthaften Übersetzern ist dieser Gedanke, der sich auf die eigene Arbeit bezieht, nicht fremd. Ich bin dennoch, gerade hier, anderer Ansicht. Herausgeberin und Nachdichter haben Beachtenswertes, manchmal sehr Schönes erreicht. Sie verdienen unseren Dank. Ist das also der Dichter Aragon? Noch nicht ganz. Aber seines Geistes hat man einen Hauch verspürt...

BECHERS GEDENKEND

Johannes R. Bechers Todestag. Ich habe nicht die Absicht, ein Werk würdigen zu wollen, das an den Betrachter, den Analytiker, den Essayisten die größten Ansprüche stellt. Aber ich bin ein Leser Bechers, und ich habe ihn gekannt...

Denke ich an Johannes R. Becher zurück, und das geschieht oft, fällt mir zuerst ein Sommertag vor langer Zeit, vor etwa achtzehn Jahren ein. Er und Lilly Becher hatten von Lausanne aus mit mir eine kleine Reise durch das Rhonetal nach Raron gemacht, wo Rilke begraben liegt. Es war ein schöner Tag mit Wind und weißen, rasch ziehenden Wolken. Wir fuhren später die gegenüberliegende Bergkette mit der Drahtseilbahn hinauf, und als wir an der kleinen Station ausstiegen und uns umsahen, geschah es, daß Becher erbleichte. Das Blut wich allmählich aus seinem Gesicht, er blickte starr auf die Landschaft und die Menschen, die sich in ihr bewegten. Ich wußte sofort, um was es ging. Er faßte sich übrigens rasch, und wir setzten uns auf eine Bank, die dort stand, und aßen Rauchfleisch und tranken Wein. Es wurde dann über den Vorfall gar nicht gesprochen. Zu sehen war nichts als eine große phantastische Landschaft, und vor der Bank, auf der wir saßen, breitete sich eine, wie mir heute scheint, endlose, sehr grüne Wiese. Um einen Tisch mitten auf der Wiese saßen ein paar ältere Leute, aßen und tranken, es waren wohl Bauern aus der Gegend, und sahen einigen Paaren zu, die auf der Wiese tanzten. Eine bäurische Kapelle, die sich neben dem Tisch aufgebaut hatte, spielte abwechselnd Volkslieder und die damals bekannten Schlager. Das Bild war reizend, heiterste Farben zeigten sich dem Blick, nichts Unheimliches gab es da, aber ich wußte, was Becher so tief erschüttert hatte: vor ihm hatte sich plötzlich eine seiner Ur-Visionen aufgetan und Gestalt angenommen, eine jener »idées fixes«, denen der Dichter nicht entkommen kann. Was da vor uns lag, war eine Entsprechung in nuce dessen, was er Jahre vorher in einem Gedicht so beschrieben hatte:

> Sie kamen her aus aller Welt, Gesandte
> Des Großen Siegs. Sie feiern ihn beim Mahl.
> Die Decke wölbt sich hoch, die lichtbespannte.
> Fünftausend sitzen in dem Speisesaal.
>
> Der Saal scheint endlos, eine solche Länge
> Und eine Breite, wie ein weites Feld.
> Ein Blühn von Speisen. Blüten ein Gedränge.
> Es ist ein Riesensaal. Der Saal der Welt.

Und dann:

> Wie Flügel, die sich auseinanderschlagen,
> So öffnet sich, liegt wandlos da der Saal.
> Die Decke oben ist wie abgetragen.
> Die ganze Welt nimmt teil am Siegesmahl.

Gekannt habe ich den Mann nicht lange, immerhin etwa ein Dutzend Jahre. Vorausgegangen war dem von früh an die Beschäftigung mit seinen Gedichten, das Staunen über Gedichte, die für mich, in Stoff, Inhalt, Form, ganz neu waren – die *Hymne an Rosa Luxemburg* etwa. Das erste Buch, das ich mir als Kind für mein Taschengeld kaufte, war ein Gedichtband mit dem Titel *Die hungrige Stadt*.

Gekannt also zwölf Jahre, von denen ich aber die ersten zwei, drei abrechnen muß – ich sah ihn damals wenig, es gab unnötige Mißverständnisse, unnötigen Streit, eine Art diplomatischer Distanz. Aber auch das hatte etwas Faszinierendes für mich, Bechers Verhalten mir gegenüber nämlich, das bestimmt war von Interesse, Kameradschaft und einem ganz besonderen Zauber, der nur ihm eigen war und der mich entwaffnete und beschämte. Dieser Zauber hatte sehr viel zu tun mit seiner Bereitschaft, die Meinung des anderen zu hören, seine eigene Meinung zu korrigieren, und diese verführerische Bereitschaft war es gerade, die mich ständig dazu brachte, mich seinen Ansichten anschließen, sie als die besser begründeten anerkennen zu wollen. Er war kein kleinlicher Mann, wenn man mir dieses understatement erlauben will: zu seiner Größe gehörte diese unglaublich seltene Eigenschaft.

Meine Bewunderung galt vor allem – und ich schließe hier seine poetische Genialität einschließlich dessen, was mir daran als Irrtum erscheint und notwendigerweise in diesem Falle genialer Irrtum wäre, bewußt aus –, meine Bewunderung galt vor allem der Frische und Jugendlichkeit seiner Empfindung, seiner Abneigung gegen die Phrase, seiner immer wachen Neugier, seiner Unvoreingenommenheit oder, besser, seiner Disposition zur Unvoreingenommenheit, seiner Entdeckerfreude, seinem Haß auf Langeweile, Servilität und Nachbeterei. Ich teilte seinen Enthusiasmus für deutschen Barock, Hölderlin, Rimbaud. Es gab auch immer genug Meinungsverschiedenheiten. Eine immer wieder erneuerte Diskussion betraf ihn selbst, die frühe Epoche seines Werks, die er mit Widerwillen, mit einer Art von angstvollem Haß betrachtete. Ich kam in die Lage, Becher vor Becher in Schutz nehmen zu müssen. Seine Haltung begriff ich wohl, wenn ich sie auch nicht billigen konnte: einmal abgesehen davon, daß sie von historisch bestimmten Fehleinschätzungen, die inzwischen weitgehend einer gerechteren Beurteilung Platz machten, beeinflußt war, drückt sich doch auch in ihr einer der bewegendsten Züge des Menschen, des Dichters aus: sein sehnsüchtiges Verlangen nach Anderswerden, sein unaufhörliches Abschiednehmen. Keines seiner Gedichte hat dieses Lebensgefühl erschütternder ausgedrückt als das folgende:

Es nahen andre Zeiten, wiederholen
Sollt ihr den Satz: es nahen andre Zeiten.
Steht damit auf und legt euch damit schlafen.
Denkt stets daran: es nahen andre Zeiten.

Was zögert ihr? Ihr selbst seid abgelaufen.
Trüb ist das Wetter, und es herrscht Geheimnis.

> Die Rechnung stimmt nicht. Unbekannte Größen
> Erscheinen und verwirren die Berechnung.

Und so weiter. Dies Gedicht, geschrieben gegen 1940, kommt mir als erstes in den Sinn, wenn ich an Becher denke. Ich denke an die Abende in seinem Haus, an unsere gemeinsamen Jagdpartien, an die Tage in Ahrenshoop und Weimar, Wiesbaden und Düsseldorf, Zürich und Prag, Warschau und Wien. Ich denke an die Landschaften, die wir miteinander gemein hatten, Schwarzwald, Bodensee, Oberbayern, obwohl sie nicht meine, sondern seine wirkliche Heimat waren, von mir als Heimat nur gewählt.

In den langen Jahren der Emigration war mir, und wahrscheinlich vielen anderen, kein Gedicht gegenwärtiger als *Die Heimat* – und diesen Rang behauptete es damals für mich nicht nur unter den Gedichten Bechers, sondern unter allen Gedichten:

> Als ich aus Deutschland ging, nahm ich mit mir ein Bild,
> Oft sucht mein Auge jetzt, festzuhalten sich dort,
> Wo inmitten der Hügel
> Urach liegt.

Man lese das herrliche Gedicht nach, dessen eigentliches Thema das Unbegreifbare ist, daß die bewußtlose, in sich ruhende Schönheit der Landschaft für alle, für alles da ist, auch dem Bösen dient. Sollte ich in einem Begriff zusammenfassen, was mir an Becher das Unentbehrlichste ist – nochmals: vom dichterischen Werk abgesehen –, so würde ich seine Bereitschaft zum Gespräch nennen. Er war ein Mann des Gesprächs. Sicher war ihm klar, daß im Gespräch, in der Gesprächswilligkeit die innerste Mitte humaner Gesinnung ruht. Die Jahre, in denen ich ihn kannte und an vielen Orten sah, waren Jahre des Gesprächs. Was er darunter verstand, wie tief er das vorgetäuschte Gespräch, den Monolog mit verteilten Rollen verachtete, kann man bei ihm nachlesen.

Etwas, das uns auch verband, war Interesse am Sport, obwohl ich gerade von seinem Lieblingssport, dem Segeln, das er enthusiastisch und meisterhaft betrieb, gar nichts verstehe. Aber von den Winden, den Stürmen und den Flauten, mit denen das Segeln zu tun hat, konnte ich bei ihm lesen und bei dieser Gelegenheit den bösen Humor kennenlernen, mit dem er scheinwissenschaftliches Geschwätz und Großsprecherei beantwortete.

Vieles gibt es da noch... Der Mann hätte nicht zu sterben brauchen, um mir klarzumachen, daß ich ihn liebte.

Ich finde da eine Stelle, die lautet: »Das Leben entschwindet. Fluchtartig zieht es vorüber, um sich im Nichts zu verflüchtigen – so beginnt das Altern. Das Vergangene, vormals hart und durchsichtig, wird verworren und nebelhaft, Geheimnis über Geheimnis, nicht mehr zu enträtseln – das Vergangene wird noch einmal Vergangenheit, aber erinnerungslos, ohne Konturen, unwiderrufbar. Manches nimmt Abschied für immer, dieser oder jener Mensch, diese oder jene Zeit, dieses Ding oder jenes. Man spürt, man hat ihnen zum letztenmal die Hand gereicht, sie verabschieden sich, ohne sich umzuschauen, gehen gelassen ihren Weg – in die Stille des Nichts. Auch das Gebrüll wird zum Flüstern. Con sordino, kühl atmet die Stille der Welt...«

DICHTER ÜBER HÖLDERLIN

Vielleicht schon mit dem Blick auf das im nächsten Jahr zu begehende Jubiläum ist im Insel-Verlag in Frankfurt ein kleines Buch erschienen – *Dichter über Hölderlin*. Auf hundertvierzig Seiten stehen hier Texte zusammen, die wenig, stets viel zuwenig bekannt und oft schwer aufzutreiben sind. Daß es sich nur um hundertvierzig Seiten handelt, besagt eigentlich schon genug. Eine Nation, die ihren größten Dichter in den Wahnsinn trieb, hat ihm auch das Nachleben nicht gerade leichtgemacht. Diese Strukturen aus Feuer und Luft haben Generationen vergessen oder gar nicht erst zur Kenntnis genommen. Diese unerbittliche Reinheit galt als verstiegen, dieser Ruf zur Revolution erging an Taubstumme, diese in mythologische Vergangenheit projizierte Utopie wurde als liebenswürdig abgetan. Schließlich hatte ja sogar der Weise aus Weimar ihm geraten, niedliche Gedichte zu machen. Das war übrigens in Frankfurt gewesen, bei einer zufälligen Begegnung, er schreibt es an Schiller und nennt den Betroffenen »Hölterlein« – er hatte den Namen einfach nicht behalten können. Aber das waren noch Zeiten gewesen: später nannte man diesen Namen, wenn er überhaupt fiel, neben dem von Ernst Schulze, dem bekannten Verfasser der *Bezauberten Rose* (Sie wissen doch!), und der verdienstvolle Herder-Forscher Rudolf Haym hielt seinen Träger schlicht für einen Seitentrieb der Romantik.

Einiges vermisse ich in dem kleinen Buch sehr und kann mich nicht damit abfinden, daß der Herausgeber Jochen Schmidt in seinem Nachwort keinen Anspruch auf Vollständigkeit erhebt. Natürlich weiß jedermann, daß gegen jede anthologische Arbeit Bedenken angemeldet werden. Aber gerade hier, wo die Schmalheit des Materials Vollständigkeit möglich macht, hätte man sie einmal anstreben können und sollen. Man wäre auf zweihundert Seiten gekommen, vielleicht ein wenig darüber. Ich habe, an die Neueren denkend, mich an Essays von Stefan Zweig und Rudolf Leonhard erinnert, was aber in dem Band am meisten fehlt, ist der kaum bekannte Aufsatz Georg Herweghs, der 1839, also noch zu Lebzeiten Hölderlins, geschrieben wurde. Abgesehen von den Zeugnissen der Romantiker, stellt er das früheste deutsche Dokument dar, in dem Hölderlins Bedeutung begriffen wird. Herwegh sieht in Hölderlin den Dichter der Jugend; er zitiert Börne: »Was die Jugend glaubt, ist ewig.« Er definiert das Zeitgemäße: »So nachdrücklich ich stets die Teilnahme der Nation für ihre lebenden Genien verlangt habe, so weit war ich von der irrigen Meinung entfernt, als ob ein echter Dichter je aufhören könnte, ein Dichter der Zeit zu sein.« Hölderlins Dichtung und Schicksal wird hier zum erstenmal ganz aus den deutschen Zuständen gesehen.

Der nächste nach Herwegh war erst wieder Nietzsche, der allerdings mit zwei wichtigen Bekenntnissen in dem Band steht. Mit höchster Bewunderung lesen wir den als fiktiven Brief verfaßten Schulaufsatz eines sechzehnjährigen Genies, das bereits »reinste, sophokleische Sprache« gegen das Spießerwort vom »unklaren Gerede« verteidigt. Man vergegenwärtigt sich, daß Nietzsches Schulaufsatz 1861 geschrieben wurde; es ist nicht die beste Zeit deutscher Dichtung. Später, in den *Unzeitgemäßen Betrachtungen*, polemisiert Nietzsche gegen Friedrich Theodor Vischer, der über Hölderlin geschrieben hatte: »Sein Geist hatte zu wenig vom Harten; es fehlte ihm als Waffe der Humor; er konnte es nicht ertragen, daß man noch kein Barbar ist, wenn man ein Philister ist.« Nietzsche entgegnet: »Ersichtlich will der Ästhetiker uns sagen: man kann Philister sein und doch Kulturmensch – darin liegt der Humor, der dem armen Hölderlin fehlte, an dessen Mangel er zugrunde ging.«

Das Buch, das also hundertvierzig Seiten hat und etwa zweihundert haben könnte, wird in diesem seinem Umfang gehalten durch den Titel, der über ihm steht. Nicht-Dichter haben sehr viel mehr über Hölderlin geschrieben als Dichter. Das Buch bringt also nicht Bedeutendes von Hellingrath bis Benjamin und Adorno, das man freilich anderwärts lesen kann; es erspart uns aber auch jenes orphische Schwarzwälderdeutsch, das einen seit Jahrzehnten belästigt, sobald die Rede auf Hölderlin kommt. Die Dichter also, die Rufer in der Wüste: sie heißen, bis an die Schwelle dieses Jahrhunderts, Waiblinger, Görres, Gustav Schwab, Arnim, Brentano, Bettina, der – weggelassene – Herwegh. Mörike hat verlegen etwas geahnt. Schließlich Nietzsche. Ist das alles? Es ist alles. Die größte Blamage fällt, noch in den letzten Jahren des achtzehnten Jahrhunderts, auf Goethe, die zweitgrößte auf Schiller. Oder vielleicht umgekehrt? Hölderlin wollte nichts von Goethe; dessen Stumpfheit tat ihm nicht weiter weh, möchte man meinen. Dagegen Schiller... Hölderlin kam aus seinem Stoff, er mußte Schiller zum Vorbild wählen, so überlegen er dem grenzenlos Bewunderten und Verehrten im lyrischen Bereich auch von allem Anfang an war. Daß die beiden berühmten Korrespondenten mit seltsamen Gefühlen auf die frühen Hymnen Hölderlins blickten, die aus Schillers Geist kamen und Schiller gleichzeitig mit stürmender, arielhafter Leichtigkeit überflogen, geht aus einem Brief Goethes an Schiller hervor, in dem es heißt: »... eine ähnliche Richtung ist wohl nicht zu verkennen, allein sie haben weder die Fülle, noch die Stärke, noch die Tiefe Ihrer Arbeiten.« Natürlich nicht. Man hört aus Jena einen Seufzer der Erleichterung.

Und nun stehen wir also an der Schwelle zum zwanzigsten Jahrhundert, das Hölderlins Entdeckung für Deutschland mit sich bringt. Für unser Jahrhundert stehen in dem Buch die Namen George, Rilke, Becher, Hesse und Martin Walser. Wenn man die beiden Namen hinzunimmt, die in dem Band fehlen und die ich vorhin erwähnte, sind wir auch in diesem Zeitraum sozusagen komplett. Man braucht gar nicht erst zu versuchen, Hölderlins Bilanz aufzubessern, indem man im stillen die großen Namen der deutschen Literatur des Jahrhunderts durchgeht. Bei Thomas Mann steht der Name mal in einem Brief, freilich nicht ohne Bedeutung; der Briefschreiber erwähnt, daß er manchmal sich selber Hölderlin-Verse aufsagt; Heinrich Mann: Nein; Kafka bittet jemand, ebenfalls brieflich, um einen Gedichtband; Brecht: Nein; obwohl er sich eine Weile intensiv mit den Sophokles-Übersetzungen beschäftigte; Musil nennt zwei-, dreimal den Namen; Döblin: Nein; Joseph Roth: Nein. So geht das wohl weiter. Nein, auch bei Hofmannsthal ist nichts zu finden außer ein paar freundlichen Bemerkungen. Natürlich füge ich die populäre Formel hinzu: ohne Gewähr.

Noch in einer Zeit, da die Weltresonanz Hölderlins eine gesicherte Tatsache ist, vermerken wir das Fehlen dieser Stimmen mit Bitterkeit. Denn von Weltresonanz darf man wohl sprechen. Nachdem vor über fünfzig Jahren der George-Kreis und besonders Norbert von Hellingrath die erste wirkliche Hölderlin-Ausgabe ermöglichten, die erste Ausgabe Hölderlinscher Werke nach einer Pause von etwa achtzig Jahren, eroberte Hölderlin von den dreißiger Jahren an den englischen, französischen, italienischen Sprachraum, erkannt und anerkannt als eine der bestimmenden Gestalten der Weltdichtung. Frankreich wäre hier vor allem zu nennen. Wenn vor kurzem in der berühmten Pléiade-Ausgabe, in der neben den Meisterwerken der französischen Literatur seit den

Anfängen nur wenige Ausländer erscheinen, nach Homer und Dante, Shakespeare und Cervantes, Goethe und Tolstoi ein Hölderlin herauskam, so ist das symptomatisch für eine Entwicklung. Aber wer weiß eigentlich in Deutschland, daß im Jahre 1867 die Studie eines französischen Republikaners namens Challemel-Lacour erscheint, etwa zur gleichen Zeit also, da Nietzsche über Hölderlin schreibt, eine Studie, die Hölderlin nicht nur als einen der größten deutschen Dichter, sondern als einen der größten Dichter der Weltliteratur überhaupt feiert... Wie es übrigens auch französische Germanisten wie Bertaux oder Minder sind, die in den letzten Jahren Hölderlins Bindungen an französische Revolutionäre verdeutlicht haben, während man sich in Deutschland immer noch gern das Geraun des Herrn Heidegger anhört.

Aber gehen wir von den Germanisten doch noch einmal zu den Dichtern zurück. Von den zeitgenössischen Stimmen, die das Buch bringt, den wenigen, die, wie gesagt, kaum zu vermehren sind, ist die jüngste, die Martin Walsers, wahrscheinlich die überzeugendste, weil sie ganz ohne Gehabe und Feierlichkeit, gedämpften, aber freien Tones Wichtiges über Hölderlin vermittelt, nämlich den Zugang zu ihm, der ein Zugang für viele werden könnte. Walser, einer der besten Prosaschriftsteller, die heutzutage im deutschen Sprachgebiet arbeiten, stammt aus der Bodenseegegend und lebt auch heute dort. Er hat einen kleinen Aufsatz geschrieben, der *Hölderlin auf dem Dachboden* heißt und eine Leseerfahrung mitteilt, wie er nämlich als ganz junger Mensch, fast noch ein Kind, auf dem Dachboden ein zerfleddertes Buch findet, ohne Titelblatt, und anfängt, Hölderlin zu lesen, ohne zu wissen, daß er Hölderlin liest. Er liest das schwierige Gedicht *Heimkunft*. Walser findet, daß es nicht so schwierig ist, weil es von einer Landschaft ausgeht, die er vor seinem Dachboden ausgebreitet sieht. Das ist natürlich eine Erleichterung, die für einen jungen Leser in Dresden oder Rostock nicht existiert. Aber das ist nicht alles. Es zeigt sich, daß das unvoreingenommene, das angstlose Sichhineinwerfen in das Gedicht jungen Lesern in Dresden oder Rostock ebenso viele Zugänge bietet wie damals dem jungen Walser, als er noch kein Experte war, sondern einfach ein Leser.

Hölderlin, sagt Walser, erzählt in seinem Gedicht von einem, »der gerne alles benennen möchte und doch Scheu empfindet«. »Wenn«, fährt er fort, »wenn der Vierzehn-, Fünfzehnjährige dann liest: ›Herzen schlagen, und doch bleibet die Rede zurück‹, dann ist er Hölderlin, dann ist das Hölderlin-Gedicht sein eigenes Gedicht, denn jetzt hat Hölderlin nicht bloß der Umgebung feierlichschöne Namen gegeben, er hat nicht bloß die Zukunft in einer Art Glockengeläut spürbar gemacht, er hat jetzt auch den Lesenden selbst benannt, hat seine Situation zur Sprache gebracht und ihn als Leser zu einer Art Dichter gemacht.«

Dies und anderes ist so richtig und gescheit, daß man, wenn man sich auch weitere Zitate versagen muß, aussprechen möchte, daß man diesen Aufsatz hierzulande gern in einem Lesebuch sehen würde, weil nur besonders gute, aufklärerische Stücke in einem Lesebuch stehen sollten. »Warum Dichter sein in dürftiger Zeit«, hatte Hölderlin geschrieben. Zeiten bleiben nicht immer dürftig. Man stellt sich kurz vor, daß er Freude gehabt hätte an solchem Kommentar. Er hätte sie so sehr verdient.

KARL KRAUS

Zum erstenmal erscheint in der DDR ein Buch von Karl Kraus. Der Mann wurde 1874 in einem kleinen böhmischen Städtchen geboren, er starb mit zweiundsechzig Jahren in Wien. Dieser Tod war mild, er kam rechtzeitig. Er verhinderte, daß Karl Kraus in die Hände derer fiel, die er am meisten haßte und deren scheußliches Abbild sein letztes Werk zeigt, die *Dritte Walpurgisnacht*.

Eine Weile wollte er Schauspieler werden, er brach ein Studium der Rechtswissenschaften ab, fast wäre er in die Redaktion der *Neuen Freien Presse* eingetreten, die er später die »Neue Feile Presse« nannte, 1899 gründete er seine Zeitschrift *Die Fackel*, an der Wilhelm Liebknecht, Franz Mehring, aber auch Heinrich

Mann, Arnold Schönberg, Erich Mühsam, Strindberg, Wedekind mitarbeiteten, die er aber vom Jahre 1911 an ganz allein schrieb, 922 Nummern der *Fackel* entstanden im Laufe von siebenunddreißig Jahren in einsamer, allnächtlicher Arbeit, an die vierzig Bücher: ein Leben, ein Lebenswerk, neben dem man nur noch seine Rezitationsabende erwähnen müßte, denn Kraus war einer der größten Vortragskünstler seiner Zeit, der, außer dem eigenen Werk, jene Dichter und Musiker dem Zuhörer nahebrachte, die er für exemplarisch hielt, Shakespeare und Goethe, Matthias Claudius und Jean Paul, Raimund und Nestroy, Offenbach, Liliencron und Wedekind und, als neuesten, einen jungen Dichter namens Brecht.

Ein Einzelgänger? Gewiß. Hinter der ungeheuren Leistung dieser *Fackel*, die so bald schon zu einer Einmann-Zeitschrift wird, steht ein Lebensgefühl, demzufolge jeder seinen Schmerz hat, an dem kein anderer entbrennt, Lebensleid, das, wie Kraus' Freund Heinrich Fischer sagt, verletzte Lebensfreude ist. Aber die Einzelgängerei des Karl Kraus, die ihn sicherlich zu Fehleinschätzungen und in Irrtümer trieb, wenn sie nicht von diesen gefördert wurde, war alles andere als Eitelkeit, Ästhetizismus, Menschenfeindschaft, Hermetik. Nicht Weltfremdheit ist hier am Werk, sondern ein verbissenes Befaßtsein mit Welt und Gesellschaft. Man muß sich erinnern, daß die *Fackel* keineswegs nur ein Organ der »happy few« war, sondern ständig in einer Auflage von 30 000 bis 40 000 Exemplaren erschien, daß Kraus' Bücher bis zur Machtergreifung der Nazis alle mehrere Auflagen erreichten. Und es ist kein Zufall, daß dieses von manchen, die es nicht kennen, für esoterisch gehaltene Werk seit einigen Jahren an Wirkung und Verbreitung unaufhaltsam wächst.

Kraus' Einzelgängerei formuliert sich nicht politisch – sein Werk ist das Ergebnis seines Zusammenstoßes mit der Politik, nämlich mit der Zeit. In bestimmten Momenten zeigt er Sympathie mit dem Standpunkt einer Partei. Er unterstützt die Arbeiterbewegung nach dem Jahre 1918, ebenso während der Kämpfe im Wien des Jahres 1927. In seinen letzten Lebensjahren erblickt er irrtümlicherweise in den Dollfuß-Leuten eine wirkende Kraft gegen Hitler. Die prinzipielle Haltung seines Werks ist die großer tragischer Satire. Es gewinnt immense Spannung und Dauer aus dem Gegensatz zwischen einem Gefühl der Verlorenheit und der Zuversicht zur Schöpfung. Kraus kennt keinen Nihilismus. Im Hintergrund einer Szenerie der Verzweiflung wartet die Natur des Menschen, wartet der natürliche Mensch, wartet die ihn verheißende Kunst auf das Zeichen zum Auftritt.

Der Fall, aus dem ein Buch wie *Die letzten Tage der Menschheit* kommt, ist einzigartig. Das, was hier inmitten der blutigen Geräusche von Wehr und Wucher entsteht, im Wien des ersten Weltkriegs begonnen und geduldig zu Ende geführt, ein, wie Kraus es nennt, Stück für ein Marstheater, achthundert Seiten lang, eine von Greueln triefende Operette, die Larven und Lemuren, Henker und Opfer versammelt, ist das Produkt eines Mannes, der, allein auf sich gestellt, dem imperialistischen Krieg nicht einen Tag lang auf den Leim ging. Die merkwürdigen Voraussetzungen des vielleicht furchtbarsten Buches des Jahrhunderts liegen nicht so sehr in der Tatsache, daß Kraus zu der winzigen Minderheit gehörte, die vom 1. August 1914 an den verbrecherischen Charakter des Krieges begriffen hatte, sondern vielmehr darin, daß er von dieser Minderheit isoliert war. Er wußte weder von den Bolschewiki noch von Liebknecht. Er hatte weder mit den Barbusse und Rolland noch mit den Stefan Zweig oder Leonhard Frank Fühlung, also jenen europäischen Schriftstellern, die entweder an der Front oder im Schweizer Exil an ihren ersten pazifistischen Manifesten arbeiteten. Gewiß hat Kraus den eigentlichen gesellschaftlichen Hintergrund des Krieges nie erfaßt, gewiß haben sekundäre Faktoren solche erster Größe aus seinem Gesichtsfeld verdrängt, und doch haben nicht die am meisten erleuchteten unter seinen Kollegen, weder zu jener Zeit noch im Nachhinein, die poetische Entsprechung zu den großen Zeitanalysen Lenins und der Verfasser der *Spartakusbriefe* geschrieben, sondern er, und das ist gewiß ein Anlaß zum Nachdenken über das Verhältnis von individuellem Bewußtsein und dichterischer Darstellung eines gesellschaftlichen Zustands. Nachdenken ließe sich hier über die *Letzten Tage der Menschheit*, freilich auch über das Dichterische, woher Kraus es bezieht. Die Grundlage ist minutiöse Notierung, ist die zitierte Phrase, die ihren Hervorbringer erst entlarvt, dann an seine Stelle tritt. Inmitten patriotischer Tobsucht, während die Truppen über die Ringstraße zur Front abmarschieren, harangiert ein Betrunkener von einer Ruhebank herab die jubelnden Massen: »Mir führ'n an heiliger Verteilungskrieg führ'n mir...« Und er ruft seine Landsleute auf, sich »wie a Phalanx« aus der Asche zu erheben, jetzt, wo alle miteinander wie »a Phönix« zusammenstehen müssen. Daß eine alkoholisierte Zunge das Wort »Verteidigungskrieg« nicht mehr aussprechen kann, daß erst Alkoholisierung imstande ist, den Krieg bei seinem wahren Namen zu nennen, ist die Entdeckung des Karl Kraus.

> Von Rache sprech ich, will die
> Sprache rächen
> an allen jenen, die die Sprache
> sprechen.

Sprache, Synonym für Natur, Schöpfung, eigentliche Bestimmung des Menschen, revoltiert, verwandelt ihre Träger in mythologische Gestalten, Ungeheuer und Opfer, konfrontiert den banalen Augenblick mit Ewigkeit, und es bedarf nicht erst des Umstands, daß die Verkörperung des Autors, die Figur des Nörglers, in die Schlußworte des Horatio ausbricht, um zu begreifen, wie nah die Welt des Karl Kraus der Welt Shakespeares ist.

Der Titel des Monsterdramas *Die letzten Tage der Menschheit* kann über dem ganzen Werk stehen. *Untergang der Welt durch schwarze Magie* heißt ein anderes Buch; es nennt Kraus' Hauptfeind beim Namen: die Presse, deren destruktive Kraft kein anderer Autor mit so erschütterter und erschütternder Beredsamkeit geschildert hat, auch nicht Balzac, auch nicht Kierkegaard. *Weltgericht* ist der Titel eines dritten Buches, das, wie das große Drama, den Krieg zum Gegenstand hat. Der Tenor all dieser Arbeiten, man sieht's, lautet *Letzte Frist*; sie zielen auf Mobilisierung, auch hier wächst das Rettende, handle es sich auch darum, daß der Satiriker, wie Kraus einmal sagt, die Flucht des Geistes vor der Menschheit organisiert. Die Anlässe sind oft geringfügig. »Ein kleines Ereignis aus der Lokalen Chronik«, sagt Leopold Liegler, »kann Kraus so zusetzen, daß er das Ende aller Tage gekommen wähnt, weil er am Einzelfall eben jene Kräfte erkennt, die sich am Herzen der Welt vergreifen.« Kraus hat weder Auschwitz noch Hiroshima gekannt, aber er hat sie vorgedacht, vorgefühlt, vorgedichtet in jener Qual jedes einzelnen, die seine Empörungen, seine artikulierten Aufschreie, seine Tränen und seinen knirschenden Hohn auslöste. Vierzig Jahre, bevor man von »Bewältigung der Vergangenheit« sprach, schrieb er das Wort: »Nie wird für mich alles vorbei sein!« Und gleichzeitig wird manifest, wie ehrfürchtig dieser Kenner und Fortsetzer großer Literatur, der die Schwächen prominenter Zeitgenossen so oft vernichtend festhält und vorzeigt, vor der Sprache steht, wo sie Menschenlaut ist. Kraus zitiert im November 1917 eine Feldpostkarte, die ihm den Tod seines Freundes anzeigt:

Hochgeehrter Herr!

Erlaube mir mit zitternder Hand mitzuteilen, daß mein Herr Leutnant Janowitz den 4. November seinen Wunden erlag. Mir wurde trotz meines Bittens nicht erlaubt, mit seinen Sachen zu Euch zu kommen.
    Hab wohl viele Tränen vergossen für den Herrn. Ehre seinem Andenken. Mein innigstes Beileid. Gott hat es gewollt. Ich komme wieder zur Kompanie.   Sein treuer Diener Josef Greunz.

Und Kraus schreibt über das Dokument: »Es gäbe eine Sühne für alle Kriegsdichtung von vier Jahren. Wenn sie sich in ihr Nichts auflösen wollte angesichts dieses erhabenen Heldengedichts...« Denn auch hier setzte Kraus Maßstäbe – wenn er den Mord an einem Menschen und die Klage eines unbekannten einfachen Mannes einer schmachvollen Dichtung gegenüberstellte, die er haßte und deren Autoren er beim Namen nannte, auch wenn sie Hofmannsthal, Richard Dehmel oder Alfred Kerr hießen.

Die Haltung der geistigen Notwehr, die Grenzposition zwischen Sprachohnmacht und mobilisierender Sprachmächtigkeit hat ihren Höhepunkt in Kraus' letztem Werk, der *Dritten Walpurgisnacht*, die erst nach seinem Tode und nach dem Zusammenbruch des Faschismus erschien. Sie beginnt mit dem berühmten Satz: »Zu Hitler fällt mir nichts ein«, der ein dreihundert Seiten langes Verdikt gegen die Nationalsozialisten einleitet. Kraus veröffentlichte das Buch nicht, um nicht Menschen im Machtbereich der Nazis zu gefährden. Auch hier geht es noch einmal und unter anderem um Literatur, die der Gottfried Benn und Binding, ihre Apologetik wird zitiert und ist gerichtet, nicht gerettet. Daß Benn nach dieser Erledigung im Bereich der Restauration noch einmal zum großen Dichter avancieren konnte, liegt nicht an Kraus, es liegt an einer Gesellschaft, die der Widerpart des Karl Kraus ist und deren geistigen und ethischen Zerfall der Zerfall ihrer Sprache spiegelt.

DEUTSCHER WIDERSTAND IN FRANKREICH

Dreißig Jahre nach dem Beginn des zweiten Weltkriegs hat ein in Paris erschienenes Buch ein erklärbares und doch unbegreifliches Schweigen gebrochen. Den Namen des Verfassers, der kein belletristischer Schriftsteller ist, kennt man in Deutschland kaum, man sollte ihn aber kennen. Florimond Bonte kam als junger französischer Offizier 1916 in deutsche Gefangenschaft. Er nahm zwei Jahre später am Kampf der revolutionären deutschen Arbeiter- und Soldatenräte teil. Er war ein Mitbegründer der Kommunistischen Partei Frankreichs, kam ins Zentralkomitee, wurde Chefredakteur der *Humanité* und Abgeordneter. Nur wer es erlebte, weiß, was Bontes Tat bedeutete, als er, aus der Illegalität auftauchend, im dritten Kriegsmonat, November 1939, plötzlich im

Parlament erschien, obwohl seine Immunität aufgehoben war, die Politik seiner Partei erklärte und verteidigte und jene anklagte, die hinter dem künstlichen Nebel propagandistischer Lügen die Niederlage der Armee, die Auslieferung des Landes an Hitler vorbereiteten. Seine Gegner tobten, verhafteten ihn, schleppten ihn von Lager zu Lager. Bonte selbst hat diese Zeit später in einem Buch, das *Der Weg der Ehre* heißt, beschrieben. Er also ist der Verfasser des Buches, von dem ich reden will und das den Titel trägt *Die deutschen Antifaschisten in der französischen Widerstandsbewegung*. Es handelt sich – der Titel sagt es schon – nicht um ein Werk der schönen Literatur, sondern um Geschichtsschreibung. Man schlägt das Buch nicht ohne Bewegung auf, denn es fällt einem ein, daß eine lange Reihe von französischen Veröffentlichungen, ebenfalls historischer, aber auch erzählender Art von Ausländern in der Résistance spricht, von denen ja traditionsgemäß viele in einem alten Land des Asyls lebten und leben, von Spaniern und Italienern, von Armeniern und Russen, von Polen und Jugoslawen; nur daß von Deutschen in diesem Zusammenhang nie die Rede gewesen war, von den vielen Deutschen damals, die nach Frankreich gekommen waren, nicht zum erstenmal in der Geschichte übrigens, um das nackte Leben zu retten oder um ihre Menschenwürde zu bewahren, Arbeiter, Handwerker, Ärzte, Kaufleute, Rechtsanwälte, junge Leute, die niemand hatten, und ganze Familien, politische Funktionäre und Künstler, von denen also war nicht die Rede gewesen und nicht von jenen unter ihnen, die teilgenommen hatten an der Résistance und in Frankreich ihr Grab fanden oder in einem Vernichtungslager kein Grab, sondern einfach den Tod, oder die auch alles überlebt hatten. Dieses Schweigen also, dessen Gründe wir nicht untersuchen wollen und das ein Teil des Schicksals war, das die Parteigänger des besseren Deutschland freiwillig auf sich genommen hatten, dieses Schweigen also, wir sagten es schon, hat dieses Buch gebrochen.

Das Material zu seinem Buch hat der Verfasser vor allem in den Archiven der DDR gesammelt; er hat dazu eine Reihe überlebender Zeugen, die ebenfalls meist in der DDR wohnen, befragt.

Im Vorwort zu dem Buch steht folgender bezeichnender Satz: »Wie groß war meine Überraschung, als ich, nach meiner Rückkehr nach Paris, sowohl in der Nationalbibliothek als auch in der Bibliothek für internationale zeitgenössische Dokumentation eine beträchtliche Anzahl von Dokumenten fand, die den mir in Berlin zur Verfügung gestellten entsprachen, ohne daß sie bisher von Publizisten und Historikern in Frankreich beachtet worden wären.«

Bonte hat sein Buch für Franzosen geschrieben. Es zeigt darum, wie es überhaupt dazu kam, daß Deutsche in den Reihen der französischen Résistance standen, es beschreibt lakonisch und eindrucksvoll die gemeinsamen Aktionen deutscher und französischer Antifaschisten vor dem Krieg, die Situation der Emigranten in Frankreich, ihre politische und kulturelle Tätigkeit. Das ist notwendig, um den französischen Leser in das Buch einzuführen.

Aber natürlich geht das Buch sehr viel mehr Leser an als nur französische. Es ist unvermeidlich, daß aus dem Bericht über das Entstehen der Résistance die überragende Rolle der französischen Kommunisten an den Tag tritt und ganz nebenbei eine antikommunistische Legende aus den letzten zwanzig Jahren ausgeräumt wird, derzufolge die KPF erst nach dem Naziangriff auf die Sowjetunion in den Widerstandskampf eingetreten sei. Genauso wichtig ist die Aufzählung von Tatsachen, die die deutschen Kommunisten betreffen und eine weitere Legende zerstören, nämlich jene, die vorgibt, der deutsche Widerstand gegen Hitler reduziere sich auf das Datum des 20. Juli 1944 und auf die Aktion einiger Offiziere. Bonte zeigt, daß der Kampf gegen die Macht der Nazis von deutschen Arbeitern und Intellektuellen verschiedener politischer Anschauungen, unter denen aber die Kommunisten besonders zahlreich sind, an einem anderen Datum aufgenommen wird, mehr als elf Jahre zuvor, am Tage der Machtergreifung Hitlers selbst. In diesem Zusammenhang interessiert einen, daß die illegale KPF am 10. Juli 1940, wenige Tage nach der Kapitulation des Verräters Pétain, zum Kampf gegen die Hitlerokkupanten aufruft und daß wiederum einige Tage später die illegale KPD in einem Manifest die deutschen Arbeiter auffordert, das Diktat

Hitlers nie anzuerkennen und sich mit dem französischen Proletariat zu solidarisieren. Über diese Tatsachen braucht man nicht zu diskutieren; man kann sie höchstens verschweigen, falls sie einem unangenehm sind. Übrigens ist da ein Dokument erhalten geblieben, das von einem sehr sicheren Gewährsmann stammt. Am 29. November 1940 übersendet der Chef der Nazi-Abwehr, der Admiral Canaris, dem Reichssicherheitshauptamt ein Flugblatt mit einem Begleitbrief, in dem es heißt: »Dieses Flugblatt setzt uns, soweit wir wissen zum erstenmal, von einer Stellungnahme der KPD in Kenntnis, welche von der KPF verbreitet wird und die politischen Ereignisse der letzten Zeit zum Gegenstand hat.«

Der Weg der deutschen politischen Emigration führt in den Widerstand über die schmachvollen Lager, in die sie die Träger der französischen Kapitulationspolitik warfen, auch über die zum Zusammenbruch verurteilte Armee von 1940, in der manche ihrer Vertreter standen. Sogleich nach der militärischen Niederlage Frankreichs im Sommer 1940 beginnt eine Serie von großen Sabotageaktionen, mehr als einhundertzehn Anschläge auf die Eisenbahnen der Nazis werden ausgeführt, zu Hunderten werden Autoreifen durchstochen, Ölwannen geleert, Fabriken in Brand gesteckt, Telefoneinrichtungen zerstört. Unter Leitung von Otto Niebergall organisieren sich die deutschen Widerstandskämpfer in dem sogenannten T.A. (Travail Allemand), der vor allem unter den deutschen Truppen agitiert. Sie verbreiten Millionen von Flugblättern, geben im Norden, und zwar bereits im Jahre 1941, die Zeitung *Soldat im Westen* heraus, im Süden später eine weitere Zeitung mit dem Titel *Soldat am Mittelmeer*. Nach der Entstehung des sogenannten Calpo, der Sektion des Komitees Freies Deutschland in Frankreich, erreicht diese Arbeit einen noch bedeutenderen Umfang. Mit dem Entstehen bewaffneter Maquis bilden sich auch bewaffnete antifaschistische deutsche Gruppen innerhalb der französischen Einheiten. Gleichzeitig wird das Calpo vom Nationalrat des Widerstands und vom Oberkommando in Algier offiziell anerkannt. »Die französischen Patrioten«, schreibt Bonte, »sahen die deutschen Antifaschisten zwei

Jahre lang hindurch an ihrer Seite kämpfen. Sie sahen sie in der ersten Reihe bei den bewaffneten Aktionen in den Départements Gard, Ardèche und Lozère und vor allem beim Weiler des Grottes bis La Rivière, und dazwischen lagen die Gefechte von Galabartes, Saint-Etienne-Vallée-Française, La Borie und La Parade.« Bonte weist darauf hin, daß diese Aufzählung nur fragmentarisch ist. Er schreibt: »Überall, in allen Gegenden Frankreichs, gab es zahlreiche deutsche Antifaschisten, die durch aktive Teilnahme am bewaffneten Kampf der Résistance wesentlich zur Befreiung Frankreichs und ihres eigenen Landes von der mörderischen Hitlertyrannei beigetragen haben.« Er zitiert den Fall des jungen Leipziger Arbeiters Helmut Thomas, der in den Internationalen Brigaden in Spanien kämpft, später als Prestataire in der französischen Armee dient, 1942 von der Gestapo erst nach Drancy, dann nach Auschwitz gebracht wird, dann in die Wehrmacht gezwungen wird, desertiert und zu den französischen Partisanen geht. Bei einem Gefecht fällt er den Nazis Ende Juli 1944 in die Hände und wird bestialisch ermordet. Er zitiert den Fall von Gerhard Leo, heute Mitarbeiter der Zeitung *Neues Deutschland*, der als Sohn eines sozialdemokratischen Emigranten seine Kindheit in Frankreich verbringt, in die Widerstandsbewegung eintritt, verhaftet wird und wie durch ein Wunder wieder zu den Partisanen entkommt: der Zug, in dem er gefesselt in den Tod transportiert werden soll, wird von Partisanen gestürmt, Gerhard Leo in Freiheit gesetzt. Bonte berichtet von Peter Gingold, einem führenden Mitglied der Deutschen Kommunistischen Partei in Westdeutschland, dessen Bruder von den Nazis erschossen wird, der aber selber durch seine Kaltblütigkeit, bereits gefesselt, der Gestapo entkommt und seinen Kampf bis zum Ende des Krieges fortsetzt.

Bonte zitiert offizielle militärische Tagesbefehle: »Oberleutnant Martin Kalb zeichnete sich besonders im Gefecht bei Saint-Etienne-Vallée-Française am 7. April 1944 aus. Chef einer Schützengruppe im Gefecht bei La Rivière am 4. Juni 1944, trug er in bedeutendem Maße zur Zerstörung eines Geleitzuges der Gestapo bei. Als Kommandant der 104. Kompanie im 8. Bataillon führte er seine Kompanie stets auf dem Weg der Ehre und des Sieges. Zog am 24. August an der Spitze seiner Kompanie als erster in die Stadt Nîmes ein.« Der Deutsche Josef Leist erhält die Médaille des évadés, die Médaille de la Résistance, und die höchste Kriegsauszeichnung Frankreichs, das Croix de guerre avec palme. Er wird zum Ritter der Ehrenlegion ernannt und beendet den Krieg mit dem Rang eines Majors. Die Amerikaner verleihen ihm die Medal for Freedom. Der amerikanische Tagesbefehl lautet: »Hauptmann Josef Leist, Angehöriger der französischen Streitkräfte, hat durch seine Taten im Zusammenhang mit militärischen Operationen vor dem Feind von April 1943 bis August 1944 uns Dienste von außergewöhnlichem Wert geleistet. Er hat unter großen persönlichen Gefahren eine Arbeit von größter militärischer Bedeutung und Verantwortlichkeit im vom Feind besetzten Gebiet geleistet.« Im Tagesbefehl des französischen Kriegsministers heißt es: »Hat der französischen Sache mit rückhaltloser Ergebenheit und totaler Todesverachtung gedient.«

Was ich hier zitieren kann, ist nur ein ganz geringer Teil eines Teiles, denn Bontes Buch, das fast vierhundert Seiten stark ist, kann aus dem Kampf deutscher Antifaschisten in den Reihen der französischen Freiheitsbewegung gewissermaßen auch nur zitieren, Beispiele geben. Es ist ein wichtiges, in seiner Schlichtheit sehr anrührendes Buch, das gerade im richtigen Moment kommt. Darum ist seine Übersetzung ins Deutsche notwendig. Denn es ist der richtige Moment für ein Buch, das wieder und noch einmal seinen Lesern zeigt, wo, von wem für Deutschland gekämpft wurde. Es ist der richtige Moment, da es möglich ist, daß die braunen Hoch- und Landesverräter in der westdeutschen CDU und NPD ihre Vertretung besitzen und zu stärken trachten, da sie Geschichte fälschen, Andersdenkende niederknüppeln, noch einmal ein Volk auf den katastrophalen Weg der Revanche zu führen bemüht sind. Es geht wieder einmal um die Frage: Was heißt und zu welchem Ende betreibt man Patriotismus? Auch das Buch von Florimond Bonte hilft diese Frage beantworten.

PLATONOW

Starke erste Leseeindrücke bestätigen sich später eigentlich immer. Als ich vor etwa dreißig Jahren in der von Johannes R. Becher geleiteten *Internationalen Literatur* eine kleine Erzählung eines mir unbekannten Autors las, hatte ich den Eindruck, einen für unsere Zeit maßgebenden Schriftsteller kennengelernt zu haben. Ich hatte schon damals viele sowjetische Erzähler gelesen; der Name Platonow war mir bis dahin nie begegnet. Die Erzählung selbst hieß *Juligewitter,* ihr Titel schon prägte sich mir aus unerklärlichen Gründen ein; sie enthielt keine ungewöhnliche oder besonders aufregende Handlung, sondern berichtete lediglich von dem Ausflug zweier Kinder an einem Sommertag, von ihrem Besuch bei der Großmutter im benachbarten Kolchos, von ihrer Rückkehr, bei der sie vom Gewitter überrascht werden. Ich fragte auf meiner ersten Reise in die Sowjetunion Freunde in Moskau nach dem Autor. Überall wurde Platonow sehr gelobt, wenn auch auf etwas allgemeine Art; der Schriftsteller lebe, sagte man mir, ziemlich zurückgezogen. Später, im Jahre 1951, las man von seinem Tode. Es dauerte noch einmal etwa zehn Jahre, bis man begann, seine Werke gesammelt herauszugeben. Auf einmal traf man auch auf das Echo seiner Wirkung: da war ein Bekenntnis Hemingways, Platonows Werk habe ihn sehr beeinflußt; Gorki hatte in den zwanziger Jahren mehrere Personen brieflich gefragt, ob sie schon ein paar interessante junge Sowjetschriftsteller gelesen hätten, die gleichen Namen wiederholten sich: Fadejew, Platonow... Vor kurzem kamen zwei schöne Platonow-Ausgaben in der DDR und in der Bundesrepublik heraus. Die DDR-Ausgabe ist umfangreicher, bietet mehr Aspekte des Werks. Im übrigen ergänzen sich beide Ausgaben, da nur zwei oder drei Erzählungen gleichzeitig hier und da zu lesen sind. In dem Doppelband des Verlags Kultur und Fortschritt steht auch *Juligewitter,* jene Erzählung, die ich nicht hatte vergessen können und die mir beim Wiederlesen nach so langer Zeit bestätigte, daß ich mich damals nicht getäuscht hatte. Zur selben Zeit finde ich auch die mir erst jetzt bekannt gewordenen Worte Konstantin Paustowskis über eben diese Erzählung: »Ich kenne in unserer modernen Literatur nichts, was so klar, so klassisch und von so bestechender Schönheit ist wie diese Erzählung. Nur ein Mensch, für den Rußland zum zweiten Ich geworden ist, der es wie sein Vaterhaus bis in die verborgensten Schlupfwinkel durchforscht hat, konnte mit solcher Bitternis und Wärme über das Land schreiben.«

Lebensdaten: 1899 als Sohn eines Lokomotivschlossers in Woronesh geboren. Arbeit als Schlosser, Lokheizer, Gießer. 1917/18 Arbeit in einem Eisenbahnausbesserungswerk. 1919 Rotarmist. 1920 die erste Veröffentlichung, die nicht etwa belletristischer Art, sondern vielmehr eine Broschüre mit dem Titel *Die Elektrifizierung* ist.

Studium. 1921 Vorsitzender einer Bezirkskommission für Bewässerung und Melioration. 1923 Ingenieur. 1927 im ZK der Gewerkschaften. Im gleichen Jahr der erste Erzählungsband mit der Titelnovelle *Die Epifaner Schleusen*. Von da an Berufsschriftsteller. Während des Krieges Frontberichterstatter. Er stirbt mit zweiundfünfzig Jahren an den Folgen einer Tuberkulose.

Die Epifaner Schleusen, die Gorki in solches Erstaunen setzen, beschreiben Arbeit und Untergang eines britischen Ingenieurs, den Peter der Große überredet, einen Kanal zu bauen. Rasende Energie, Geldgier, ein mit Lebensfremdheit gepaarter Rationalismus stoßen auf Rückständigkeit, passive Resistenz, eine noch wenig erforschte, in ihrer Unendlichkeit erschreckende Natur. Bertrand Perry, brutales Werkzeug eines brutalen Willens, scheitert, verliert sich selbst, geht willenlos, schließlich in einer Art Faszination in einen unheimlichen Tod.

Dies ist eine der seltenen historischen Erzählungen. Die Figuren Platonows sind fast immer zeitgenössisch, es sind Eisenbahner, Bauern, Handwerker, Leute, deren Leben er geteilt hatte und kannte. Zeitgenossen also, und überdies Bürger der Sowjetunion. Was aber macht sie merkwürdig, ja rätselhaft, was unterscheidet sie radikal von den Figuren anderer Sowjetschriftsteller? Ich bin bis jetzt nicht ganz dahintergekommen. Mir scheint, sie sind nicht allein geprägt von der unbezweifelbaren Realität, in der sie sich bewegen und die uns durch Augenschein oder durch die Evidenz des Historischen bekannt ist, sondern auch durch eine Aura, in der sie stehen, eine philosophisch-ethische Dimension, in die sie gebannt sind. Sie alle, einfache Lokführer, Lehrerinnen, demobilisierte Rotarmisten, Bauern, handeln gewiß sämtlich als Heutige, wie wir es von ihnen erwarten, sie geben sich aber auch unaufhörlich als Wandlungsfähige, Wandlungssüchtige, als Träger eines Künftigen zu erkennen; deutlich sind sie hier, uns nahe, und dennoch schon weiter; sie haben alle Züge des bereits Bekannten, Vertrauten, Irdisch-Unverschönten und stammen gleichzeitig aus dem Bezirk der Mythen und Märchen. Diese Simultaneität macht wohl das Besondere an dem Fall dieses Andrej Platonow aus. Ins Märchenhafte haben sich viele große Schriftsteller begeben, man denkt da an manches Alterswerk, aber es war dann ein von der Realität deutlich abgegrenzter Bereich. Platonow hat da etwas anderes gemacht, das es vor ihm wahrscheinlich überhaupt nicht gegeben hat. »Man glaube nicht«, schreibt er später, »daß man schon ein Künstler ist, wenn man der Wirklichkeit ein Löschpapier aufdrückt und sie dann auf ihm ablesen zu können glaubt. Es geht gerade darum, daß die sichtbare Welt uns ihr wahres Wesen nicht ganz vermittelt.« An anderer Stelle spricht er von der Notwendigkeit, die Realität zu durchdringen, »so daß vor dem Leser ein neues Bild der Welt entsteht, auf dem Dinge erscheinen, die bisher unsichtbar waren«.

In *Der Fluß Potudan* wird von der Rückkehr eines jungen Rotarmisten aus dem Bürgerkrieg berichtet und von seiner Liebe zur Nachbarstochter, einer Studentin, die er heiratet und vor der er aus Scham flüchtet, weil er die Ehe nicht vollziehen kann. Auch er lebt wie irgendein von einem bösen Bann geschlagener Königssohn unerkannt als Bettler in einem nahen Städtchen, bis ihn sein alter Vater findet und veranlaßt zurückzukehren. Da ist der Bann von ihm genommen, und Mann und Frau leben miteinander, und die hohe, wortlose Geduld und Liebe der Frau hat ihn begreifen lassen, daß Liebe Lust braucht, aber auch mehr ist als Lust. Eine merkwürdige Geschichte, in der die Transparenz, die Windstille einer Sage herrscht, ein Märchen ganz gewiß, vielleicht eine Art sowjetisches Dornröschen, und zugleich der durchaus nicht prüde Bericht von einer sexuellen Störung, etwas ganz und gar Russisches, von unglaublicher Noblesse, etwas sehr Altes und gleichzeitig ganz Neues. Man zeige mir etwas Vergleichbares in der zeitgenössischen Weltliteratur.

Eine der erstaunlichsten, tiefsinnigsten Erzählungen, die Platonow geschrieben hat, handelt von einem weit verschlagenen kleinen Volk in Mittelasien namens Dshan. Ein junger Student, halb Russe, halb Turkmene, erhält den Auftrag, aus Moskau weg in seine eigentliche Heimat zu fahren, dieses geheimnisvolle Volk zu suchen und zu retten. In dieser langen Erzählung, in der von Wirtschaftsplänen kein Wort enthalten ist, geht es dennoch um nichts anderes als um den Aufbau einer neuen Gesellschaft. Nasar, der junge Student, muß zuerst nach Taschkent, wo ein Sekretär im Zentralkomitee der Partei ihm seine Aufgabe erklärt. Nasar erklärt dem Sekretär den Namen des Volkes Dshan: »Das bedeutet Seele oder liebes Leben. Das Volk besaß tatsächlich nichts außer der Seele und dem nackten Leben.« Der Sekretär schickt ihn auf die Reise. »Ich fahre«, willigte Nasar ein. »Was soll ich dort machen? Den Sozialismus?« – »Was sonst?« rief der Sekretär. »In der Hölle war dein Volk schon, soll es nun im Paradies leben. Und wir werden ihm nach Kräften helfen.« Dann folgt die merkwürdige Bemerkung des Sekretärs: »Aus dem Kreis ist schon jemand hingeschickt worden, aber er wird kaum etwas tun. Er scheint nicht einer von uns zu sein.« Und nun beginnen Nasars Abenteuer, beginnt seine unsentimentale Liebe gegenüber Mensch und Tier, denn auch die Tiere sind einbezogen in die Verwandlung aller Verhältnisse. »Er sorgte sich um alles Leben«, heißt es bei Platonow, »wie ein heiliges Kleinod und war selber zu liebebedürftig, als daß er nicht bemerkt hätte, was Trost spenden könnte.« Nasar findet sein Volk, das dem Tode nahe ist, er muß es durch die Wüste führen, er hat Kämpfe mit Raubvögeln zu bestehen, er ist zugleich Moses und Prometheus, er geht fast zugrunde, aber er bewältigt seine Aufgabe, und als er am Ende der Erzählung auf einer Höhe gezeigt wird, beobachtend, wie seine Freunde nach allen Himmelsrichtungen ziehen, wird uns klar, daß eine neue Etappe begonnen hat. »Nasar seufzte und lächelte zugleich«, schreibt Platonow, »da hat er aus seinem kleinen Herzen heraus, aus begrenztem Verstand und aus Begeisterung hier, am Rande von Sary-Kamysch, dem Höllengrund der alten Welt, zum erstenmal ein echtes Leben schaffen wollen. Doch die Menschen selber sehen besser, wie es für sie richtig ist.« *Dshan* ist die große realistische Halluzination einer neuen Welt, es ist vor allem das große Preislied des Internationalismus. Der Name der Dshan kann durch viele Namen ersetzt werden.

Eine seltsame Erzählung Platonows trägt den Titel *Müllwind*. Auch hier handelt es sich um ein beispielloses Stück Prosa. Die Geschichte, offenbar schon 1933 geschrieben, ist sicherlich eine der frühesten literarischen Reaktionen auf den Faschismus und verzichtet radikal auf den Versuch, eine barbarische Endzeit mit konventionell-naturalistischen Mitteln darstellen zu wollen. Sicher hat Platonow gespürt, daß ihm die unmittelbare Anschauung der Dinge ermangelte, aber er hat auf geniale Weise aus dieser Not eine ungeheuerliche Tugend gemacht. Geworden ist auf diese Weise aus der geschilderten Episode, der Vernichtung eines deutschen Intellektuellen, die höllische Vision vom Wesen des Faschismus, vor der der Wirklichkeit nichts übrigbleibt, als sie zu bestätigen. Übrigens findet man bei Platonow in dieser Zeit Kennzeichnungen des Faschismus, die genauer sind als die der meisten seiner Kollegen. Schon damals bemerkt er die »glücklich-sinnliche Hingabe an die Sklaverei«, spricht er von einer »instinktiven fröhlichen Idiotie«.

Seine Literatur hat Platonow zu seinen Lebzeiten nicht viel Glück gebracht. Liest man heute eine seiner schönsten späten Geschichten, *Die Heimkehr*, und das, was manche Kritiker zu ihr zu sagen hatten, erfährt man einmal mehr, wie vernichtend ein Stück Kunst auf eine Kritik zurückwirken kann, die sich selbst als Kunstvernichtung begriffen hatte. Diese Erzählung von den Schwächen und der Stärke des menschlichen Herzens, von seiner Fähigkeit zur Scham, zur Umkehr, zur Vervollkommnung, geschrieben mit einer Diskretion, die ihresgleichen sucht, gehört gerade zu jenen Stücken Platonows, die einem von nun an diesen großen Dichter unentbehrlich machen. Es ist eine wichtige Verlagsaufgabe, das gesamte Werk Platonows in deutscher Sprache herauszubringen, seine Erzählungen, einen Roman, von dem man erfuhr, seine zahlreichen Aufsätze über klassische und zeitgenössische Schriftsteller, von denen einer über Puschkin offenbar besonders wichtig ist. Die Neugier auf Platonow wird man mir nicht mehr austreiben.

SOMMERGESPENSTER

Leute mit gewissen Erlebnissen träumen in ziemlich regelmäßigen Abständen Unerfreuliches. Dem Schlafenden hängt die Hand über den Bettrand hinab, und schon ereignet sich Vergangenheit: von neuem fällt die Bombe, die man damals erwartete, eine Faust stößt einen von rückwärts ins Dunkel, ein Lagertor empfängt einen mit tausend unbekannten Schrecknissen. Man kennt das ja... Ein unsichtbares Grauen lauert, und man kann sich, allen Anstrengungen zum Trotz, nicht rühren. Aus Zeitungen, Zeitschriften steigen am hellen Tage Halluzinationen. Was ist da los? Zwar liegt eine Hitzewelle über Europa, man denkt an Mittagshexe und verwandte Erscheinungen, aber dann ist es doch nur der Bericht eines Reporters.

»Im Innenhof vor dem städtischen Cantate-Saal in Frankfurt stehen etwa hundert Männer, Frauen und Jugendliche, die dem Aufruf der ›Bürgeraktion für Demokratie‹ gefolgt sind und friedlich gegen eine Versammlung der NPD demonstrieren wollen. Doch dann formiert sich die NPD. ›Ordner‹ mit Armbinden tauchen auf. Unter ihnen sind dieselben, die kurz zuvor den Innenhof betreten haben, zusammen 25 bis 30 Mann. Einer von ihnen hat den rechten Unterarm tätowiert. Es erscheint ein hagerer, bleicher Endvierziger auf der Bildfläche. Seinen Namen erfährt man trotz mehrfacher Anfrage nicht. Er wird dennoch bekannt: Dr. Koerber. Von der Polizei ist um diese Zeit noch nichts zu sehen.

Dr. Koerber hat ein Megaphon um den Hals gehängt. Er übernimmt nun das Kommando und maßt sich Rechte an, die der Polizei zustehen. ›Ich fordere Sie auf, den Innenhof zu verlassen. Wenn nach der dritten Aufforderung der Platz nicht geräumt ist, werden wir von unserem Hausrecht Gebrauch machen.‹ Kurze Zeit danach gibt er den Einsatzbefehl, beginnt, seine Brigade zu lenken. Sie läuft ein wie eine Football-Mannschaft: Helme mit Visier auf dem Kopf, Kinnschutz, Nackenschutz. Die meisten von ihnen haben sich breite Ledergürtel umgeschnallt, schwere Koppelschlösser, potentielle Schlagwerkzeuge, aber die Presse kann nicht berichten, daß die ›Ordner‹ bewaffnet gewesen sind.

Eisengitter versperren von nun an den Zugang zum Innenhof. Dort stehen außer NPD-Leuten und Vertretern der Presse vielleicht noch zwanzig Teilnehmer der ›Bürgeraktion für Demokratie‹, für sie eine Falle. Ein älterer Mann wird von den ›Ordnern‹ aufgefordert zu verschwinden, er weigert sich. Plötzlich fallen fünf bis sechs ›Ordner‹ über ihn her, schlagen und treten wahllos auf ihn ein, von vorn, von hinten, in den Unterleib, empörend, kriminell. Das ist schwere Körperverletzung, tatbestandsmäßig, rechtswidrig und vorsätzlich. Mittelpunkt des Geschehens: Dr. Koerber mit dem Megaphon. Er prügelt nicht, er lenkt. Journalisten rufen: ›Hört auf!‹, jemand schreit den Kriminalbeamten hinter der Mauer zu: ›Tut was!‹ Nichts geschieht.

In der Toreinfahrt geht Tumult los. ›Ordner‹ zerren den 25 Jahre alten Dieter Bachert aus Frankfurt in die Toreinfahrt. Das Schloß schnappt wieder zu. Der junge Mann wird fertiggemacht: Platzwunden am Kinn, der Nase, Tritt in die Rippen, Schuhabdrücke auf der Stirn, schwere Prellungen und Blutergüsse auf dem ganzen Rücken.

Dr. Koerber lobt seine Leute. Einem klopft er auf die Schulter: ›Gut gemacht.‹ Wieder geht das Tor auf. Ein rothaariger junger Mann wird hereingerissen und in der dunklen Toreinfahrt fürchterlich zusammengeschlagen. Er scheint bewußtlos zu sein. Der geöffnete Mund ist nur noch ein roter blutiger Brei. Man sieht keine Zähne. Ausgeschlagen? Ausgetreten? Zwei Prügler schleifen ihn an beiden Armen zum Innenhof. Ein ›Ordner‹ springt von der Seite dazu und reagiert sich an dem Bewegungslosen ab, Lynchatmosphäre, Sadismus. Die beiden anderen halten ihn von einem denkbaren Totschlag zurück. Der junge Mann wird auf eine Mauer gelegt. NPD-Frauen zeigen keine Spur von Entsetzen oder Mitgefühl. Ein NPD-Mann, der sich das zusammengeschlagene Bündel ansieht, drückt seine Genugtuung über die ›saubere Arbeit‹ aus. Draußen auf der Straße steht der Unfallwagen. Aber er kann nicht auf den Hof.

Es ist jetzt kurz vor 20 Uhr. Die Polizei kommt, etwa 250 Mann. Sie riegeln die Straße ab. Im Cantate-Saal beginnt die Veranstaltung. Junge Leute protestieren, fordern konkrete Aussagen über die Ziele der NPD, werden geprügelt. Eine Journalistin kann das nicht mehr mit ansehen. Sie weint. Eine ältere Frau redet von den Vorzügen des ›Reichsarbeitsdienstes‹.«

So bietet sich also das deutsche Pandämonium dieses Sommers dar mit einer reaktivierten SS, den wohlbekannten Megären, die anerkennend Bewußtlosgeschlagene betrachten, Polizisten, die wegsehen, und den Tränen verzweifelter Ohnmacht... Ohnmacht? Man kennt doch dieses Frankfurt, eine große Stadt, eine linke Stadt, in der die Sozialdemokraten die Mehrheit haben, eine Stadt, die in den letzten Jahren mächtige Kundgebungen gegen den Faschismus erlebt hat, und da liest man nun, daß es hundert waren, nur hundert, die sich bereit fanden, die mit drei Buchstaben bezeichnete Jauche von ihrer Stadt fernzuhalten. Ehre diesen hundert, Männern und Frauen, Alten und Jungen, die sich beschimpfen und schlagen ließen. Aber wo waren eigentlich die anderen, sie können doch nicht alle nach Mallorca oder an die Adria gefahren sein, die Arbeiter, die Gewerkschafter, die Intellektuellen dieser Universitätsstadt, die Jungen, die in letzter Zeit vielleicht zu ausschließlich die Partisanentaktik des Helden Guevara studiert haben, statt sich des Wortes von Shelley zu entsinnen: Sie sind wenige, wir sind viel, und jener Regeln, die einen befähigen, eine Horde von Braunen auseinanderzujagen. Auf diese Frage hat man noch keine Antwort, als man schon ein Interview liest, das Helmut Schmidt von der SPD einigen Journalisten im Fernsehen gegeben hat. Sogleich stellt sich der Alpdruck wieder ein, denn kaum hat einer der Journalisten nach Schmidts Meinung über die Blutorgie (er verwendet eben diesen Ausdruck) von Frankfurt gefragt, als Schmidt auch schon mit angewiderter Miene von den Ausschreitungen des SDS spricht. Man versucht, sich zu erinnern, und hat dann doch nur Photos mit zerschlagenen SDS-Anhängern vor dem geistigen Auge. Helmut Schmidt meint etwas anderes, und er sagt es auch: die Ausschreitungen der Linken rufen Ausschreitungen der Rechten hervor, was ich folgendermaßen übersetzen möchte: wundert euch nicht, wenn die Nazis euch die Gesichter eintreten, habt ihr doch gegen den Krieg in Vietnam demonstriert. Dies ist eine Nuance weiter auf dem Weg jener Argumentation, die den Begriff des Rechtsextremismus immer wieder verwendet, wenn man im gleichen Atemzug gegen die extreme Linke sprechen kann. So hat man schon einmal eine Republik bei lebendigem Leibe begraben und nachträglich die Totengräber entlastet.

Ich lese von einer Landtagssitzung in Hannover, bei der der Abgeordnete von Thadden die Regierung wegen ihrer »Schlappheit« angreift: sie hat eine geplante Fahrpreiserhöhung unter dem Druck von Demonstrationen nicht durchgeführt. Thadden, laut Protokoll: »Alles das wäre niemals möglich gewesen, wenn zu Beginn die Polizei die kleine Gruppe von Hauptakteuren kurzerhand hoppgenommen und eingesperrt hätte. Ein Anruf des Herrn Innenministers bei seinem Kollegen aus dem Justizressort hätte folgen können mit der Bitte: ›Herr Kollege, es wäre schön, wenn jetzt schnell etwas passiert. Die Unterlagen dafür hat die Polizei in Ordnern griffbereit zur Verfügung. Sie kann den Wiederholungsfall aus früheren Zeiten immer unschwer nachweisen.‹ Es ist alles genau vorhanden.« Im Protokoll steht an dieser Stelle: »Beifall bei der NPD. Zwischenruf von der SPD: ›Sie haben noch Konzentrationslager zu fordern vergessen.‹« Ein Kumpan des

Thadden namens Steppacher, der auch in den Bundestag kommen will, spricht ein paar Tage später bei einer Podiumsdiskussion in Bad Kreuznach von »normalem Vergasen«. Hier erzwingen freilich die Anwesenden sein Verschwinden.

Ihm zu folgen ist dagegen nicht die Absicht eines siebzehnfachen Mörders, der nach der Tat den geistlichen Weg beschritt, weil er, wie er jetzt unablässig beteuert, mit »seinem Problem« nicht fertig wird. Herr Defregger dachte aber nun nicht daran, Trappist zu werden, auch hörte man nichts von Bußübungen. Im Gegenteil: es gelang ihm nicht zu verhindern, daß er Weihbischof von München wurde. Nun setzt er sich sogar einem Journalisten gegenüber. Man kann sich einen Moment lang vorstellen: da ist einer, schwer ringend mit der Vergangenheit, nicht vor einem Zeitungsschreiber, sondern allein vor seinem Herrn, der sieht und richtet. Weit gefehlt. Der Herr Weihbischof redet ausführlich über sein Recht auf Urlaub, nämlich auf den einwandfreien Zustand jener Nerven, die die Überlebenden von Filetto bei der Nachricht verloren, der Herr Hauptmann sei mittlerweile zum Weihbischof befördert worden. Mindestens zehnmal redet er von seinen Nerven, auf die es »eine gewisse Presse« abgesehen habe. Von den Opfern kein Wort. Dagegen um so mehr von der Perfidie jener, die soldatisch und vaterländisch Denkende kompromittieren wollen. Der Herr Weihbischof wird sprichwörtlich: Man schlägt den Sack und meint den Esel. Der Esel ist in diesem Fall die Kirche – der Vergleich stammt von Weihbischof Defregger, ich lehne da jede Verantwortung ab. Defregger hat von seinen Mitmördern gelernt – die behaupteten frech, man habe etwas gegen sie, weil ja die ganze Welt gegen Deutschland sei. Und dann findet Defregger ein überwältigendes Argument: Eine Tat wie die seine könnten ja doch nur Offiziere beurteilen, die sich in ähnlicher Lage befunden hätten. Das macht die Sache einfach, man träumt in der Sommerhitze unwillkürlich weiter: wie steht es denn nun eigentlich mit Lustmördern, Wechselfälschern, Rauschgifthändlern ... Aber Defregger mag recht haben: er ist zuständig fürs Morden, er und seinesgleichen. Fürs Ermordetwerden melden sich als Sachverständige seine Opfer. Siebzehnmal gesellt sich

Banquos Geist zu den Erscheinungen im Mittagsglast. Gibt es denn nichts, was uns von diesen Phantomen befreit? Wie lange sollen wir unter diesem Alpdruck stöhnen, der es nicht beim Sommerschweiß beläßt, sondern uns den Angstschweiß austreibt, uns, die wir, um mit Herrn von Thadden zu reden, »den Wiederholungsfall aus früheren Zeiten immer unschwer nachweisen« können. Nochmals Thadden: »Es wäre schön, wenn jetzt schnell etwas passiert.«

MACHADO

Das ist nun dreißig Jahre her: die letzten Zuckungen der spanischen Republik. Barcelona war im Januar 1939 gefallen, Madrid sollte sich noch einige Wochen halten, unter den Unzähligen, die, von der Armee gedeckt, nach Norden flüchteten, befand sich der Sprachlehrer und Dichter Antonio Machado. Machado, ein Mann von vierundsechzig Jahren, hatte seine neunzigjährige Mutter bei sich, die die unaufhörlichen Bombardements wahnsinnig gemacht hatten. Die beiden Koffer, die er mitschleppte, enthielten das Notwendigste und ein paar ungedruckte Manuskripte – er mußte die Koffer vom Wagen werfen, als neue Flüchtlinge mitgenommen werden wollten. Machado erreichte die Pyrenäen in einem Zustand totaler Erschöpfung. Er lebte noch ein paar Tage in Collioure, einer kleinen uralten Stadt auf der französischen Seite, und starb dort am 22. Februar. Der Krieg gegen die Republik hatte mit dem Mord an Spaniens größtem jüngerem Dichter Lorca begonnen; er endete mit dem Tod des bedeutendsten Dichters jener Generation, die man in Spanien die von 1898 nennt, was nichts mit einem Geburtsdatum zu tun hat: Machado ist 1875 geboren. Er stammt aus Sevilla, aber er wird kein Dichter Andalusiens, er wird *der* Dichter Kastiliens, einer harten, versteinerten, mondhaften Landschaft.

Von seinem ersten Buch an, *Soledades*, das 1903 erscheint, hat Machado sich als Gegenposition errichtet gegenüber der Nachfolge des spanischen Barock, des Gongorismus, gegenüber Jiménez und dem Südamerikaner Rubén Darío. In einem lyrischen Selbstporträt kann man lesen:

> Ich bete die Schönheit an, und nach neuer Ästhetik
> schnitt ich die alten Rosen im Garten von Ronsard,
> doch ich mag nicht die Schminken der modernen Kosmetik
> und zähle nicht zu der modisch zwitschernden Vögel Schar.
> Ich verschmäh die Romanzen hohler, geschwellter Tenöre
> und den Chor jener Grillen, die zirpen im Mondschein.
> Klar unterscheid ich Stimmen und Echos, die ich höre,
> halte inne und lausche nur einer Stimme allein.

Dieses Programm hat seine Gründe. Wir finden sie in einem anderen Gedicht:

> Viele Wege beschritt ich,
> Bin manchen Pfad gewandert,
> Ich befuhr hundert Meere,
> Legte an an hundert Küsten.
>
> Überall sah ich
> Karawanen der Trauer,
> Wunderbare, melancholische
> Trunkne im schwarzen Schatten.
>
> Pedanten für jede Arbeit,
> Die schauen, schweigen und glauben
> Weise zu sein, weil sie nicht
> Den Wein der Kneipen trinken.
>
> Übles Gezücht, kommt und geht,
> Verpestet die ganze Erde…

Überall aber sah ich
Auch Leute, die tanzen, spielen,
Wenn sie's vermögen, und ackern
Ihre vier Handbreit Boden.

Kommen sie irgendwo an,
Fragen sie nicht, wo sie sind.
Reisen sie irgendwohin,
Dann auf dem alten Maultier.

Hast kennen sie nicht,
Nicht mal an Feiertagen,
Gibts Wein, trinken sie Wein,
Gibt es keinen, dann Wasser.

Es sind gute Leute, die leben,
Arbeiten, wandern und träumen,
Dann eines Tags wie so viele
Unter dem Boden liegen.

Man wird schon jetzt begreifen, warum Machado Nüchternheit wählt und Schwelgen verwirft, warum man bei ihm harte, zarte Konturen findet statt chromatischer Effekte. Er, dessen erster Gedichtband *Einsamkeiten* heißt, sagt irgendwo: »Ein einsames Herz – ist kein Herz«, und es ist klar, daß seine Einsamkeit anderer Art ist als jene, die nur um ihrer selbst willen empfunden wird.

Machados Dichtung geht auf den Romancero, die Volksdichtung, zurück. Sie demonstriert den Satz von Eugenio de Nora, demzufolge »Dichtung eine unvermeidlich soziale Sache ist wie die Arbeit oder das Recht«. Neben den Gedichten, die unter Machados Namen erscheinen, schreibt er apokryphe Lyrik und Prosa, als deren Verfasser ein angeblicher Abel Martin sowie ein merkwürdiger Turn- und Rhetoriklehrer Juan de Mairena auftreten. Gerade Juan de Mairena gibt uns erstaunliche Aufschlüsse über Machados philosophisch-politische Bestrebungen, über die Bestrebungen eines Dichters, bei dem man, nebenbei bemerkt, nicht den Namen Marx findet, wohl aber den Namen Heidegger. Mairena, der wie Machado also Lehrer ist, mahnt seine Schüler: »Wenn ihr eines Tages an einem Kampf der Klassen teilnehmen müßt, so zögert nicht, euch auf die Seite des Volkes zu stellen: es ist die Seite Spaniens.« Man findet auch folgendes: »Wenn ihr nur noch ein paar Stunden zu leben habt, entsinnt euch des spanischen Sprichworts: Über Feiglinge hat nie jemand geschrieben.« Oder: »Die Politik, meine Herren, fuhr Mairena fort, ist eine äußerst wichtige Aktivität... Ich werde Ihnen nie eine ›apolitische‹ Haltung empfehlen, sondern vielmehr Verachtung der schlechten Politik, die die Profitjäger und Streber praktizieren zu dem Zweck, Fett anzusetzen und ihr Schäfchen ins trockene zu bringen. Sie müssen Politik machen trotz allem, was jene Ihnen sagen könnten, die behaupten, Politik ohne Sie machen zu können, und natürlich welche gegen Sie machen...«

Es ist begreiflich, warum dieser in der Form eher konservative Dichter dreißig Jahre nach seinem Tode von außerordentlicher Aktualität im heutigen Spanien ist; begreiflich auch ist der Umstand, daß das Regime nicht wagen kann, sein Werk unverstümmelt herauszugeben. Der berüchtigte Kulturminister Fraga bietet den Intellektuellen Spaniens unentwegt an, er werde sie nicht belästigen, vorausgesetzt, sie seien bereit, keine Politik mehr zu machen. Dem stehen die Unterweisungen des Juan de Mairena entgegen.

Machado, der keiner Partei angehörte, der ein Leben lang die obskure Existenz eines Lehrers in Provinzstädten führte, als er schon ein berühmter Dichter war, lebte und handelte nach den Grundsätzen der von ihm geschaffenen Gestalt. Er hatte 1917 die Streikenden unterstützt, er war gegen den Krieg in Marokko aufgetreten, er hatte die Liga für die Menschenrechte mitbegründet, er hatte unter der Monarchie Wahlpropaganda für republikanische Kandidaten getrieben.

Als am 14. April 1931 der König gestürzt wurde, hißte er die Flagge der Republik auf dem Rathaus von Segovia. Fünf Jahre später, im Augenblick des faschistischen Putsches gegen die Volksfrontregierung, war Machado wieder zur Stelle.

Es war dieser Machado, der schrieb:

> O Einsamkeit, du einzige Gefährtin,
> Muse des Wunderbaren, die du mir gabst
> Die unverlangten Worte meiner Stimme,
> Antworte mir: mit wem hab ich gesprochen?
>
> Fernbleibend der lärmenden Maskerade,
> Freundlos suche ich bei dir Trost
> Für meine Traurigkeit, Duena, du,
> Verhüllten Angesichts, wenn du zu mir redest...

Es war dieser Machado, der schrieb:

> Das Volk ist fein, empfindsam,
> Aristokrat auf seine Weise.
> Es arbeitet mehr als jeder,
> aber es singt dabei.
> Eher Künstler als Arbeiter,
> ist es stolz auf das Ergebnis,
> nicht auf den Schweiß, den es kostet,
> auf das Werk, nicht auf die Arbeit.

Jetzt schrieb er Verse auf Madrid, auf das von den Faschisten sogleich besetzte Sevilla, auf den General Lister. Drei Monate vor seinem Tode, als Spanien bereits der Übermacht erlag, als die verräterische Politik von Paris und London die französischen und englischen Massen bereits so weit entmutigt hatte, daß der Ruf nach Waffen für die spanische Republik allmählich verstummte, damals, im November 1938, sprach Antonio Machado zum ersten und letzten Mal über Radio Barcelona: »Ich glaube nicht, daß es in Spanien jemand gibt, der weiter entfernt ist von den Vorstellungen des Faschismus als ich. Dennoch habe ich immer geglaubt, daß man, von einem theoretischen Standpunkt aus, Faschist sein kann, ohne aufzuhören, Spanier zu sein. Aber ich habe immer darauf bestanden, daß man nicht Spanier sein und gleichzeitig das Gebiet und die Geschicke Spaniens der imperialistischen Raublust des italienischen Faschismus und des deutschen

Rassismus überantworten kann.« Dann kamen die letzten Stunden von Collioure.

Über die Stellung Machados im heutigen Spanien ist Endgültiges schwer zu sagen. Es gibt keine Meinungsverschiedenheiten über Machados exemplarische Haltung, die alle spanischen Intellektuellen verpflichtet und Machados Aktualität begründet. Etwas schwieriger wird es, wenn die Diskussion auf die Tragweite des eigentlichen Werkes kommt. Ein junger Dichter wie Pedro Gimferrer sieht hier Grenzen, etwa wenn er darauf hinweist, daß Machados Werk unberührt geblieben ist von jeder Auseinandersetzung mit der zeitgenössischen Avantgarde. Ein Romancier wie Juan Goytisolo zählt eine ganze Reihe von Einwänden auf: exzessiver Kult der Volksdichtung, agrarischer Aspekt des Werks, »Castillanismus«. Auch er nennt übrigens Machados Werk eines der am meisten authentischen und bedeutungsvollsten in der Geschichte der spanischen Poesie. Dennoch gibt es keinen Zweifel darüber, daß die große Mehrheit unter den wesentlichen spanischen Schriftstellern von heute, und dabei denke ich nicht nur an die Lyriker, sondern an Erzähler wie Ana María Matute, Salinas, Hortelano, Goytisolo selber und an Dramatiker wie Olmo, ohne die wichtigsten Kritiker zu nennen, samt und sonders Machado verpflichtet ist, seiner humanistischen Rationalität, seinem Realismus. Einer der großen Dichter der Lorca-Generation, Luis Cernuda, der im Exil lebt, konstatiert: »Die Jungen und die es nicht mehr sind finden heute in Machados Werk ein Echo der Besorgnisse jener Welt, in der sie leben, Echo, das sie im Werk von Jiménez nicht finden können.« Und einer der bedeutendsten unter den Dichtern der neuen Generation, Blas de Otero, redet Machado mit diesen Worten an:

> Das Meer
> erstreckt sich nach Frankreich zu, fordert dich,
> es will, wir wollen
> dich halten, mit dir leben,
>   dich teilen
> wie das Brot.

ANONYME POESIE

In jenen Tagen, die scheinbar zu Ende sind oder deren Ende von vielen erhofft wird, jedenfalls aufs angenehmste, erleichterndste unterbrochen vom Sturm auf Ferienziele, einer kolossalen Mehrheit in der Deputiertenkammer, Ablösung eines Ministerpräsidenten und der wirkungsvollen Präsenz freigelassener OAS-Mörder und ihres Nachwuchses, in den Tagen des Pariser Mai und Juni also konnte man an einer Mauer der Rue de Vaugirard ein einziges Wort lesen, an niemand und alle gerichtet, ohne weiteren Zusatz, ohne Unterschrift – das Wort lautet »Créez!« Das Wort stellt einen Imperativ dar, eine Aufforderung, und ist gar nicht leicht im Deutschen wiederzugeben; es bedeutet »Schafft!«, aber nicht in dem biederen Sinne, den dieser Begriff im Deutschen überhaupt, im Schwäbischen im besonderen leicht annimmt, sondern in dem Sinne des alten »Veni creator spiritus«, in ihm liegt etwas Desperat-Hochgesinntes, ein »Vorwärts! Voran!«, es bedeutet »Seid schöpferisch, seid Schöpfer, bringt hervor!«

Selten sind die Momente in der Geschichte, in denen Worte ganz auf sich selbst gestellt, gewissermaßen aufbrechend aus dem Zentrum des Lebens selbst, die pathetische Unschuld ihrer ursprünglichen Bedeutung wiedergewinnen. Dieses »Seid Schöpfer!« ruft nach Güte und Verstehen, nach neuen Normen des Miteinanderlebens, nach Ideen und Entdeckungen, nach neuen Häusern und Betrieben, nach Bildern, Theatern und Gedichten. Und weil es so, allein für sich, plötzlich an einer Mauer steht, ist es selber zum Gedicht, zum kürzesten aller Gedichte geworden, in ihm klingt als Entsprechung des alten »Vaincre ou mourir« auf – »Die Schöpfung oder der Tod«.

Hat in jenen Tagen die Kunst überhaupt eine Rolle gespielt? Zweifellos. Eine neue, eine, zumindest in Frankreich, noch nie erlebte Rolle. Große Maler wie Matta oder Manessier brachten ihre Bilder in von den Arbeitern besetzte Betriebe wie etwa Nord-

Aviation, stellten sie aus, diskutierten. Niemand hatte ihnen das gesagt, sie dazu aufgefordert. Die Bilder hingen neben, über den Maschinen und verliehen einem industriellen Raum eine neue Dimension. Sie redeten in einer Sprache der Zukunft.

In der Akademie der Künste wurde Tag und Nacht von Lehrern und Schülern gearbeitet. Man stellte unzählige verschiedene Plakate her, illustrierte Losungen und finanzierte selber die Arbeit mit Hilfe einer Gemeinschaftskasse.

Das berühmte Staatstheater Odéon, das unter Leitung von Jean-Louis Barrault steht, hatte seine Vorstellungen beenden müssen: das Theater war von der Jugend besetzt worden, man diskutierte dort vierundzwanzig Stunden am Tag, wer wollte, meldete sich zum Wort. Aber eine Menge Theatertruppen improvisierten kurze Agitationsstücke, die sie auf der Straße aufführten.

Dies alles kennzeichnete eine Situation, die mehrere Wochen lang andauerte. Jedoch war es sicher die Poesie, die dem Paris der Demonstrationen, der Streiks, der Tränengasbomben und Barrikaden die am deutlichsten zu vernehmende Stimme lieh, und nicht nur Paris allein. Freilich eine Poesie anderer Art, die nur selten hörbar wird, die Poesie revolutionärer Stunden, die Dichtung, über oder unter der kein Name steht, die wieder zu dem wird, was sie ursprünglich war, die unmittelbare, die spontane Sprache eines jeden Menschen, wie sie Lautréamont gefordert hatte, Ausruf, Forderung, Bekenntnis, eine Dichtung, die mit dem Kunstbetrieb gebrochen hatte, die sich an Wänden und auf Flugblättern niederließ, manchmal nur mit einem Wort...

Auf Flugblättern... Am Sonntag, dem 15. Mai, verteilte ein Junge von etwa fünfzehn Jahren dies hier auf den Champs-Elysées; man kennt ihn nicht, ein Gavroche, wie er immer zu Hunderten und Tausenden auftaucht, wenn in Paris sich etwas rührt, niemand weiß, wer das Blatt geschrieben hat, das ich hier mitteile, vielleicht er selber:

»Kennt ihr nicht selber welche? Alte Arbeiter, die von 30 000 alten Francs im Monat leben oder vielmehr krepieren... Junge Menschen, die umsonst eine Schule suchen oder nach dem

Abgangszeugnis eine Arbeit... Tausende von Lohnempfängern, deren elementare Rechte und deren Würde nicht geachtet werden...

Warum müssen wir in dieser Gesellschaft des Überflusses so lang arbeiten und abgestumpft dahinleben?

In diesen Tagen habt ihr aus der Nähe die brutale Repression Abgestumpfter beobachten können, die nicht arbeiten.

Vorgestern schlugen sie die Bauern zusammen, gestern die Arbeiter, heute die Studenten. WARUM?

Weil wir im Grunde genommen alle einen gemeinsamen Kampf führen. Den Studenten ist es jetzt bewußt geworden, daß überall Unterdrückung herrscht.

Sie wollen nicht zu qualifizierten Zuchthausaufsehern einer solchen Gesellschaft werden. Sie wissen, daß unter dem Schein des Wohlstands alle Techniker und Wissenschaftler ebenso geknechtet sind wie die Lohnempfänger und daß die Unternehmer ihnen das in jedem Augenblick der Krise ins Gedächtnis zu rufen fähig sind.

Sklave sein ist unerträglich.

Darüber hinaus Gendarm sein ist abscheulich.

Wir haben die Gendarmen von nahem auf der Straße gesehen. WIR WOLLEN MORGEN IN DEN BETRIEBEN UND IN DEN BÜROS NICHT SO SEIN WIE SIE.

Und darum KÄMPFEN WIR...«

Soweit das Flugblatt eines Kindes, in dem es um Lohn und Arbeitsstunden, aber vor allem auch darum geht, »nicht so zu sein wie diese«. Es wird sicher in unseren Tagen besser geschrieben, aber schwerlich Besseres. Man kann diesem Flugblatt nicht die Würde des Poetischen versagen. Es sollte in Lesebüchern stehen.

Merkwürdig, wie in einer Welt selbstzufriedener Lemuren, die es ununterbrochen mit der Menschlichkeit hat, während gleichzeitig einer dem anderen versichert, menschlich sein heiße käuflich sein, merkwürdig, wie in dieser Welt jählings sich Menschenwürde kundgibt. »Und darum kämpfen wir...«

An einer Wand stehen die hastig gekritzelten Worte: »Die Jugend ist eine ewige Trunkenheit. Sie ist das Fieber der Vernunft.« Der das geschrieben hat und den man nie kennen wird – er gehört zu jenen, die man gestern noch, hier und da und dort, wo immer man es hören wollte, zynisch nannte oder infantil oder asozial oder depolitisiert oder verantwortungslos. Man hatte sich über die Haartracht der jungen Leute erregt oder über die Art, wie ihre Hosen geschneidert waren. Eine Reihe von Adjektiven ist hinfällig geworden. Immer noch steht die Welt vor der Wand mit den hastig gekritzelten Worten wie der Ochse vor dem neuen Tor. Zunächst einmal beantworten Schlagstöcke die gestellte Frage. Aber die Antwort auf diese Antwort ist bereits an der nächsten Wand zu lesen:

> Ich spüre in meinem Fleisch
> Die Spitze von tausend Morden
>
> Das Niederblitzen
> Zahlloser Vergewaltigungen

Auf einem Flugblatt findet man nichts außer den Worten:

> Du, mein Genosse
> Du, den ich nicht kannte
> Hinter all dem Gelärm
> Du
> Geknebelt
> Geängstigt
> Erstickt
> Komm
> Sprich zu uns

Das Gedicht eines Unbekannten lautet:

> Um der Menschen willen von denen ich mein Teil Leiden
> Erhalte, will ich Zeugnis ablegen von meinem Schmerz
> Bis ans Blut.
> Da die Mühlen der Zeit Süßigkeit hastig brachen

> Müssen wir die unschuldigen Begegnungen beenden
> > Wir werden zu leben wissen
> > Nötig ist das Erinnern an die großen Kämpfe
> > An die wechselnde Zuflucht von Leben und Sterben
> > An Kämpfen an Abhängen
> > So wie der Baum, der Ängste nicht kennt
> > Wir werden zu leben wissen
> > Der Blitz vergibt uns.

Ein anderes:

> Ich habe keine Waffe außer diesem Gesetz, das ich nicht
> > ertragen will, das vergißt, daß die Straße seit je mein
> > Ort ist
> Ich habe keine Waffe außer meinem Leben, das ich von
> > Bildern genährt in eure Tage hintrug
> Ich habe keine Waffe als meine Augen, in die sich,
> > feucht im Abend, in diesem kalten Maiwind, die Macht
> > eurer Riten einschrieb
> Erstaunen faßte mich zwischen den Mauern und in diesem
> > alten Getön verband ich mich wieder der Erde und dem
> > was ihr zukommt und die Stimme trieb mich
> Meine Stimme verschleierte sich in Schwefel und Chlor,
> > doch das Feuer belebte und je mehr ich wuchs
> In diese herbe Farbe, desto mehr wurde ich mit meinem
> > Namen geboren, und ich kann ihn euch sagen, ohne
> > Scham, ich heiße Freiheit.

Man kann darüber nachdenken, woher diese Hölderlinschen Töne kommen, warum sie gerade an diesem Ort und in dieser Zeit vernehmbar werden; hoffentlich wird man nicht als Metapher betrachten, was Beschreibung rauhester Wirklichkeit ist: denn Schwefel und Chlor wird hier von der Polizei verbreitet; unüberhörbar aber ist der Aufstand gegen Entfremdung, gegen eine menschenfeindliche Zivilisation, die dem Menschen dienstbar gemacht werden soll.

Immer auch das Bewußtsein, daß die eigene Befreiungsaktion auch die Werkzeuge der kapitalistischen Herrschaft betrifft, wie hier:

Ich sah Franzosen
Behelmt knüppeltragend
Männer aneinandergedrängt
Mißbraucht beherrscht
Von einer Macht die allein im Vergangnen ruht
Ich sah Franzosen
Eine Jugend foltern
Die nur sich selber gehört
Rot im Gesicht
Befehl erwartend
Ich sah Franzosen
Rotes im Gesicht auf dem
Ganzen Leib und Schreie Rauch
Ideen die man räuchert
Menschen gezwungen zum Kampf
Gegen Männer Gefangene eines Leichnams
Ich werde Franzosen sehen
Behelmt sich enthelmen
Den Knüppel schwingen gegen den Leichnam des
	Vergangenen
Das doch tot ist und sie immer noch täuscht
Sie und meine Jugend die eine Welt begräbt

Dem Studenten, den niemand kennt, erwidert der unbekannte Jungarbeiter, wie hier auf diesem Blatt, auf dem nichts weiter vermerkt ist als die Ortsbezeichnung: Ivry-sur-Seine, einer der Arbeitervororte von Paris:

»O du, Student, der mir übers Geld hinweg die Hand hinstreckte. Zögernd begriff ich nicht gleich. Du, der wollte, daß wir gleicher Art sein mögen, daß man einen Schritt aufeinander zumache. Du, der will, daß alles sich ändert, daß hohlköpfige Marionetten verschwinden, du wurdest gefährlich.

In einer stinkenden Nacht, im großen Schweigen von Fernsehen und Rundfunk, schlug man los, schlug man zu, diese Köpfe da zu zerstören, die Funken des Neuen. Auslöschen wollte man, ersticken...«

Nicht die ganze Bedeutung dessen, was im Mai und Juni geschah, steht hier zur Debatte. Es geht nicht um die Analyse eines großen, kühnen, scheinbar gescheiterten Vorgangs und seiner widerspruchsvollen Details. Es geht darum, daß in Augenblicken großer Aufschwünge das Volk in Zungen zu reden beginnt. Und darum, daß, wie eine große Zeitung schrieb, der Sturm sich nicht an Wochenenden hält oder Trimester oder Ferien, so wie er sich auch über Autoritäten und Grenzen hinwegsetzt. »Wie kann man nicht sehen«, heißt es dort, »daß, so wie die Pariser Commune das 20. Jahrhundert anzeigte, nun das 21. Jahrhundert an unsere Türen pocht...«

GRABREDE FÜR BOBROWSKI

Bei Johannes Bobrowski, den wir begraben, gab es keine poetische Entwicklung. Er gehörte nicht zu denen, die ein zögernder, tastender Anfang zum Finden der eigenen Stimme, zu höheren Leistungen führt. Er begann sofort, und zwar nicht mehr ganz jung, als ein großer Dichter; ihm blieb, zu unserem Unglück, nicht viel Zeit, einer zu sein.

Die Sprache dieses Mannes aus Tilsit, dunkel, kräftig, gleichzeitig von vertracktem Humor und unbezwinglicher Melancholie, streckt ihre edlen Wurzeln hin bis zu Klopstock und Hölderlin, Sturm und Drang, Büchners *Lenz*. Seine Gedichte, sein Roman *Levins Mühle* handeln von dem Boden, aus dem er stammte, von den Leuten, die dort lebten und starben. Ein kleineres Talent als er hätte sich in muffige Heimatdichtung und borniertem Nationalismus verloren oder auch sich umgesiedelt in unproblematisch-gängigeres Milieu. Das ganz Neue bei Bobrowski bestand in der Umwertung einer geschichtlichen Landschaft. Seine Gedichtbände heißen *Schattenland Ströme* und *Sarmatische Zeit*. Aus historischen Fernen dröhnt der Hufschlag schweifender Völker, das Geläut der Glocken von orthodoxen Kirchen und das Heulen des Schofar aus niedergebrannten Synagogen. Ein endloser, unaufhaltsamer Ostwind jagt durch diese Dichtung. In ihr treffen Juden und Litauer, Polen und arme Deutsche aufeinander, vereinen sich gegen ihre Unterdrücker, werden von ihnen besiegt. Ein Terrain, über dem so lange unreine Stimmen geherrscht hatten, war plötzlich von dieser gelassenen, halblauten Stimme erfüllt. Johannes Bobrowski erklärte sich nicht für Brüderlichkeit: seine Dichtung war brüderlich. Ihr dämmerndes Licht schien einer langen Nacht voraus oder einem ungewissen Tag. Ihr obstinates Parlando war der Widerhall des Herzens, das nun verstummte.

BOBROWSKIS SELBSTZEUGNISSE

Es war gut, daß Bobrowskis Verleger, der Union Verlag, einen Band herausbrachte, der die Meinungen des Dichters über seine Arbeit, seine Umwelt, seine Zeit enthält sowie Ansichten und Kommentare anderer.

Das Werk, im Laufe weniger Jahre entstanden, von enormer Arbeitskraft zeugend, entbehrt jedes hektischen Zugs; ungleich den eruptiven Hervorbringungen mancher Schriftsteller, die nicht viel Zeit hatten, trägt es vielmehr den Stempel der Bedächtigkeit. Ich habe kein Urteil über die wenigen Gedichte, die Bobrowski als junger Soldat im Kriege veröffentlichte – ich habe sie nie gesehen. Alles später Gedruckte ist mir, glaube ich, bekannt. Was mir zunächst daran auffiel, war die Sicherheit des Vortrags, da gab es kein Zögern, mit Picasso hätte Bobrowski sagen können: »Ich suche nicht, ich finde.« Dazu später noch ein Wort.

Bedachtsam war Bobrowski auch im Urteil. So kannte ich ihn, obwohl ich ihn wenig kannte. Meist sah ich ihn auf jenen Versammlungen, die ich bei mir gern als überflüssig bezeichne, da saß er, unauffällig, den Kopf auf kurzem Hals zwischen breiten Schultern, mit wanderndem Blick, in dem Freundlichkeit war und auch Ironie, und nahm teil. Er sagte selten etwas, aber seine Anteilnahme war deutlich spürbar, er nahm Anteil, auch wenn er schwieg, aber er war durchaus kein Schweiger, er sagte ohne Schüchternheit seine Meinung, wenn es ihm geboten schien, und diese Meinung hatte immer Hand und Fuß.

Bobrowskis Ansichten werden nicht ohne Leidenschaft geäußert, aber ohne jede Hysterie, sie gründen auf soliden Kenntnissen, nicht auf Besserwisserei, sie wecken beim Gesprächspartner Aufmerksamkeit, Aufgeschlossenheit, nicht Ärger, sie sind nicht verwaschen, sondern bestimmt, und gerade deshalb tolerant, weil sie die Möglichkeit des eigenen Irrtums nicht ausschließen. Vorgetragen werden sie mit dem erforderlichen Ernst, also nicht ohne Humor.

So kann man hier zum erstenmal einen kleinen Vortrag nachlesen, den Bobrowski 1962 in der Evangelischen Akademie in Berlin-Weißensee über die Aufgaben und Möglichkeiten der Literatur gehalten hat, es sind ganz unfeierliche sieben Seiten, die furchtlos und vernünftig zwar unpopuläre, aber schwer zu widerlegende Gedanken mitteilen. Das – nicht von Bobrowski formulierte – Thema lautet: Benannte Schuld – gebannte Schuld, mit einem Fragezeichen am Schluß. Da ich nicht nur den Inhalt dieser Rede für wichtig halte, sondern auch weitgehend mit ihm übereinstimme, möchte ich hier einiges zitieren.

»Bei Johann Gottfried Herder, in den Ideen, lese ich: Der Mensch im 10 000sten Jahre seiner Geschichte mit den gleichen Leidenschaften geboren wie im zweiten... nun braucht das, was Herder hier mit den Leidenschaften gemeint hat, nicht durchaus mit der hier in Rede stehenden Schuld zu tun zu haben. Aber ich bin da nicht so sicher. In den gleichen Ideen aber findet sich die Konzeption einer fortschreitenden Humanisierung. Was hat das mit unserem Thema zu tun? Das Thema ist bezogen auf jüngste Vergangenheit, denke ich, und auf Gegenwart. Sage ich also, was mir eingefallen ist.

Literatur, d.h. die Literatur, von der wir hier handeln –, arbeitet Vergangenheit auf, Vergangenheit im weitesten Sinne, also auch ihre überständigen Erscheinungsformen. Das tut sie also, und sie tut es im Blick auf Gegenwart, meinetwegen auf Zukunft. Sie will also etwas ausrichten.

Nun werden die jungen Leute, die das gelernt haben, Beispiele anführen, wo Literatur das angeblich geleistet hat: Bücher von vorgestern also, die (wie es ungefähr heißt) Taten von gestern geworden sind. Oder bescheidener: vorgestrige Bücher, die gestrige Taten ausgelöst oder befördert haben. Also z.B. die Wirksamkeit der französischen Aufklärer im Zusammenhang mit der Revolution von 1789.

Ich leugne diesen Zusammenhang keineswegs, ich finde nur, daß er in den gängigen Darstellungen monumental dasteht, und daß diese Monumentalität eine Konstruktion ist, daß die Fakten anders aussehen, so sehr anders, daß sie den, der sich mit der tatsächlichen Wirkung der Literatur auf die Zeit befaßt, kleinmütig machen müssen.

Erst einmal ein bißchen in die historischen Fakten: Der Sturm auf die Bastille war kein Sturm. Man ging in ein unbewachtes Gebäude und ließ ein paar Leute heraus. Man brauchte dazu keine Waffen.

Der Zorn der Pariser richtete sich gegen die Monarchie, weil es hieß, der König habe die Überführung von Brotgetreide und Mehl in die hungernde Hauptstadt verhindert usw. usw. ...

Nehmen wir ein etwas näher liegendes Beispiel. Onkel Toms Hütte. Das Buch, so lese ich, hat nicht nur eine außerordentliche Verbreitung, sondern auch direkte Wirkungen gehabt. Angesichts des Farbigenproblems in den Staaten heute scheint das übertrieben. Die Sklaverei hat es nicht beendet. So etwas geschieht nicht als Folge von Literatur. Analog: Die Bauernbefreiung im vorigen Jahrhundert war keine Angelegenheit der Humanität, sondern eine der Industrialisierung...

Nehmen wir ein neueres Beispiel: Die Kollektivierung der Landwirtschaft in der Sowjetunion ist, so lese ich, durch den Roman *Neuland unterm Pflug* entscheidend befördert worden. Das Buch erschien 1932, d.h. der erste Teil. Der zweite erst lange nach dem Kriege. Hier gibt es nun eindrucksvolle Auflagen, die Ausleihziffern der Bibliotheken usw. Besagen solche Ziffern etwas über die Wirkung? Sicher. Über die Wirkung Scholochows als Romanautor auf die literarisch Interessierten. Sie stellen fest: der Roman ist nicht so gut wie der *Stille Don*. Wir brauchen uns auch mit diesem Beispiel nicht aufzuhalten.«

Bobrowski spricht dann weiter von eigener Absicht und Wirkung: »Ich befasse mich, nach meiner Ansicht, mit dem Verhältnis der Deutschen zu ihren östlichen Nachbarvölkern. Ich benenne also Verschuldungen – der Deutschen –, und ich versuche, Neigung zu erwecken zu den Litauern, Russen, Polen usw. Da ein solches Thema von historisch gewachsenen Vorurteilen und von aus Unkenntnis oder Voreiligkeit resultierenden Ressentiments weitgehend verdeckt ist, kann eine einfache Propagierung von Ansichten oder Empfehlungen nichts ausrichten. Ich beziehe mich also möglichst auf das, was ich selber kenne, ich will möglichste Authentizität, weil ich denke, daß ›wahre Geschichten‹ noch immer eher überzeugen: weil ich eine Wirkung wünsche.« Den Umfang dieser Wirkung beurteilt Bobrowski ziemlich skeptisch, aber an ihrer Wichtigkeit zweifelt er nicht. »Ich möchte also, daß Literatur etwas ausrichten soll. Aber man verlangt zuviel, wenn man gleich immer die Ergebnisse kassieren will... Wirkt Literatur langsamer? Das wird vielleicht so sein. Aber dann bin ich gegen die großen Worte, gegen die überdimensionierten Ansprüche, gegen das ›Benannt und also auch schon gebannt‹. Ich bin dafür, daß alles immer neu genannt wird, was man so ganz üblich als ›unbewältigt‹ bezeichnet, aber ich denke nicht, daß es damit ›bewältigt‹ ist. Es muß getan werden, nur auf Hoffnung.«

Ich habe die Stelle ausführlicher zitiert, weil ich sie, wie gesagt, für wichtig halte und weil ich mit diesen Sätzen übereinstimme. Es wird hier gesagt, was Literatur wirklich leisten kann und daß der ihre eigentlichen Möglichkeiten einschränkt, der der

Literatur ihr wesensfremde Aufgaben zuteilt. An anderer Stelle, über das mögliche Bündnis von Geist und Macht sprechend, hat Bobrowski sich in ähnlichem Sinne geäußert: er hat Macht gefordert für die Bekämpfung von Faschismus und Chauvinismus, aber auch die »Zweckoptimisten« davor gewarnt, von der Literatur Ergebnisse zu erwarten, die die Macht zu erbringen hat. Freilich gehen seine Warnungen auch in andere Richtungen. Ein Mann, mit den großen Formen der Dichtung aufs innigste vertraut, sie mit Sicherheit handhabend, sagt zu formalen Fragen sehr Wesentliches; dabei verläßt ihn aber nie das Interesse an Stoff, Thema, Inhalt. Er entdeckt, daß bei Produzenten wie bei Kritikern gelegentlich das Motiv verlorengeht, »das Motiv, das Thema, indem es sich als Kunstwert, als literarisches Experiment entdeckt, es wird interessant, es begreift sich als in Form- und Bewegungsgesetzen stehend, in Gesetzen, die der Kunst rechtens angehören. Zum Schluß hat sich der Anlaß verflüchtigt, das Kunstwerk hat sich ausschließlich als Kunstprodukt an die Stelle des vorhanden gewesenen Anliegens gesetzt... Übrigens schläft der Zeitgenosse, wenn er sich tatsächlich aufgeregt haben sollte, danach besonders leicht und ruhig ein.«

Natürlich spricht Bobrowski hier auch in eigener Sache. Und zwar in einem Augenblick, da sein Werk bereits ein erstaunliches Echo findet, sein internationales Ansehen beinahe täglich zunimmt, ihm vier bedeutende Literaturpreise in vier Ländern zufallen. Auch eine solche Bemerkung rückt ihn in jenes rechte Licht, in dem man ihn sehen muß. Gerade in eigener Sache geht es hier um das Wichtigste, um *die* Sache, und der Eifer, mit dem hier falscher Erfolg zurückgewiesen, Aufmerksamkeit für – freilich gestaltete – Absichten verlangt wird, hat etwas Ergreifendes. Diese edle Sachlichkeit ist die Dominante aller Bemerkungen Bobrowskis zur eigenen Arbeit und zur Arbeit anderer.

Das Buch, von dem die Rede ist, enthält eine Reihe von Aufsätzen, die sich mit Bobrowskis Werk befassen. Bemerkenswert scheint mir hier die kleine Arbeit des sowjetischen Kritikers und Übersetzers Groman zu sein, bemerkenswert die beiden Aufsätze von Gerhard Wolf, der sich immer deutlicher als der wesentliche

Kritiker zeitgenössischer Lyrik ausweist, den wir hier besitzen. Und durchaus zu Recht stehen die Aufsätze zweier Parteifreunde und Verlagskollegen Bobrowskis in dem Buch, weil sie über wichtige Aspekte des Lebens und der Arbeit Bobrowskis aufklären und Legenden wegräumen, weil sie auf ihre Weise Äußerungen Bobrowskis über seinen Standort und seine Intentionen ergänzen. Anders verhält es sich mit einem In-memoriam-Schreiber, der unbegreiflicherweise Bobrowski als eine Art begabten Anfängers abtun möchte, der von seinen »tastenden« Versuchen schreibt, wo doch jeden, der lesen kann, gerade die Souveränität des Werks beeindruckt –, der schließlich es nicht lassen kann, aus einer Art pathologischer Aversion gegen zeitgenössische Schreibweisen dem toten Bobrowski Koketterie und eine nicht ganz glaubwürdige Naivität vorzuwerfen. Darauf hätte man verzichten können. Derselbe Autor wagt den Satz: »Die Realia dieser Dichtung, ihr tieferes Anliegen sind drüben nicht zu gebrauchen.« Dümmeres läßt sich schwerlich finden. Denn abgesehen davon, daß ein Blick auf die dem Bande angefügte Bibliographie genügt, um Bobrowskis Verbreitung in Westdeutschland zu ermessen, ist aus dem zitierten Satz zu folgern, daß das tiefere Anliegen eines literarischen Werkes dort unbrauchbar ist, wo es im Gegensatz zur politischen und gesellschaftlichen Realität steht; daß es brauchbar erst unter Bedingungen wird, die seinen moralischen und sittlichen Forderungen entsprechen. *Ein* alberner Satz, der am Schicksal aller Kunst vorbeigeht und ihre Fähigkeit zu verändern leugnet, zeigt hier, wie jemand, der sich offenbar als sehr parteilich empfindet, ganz gewiß gegen die eigene Absicht, auf etwas verzichtet, dem er nicht widersprechen würde, vorausgesetzt, es wäre »nur so allgemein als möglich« formuliert.

BEIM LESEN MAJAKOWSKIS

Ich habe Majakowski nie gekannt. Ich habe ihn wissentlich nie gesehen, das Gegenteil wäre seltsam gewesen, und der Schuß in der Ljubjanskigasse fiel einen Tag nach meinem fünfzehnten Geburtstag. Dennoch war da ein frühes Interesse, eine Neugier, ein Traum, ein Bild: hier gab es ein Geheimnis zu entdecken. Mit zwölf Jahren hatte ich zum erstenmal den Namen gelesen: In einer avantgardistischen Zeitschrift stand der Name über dem Titel *Ich selbst*, einem Prosastück, das eine Autobiographie im Telegrammstil ist. Später kam das große Gedicht *150 000 000* in Bechers Übersetzung dazu. Aber damit war noch wenig geoffenbart von dem Geheimnis eines Dichters, dessen Name in gemessenen Abständen fiel, dessen Photographien hier und da auftauchten, den Schilderungen, auf die man manchmal stieß, sichtbar zu machen suchten. Viele Jahre später traf ich in Bulgarien einen alten Mann, der zu jener Emigration gehört hatte, die sich nach dem ersten Weltkrieg in Berlin zusammenfand. Die revolutionären Bulgaren hätten in Charlottenburg einen Platz gehabt, wo sie sich regelmäßig trafen. Majakowski sei bei seinen Reisen nach Berlin stets zu ihnen gekommen und habe dann seine Gedichte rezitiert. Wo das gewesen sei, fragte ich. Es war, wie sich herausstellte, in der Straße gewesen, in der ich damals wohnte, ein Haus oder zwei Häuser weiter. Vielleicht also hatte ich als Kind ihn doch gesehen, mir war, als müsse ich mich an ihn erinnern, einen sehr großen, breitschultrigen Mann, der an mir hätte vorbeigehen können, den Mantel über dem Arm, einen Stock schwingend, mit eisenbeschlagenen Absätzen, den Blick im Nirgendwo, rhythmisch vor sich hin redend.

Bei der Begegnung mit Majakowski handelte es sich für den des Russischen Unkundigen mehr und mehr um einen Glücksfall. Er hatte, im Gegensatz zu seinen großen Zeitgenossen Blok, Jessenin, Pasternak, in Huppert und Thoss seine deutschen Übersetzer gefunden. Was war da zuallererst? Das Anderssein. So wie das unbekannte Land, das hinter dieser Dichtung lag, als ein anderes, ein von allen bekannten verschiedenes Land geahnt wurde, anders gemacht von einer Revolution, die anders gewesen war als andere Revolutionen, so war dieser Majakowski anders. So disparat das Vertraute war, so unvereinbar miteinander die Namen waren, die unter den Begriff subsumiert werden konnten, es war schon so: Majakowski unterschied sich von ihnen allen: »Ungeachtet des Gejohles der Poeten«, las man, »halte ich ›alles für jeden in Mosselpromläden‹ für Poesie höchster Qualifikation.«

Ich gebe zu: Ich halte das nicht für Poesie höchster Qualifikation, und Majakowski selber hat Wichtigeres geschrieben. Aber ich hielt und halte die zitierte Behauptung nicht nur für neu, sondern auch für legitim, sosehr sie eigener Empfindung zuwider ist. Sie hat ihre Berechtigung in gewissen Augenblicken, und sie lebt von einem Malaise, das auch mir nicht fremd ist. *Eine Ohrfeige für den öffentlichen Geschmack* hatte über dem Manifest gestanden, das der junge Majakowski und seine Futuristenfreunde der Öffentlichkeit hinschleuderten. Ohne daß sie meiner Verehrung für Hölderlin oder Keats Abbruch getan hätte, störte mich zuweilen die Vorstellung, mit was für Leuten ich diese Verehrung teilte (übrigens kann man sich hier an Stelle der genannten alle möglichen anderen Namen denken, meinetwegen auch den Majakowskis). Der Irrtum, der hier, freilich nicht meinerseits, vorlag, war monströs.

Die Provokation also gegen die Provokation einer überlebten Gesellschaft. Dichtung, die »auftritt mit Schreien«, wie Neruda von Lorca sagte, aber ohne Geschrei. »Es kommt darauf an, absolut modern zu sein«, hatte Rimbaud proklamiert. Majakowski ist unerhört modern geblieben, in der Art gewisser sehr vollkommener technischer Produkte – dies sei von einem Dichter gesagt, der, zu Recht oder nicht, seine Gedichte oft als Produkte, Gebrauchsgegenstände gesehn haben wollte. Ein Register, von hauchender Zartheit bis zu hyperbolischer Grobheit reichend. Sublime Großsprecherei. Die immer wieder ergreifende Illusion großer revolutionärer Epochen – so nah ist das Ziel. Das völlige

Fehlen jedes Nationalismus; ein natürliches, sozusagen bewußtloses Gefühl für Menschheit. Der Zusammenklang von Forderung des Tages und großer Utopie, von grimmigem Humor und unabweisbarer Tragik, von Privatem und res publica. Zum erstenmal wird hier die Liebe in einer Epoche der Umwälzungen als Element des Zukünftigen gesehen:

> Von der heutigen Zeit,
> unheimlich wie Dolche
> und wie tödliche Krankheit fiebrig,
> bleiben einmal wahrscheinlich
>   nur solche
> wie du
> und ich,
> dich Suchender, übrig.

Es ist nicht meine, sondern die höchst überflüssige Aufgabe mancher Historiker, herauszufinden, wieviel Prozent Futurismus im frühen, dann im späten Majakowski stecken, der übrigens nie aufhörte, sich Futurist zu nennen. Aber er war, wie kein anderer vor ihm, ein Dichter der Revolution, er war für sie geboren; es blieb ihr gewissermaßen nichts anderes übrig als auszubrechen, als sich diese Stimme erhob. Ein Zweiundzwanzigjähriger schreibt 1915:

> Ich, das Gespött der Menschheit von heut,
> lang und scharf wie ein schlüpfriges Lied,
> ich sehe jenseits des Gebirges der Zeit
> einen Schreitenden,
> den niemand sieht.

Das, was Majakowski erblickt, den »Schreitenden jenseits des Gebirges der Zeit«, der Friede, der Mensch, der Mensch des Friedens, er wird im nächsten Gedicht mit verzückter Gewißheit, mit überredender visionärer Wucht aufgerufen:

Die bucklige Berge
Kaukasiens,
des Balkans,
der Alpen
und der Karpaten
warfen die Last der Kanonen ab, den Rücken zu strecken,
und tauchten in Himmel ihr blutbesudeltes silbernes Haar.

Es kamen die beiden Revolutionen, die im Februar, die im Oktober *(Das war meine Revolution)*, Bürgerkrieg, Hunger, Frost, die ROSTA-Fenster, Klebezettel und Zeitungslyrik, der erschöpfende Kampf gegen Spießertum, Bürokratie, feige Verleumdung. Kein Revolutionsgedicht erreicht die sehnsüchtige Wucht von *Linker Marsch*, wenn der Blick aus der Qual der Gegenwart nach vorn, nach oben weist:

Dort
hinter finsterschwerem
Gebirg liegt das Land der Sonne brach.
Quer durch Not,
über bittere Meere
stampft euren Schritt millionenfach!
Droht die gemietete Bande
mit stählerner Brandung rings –
Rußland trotzt der Entente.
Links!
Links!
Links!

Und unter Hunderten und Tausenden Gedichten über Lenin ward keines geschrieben, das diesem gleicht, wie es mit seinem Grave einsetzt und nach der Introduktion allegretto fortfährt. Keines gleicht ihm in seiner männlichen, zurückgehaltenen Glut, seiner liebenden Polemik, seiner Keuschheit. Und niemand hat die ganze Größe des Revolutionsführers deutlicher gemacht als dieser gegen jede Spur von Personenkult immune Dichter:

> Es ist Zeit –
>   von Lenin
>   zu sagen heb ich an.
> Aber nicht,
>   weil Weh und Leid
>   vergangen wären;
> es ist Zeit,
>   weil unser herber Gram
>   begann,
> sich zum hell bewußten Schmerz
>   zu klären.

Nicht nur der kolossale Atem, den diese Dichtung über achtzig Seiten hinweg in pausenlosem Crescendo entfaltet, ohne daß sich Majakowskis Stimme überschlägt, nicht nur er ist es, der uns gewinnt, den wir bewundern, es ist die Gesinnung, die hochgesinnte Aufrichtigkeit, das Von-Herzen-Kommen-zu-Herzen-Gehen, die auch im Aufbrechen des Zorns oder des Spotts dieser Tribünenlyrik noch evidente Intimität – dies alles ist es, was Majakowski nicht unbedingt über, aber deutlich abgetrennt neben seine größten dichterischen Zeitgenossen stellt. Es bewirkt, daß sich seine Nachahmer, die sich freilich auf das agitatorische Element dieser Dichtung beschränken, so fade neben Majakowski ausnehmen. Die phantastische Metaphorik Majakowskis, sein rücksichtsloses Miteinander von Sublimem und Gassenhauer, Zaubersprache und Jargon, der enorme Umfang seiner Mittel, seine besessene Rhetorik könnten vielleicht ihresgleichen haben, wäre nicht mit dem allem dieses merkwürdige Bekennertum verbunden, dieses Zurschaustellen eines Herzens, die Konfession, die sich jeder Spekulation, jedem Strategem, jedem Opportunismus entziehen.

»Dichtung ist eine Fahrt ins Unbekannte«, hatte er gesagt, ein Wort, das man gelegentlich zitieren läßt und möglichst schnell wieder vergißt. Auf dem Vormarsch ins Unbekannte hat Majakowski leidenschaftlich mit Herzensgröße, mit Zorn und Mitleid den Platz des Dichters in der neuen Gesellschaft gesucht und erobert. Er wollte überall zugleich sein, bei Arbeitern, Bauern, Rotarmisten, bei den Kindern, wollte ihnen ihren Weg erklären und erleichtern, wollte einer Welt zeigen, wie tief ihre Zukunft mit der Zukunft dieses ersten sozialistischen Staates zusammenhing. Er kämpfte für eine höhere Stahlproduktion mit Gedichten und mit den gleichen Gedichten für mehr Menschlichkeit und für eine Liebe, die des neuen Menschen wert sein sollte. Er war sich für keine Aufgabe zu gut. Stürmisch forderte er für den Dichter einen angemessenen Platz in der neuen Gesellschaft, aber er tat auch alles, um diesen Platz beanspruchen zu dürfen.

Unüberhörbar ist der Ton innerer Zartheit und Verwundbarkeit, der noch im Donner seiner Sturmrufe mithallt, nicht nur in den weit bekannten Worten des Bekenntnisses, daß er seinem Gesang den Fuß auf die Kehle setzte. Manche Leute, die nicht gerade Freunde des Kommunismus sind, geben vor, Majakowski dieses Geständnisses wegen bemitleiden zu müssen. Majakowski hat mit dem zähen, leisen Stolz, der ein anderer Zug seines Wesens war, sich jedes Mitleid verbeten, noch in den letzten Zeilen, die er schrieb, bevor er sich tötete. Er litt bitter unter der Ungunst von Verhältnissen, und da es nicht seine Art war, Dinge zu verschweigen, schrieb er auch darüber:

> Schön ist's bei uns,
>   in unsren Sowjetlanden:
> man lebt nicht schlecht,
>   ist in Gemeinschaft tätig.
> Nur Dichter,
>   sehen Sie,
>   sind leider nicht vorhanden;
> indes –
>   vielleicht
>   sind sie auch gar nicht nötig.

Er litt unter der Infamie seiner Verfolger, die ihn allmählich zur Strecke brachten, und rief sie zum gemeinsamen Kampf auf:

Ihr glaubt,
         ich mach aus mir einen Bonzen der
                                 Ästhetik
und dünk mich allein
         den Hohepriester der Verse.
Und in Wirklichkeit
         scheint mir
                  nur eines nötig:
mehr Dichter,
         tüchtige und –
                  diverse.
Manche
         möchten
                  in ihrer bojarischen
Wachtburg Alleinherrschaft üben
                          im Land:
Wir – sind die einzigen,
                  einzig proletarischen...
Und was, meint ihr, bin ich?
                  Valutaspekulant?

Mit erschütternder, oft naiver Sehnsucht wünschte er, von allen gehört und verstanden zu werden. Während eine Meute, die in Schriftstellerverband und Zeitschriften regierte, Kampagnen gegen seinen »Intellektualismus«, seine »Unverständlichkeit« unternahm, verteilte Majakowski bei seinen Vorlesungsabenden Fragebogen, um zu ergründen, wie viele Zuhörer ihn verstanden hätten, und brachte die Ergebnisse stolz nach Hause. Aber manchmal gab sein starkes Herz nach, und er schrieb:

Ich will: die Heimat soll mich verstehn.
Doch wenn sie's nicht will, je nun –
dann heißt's: an der Heimat vorübergehn,
wie die schrägen Regen tun...

Dann allerdings, und auch diese Reaktion ist charakteristisch für ihn, fügte er hinzu: »Ungeachtet all der romanzenhaften Empfindsamkeit (das Publikum greift zu den Taschentüchern) habe ich dies vom Regen benetzte Schweifgefieder ausgerupft.«

Er hätte ein großer Elegiker werden können; aber er wollte nicht nur ein produktiver Dichter, sondern als Dichter produktiv sein, aktiv, verändernd, eingreifend. Er ging mit ungeheurem Mut einen neuen Weg und wurde so von allen neuen Dichtern der neueste.

EIN BUCH ÜBER TREBLINKA

Treblinka war bisher nicht mehr als ein Name. Man wußte, daß es sich um eines der sechs Todeslager handelte, die die Nazis in Polen errichtet hatten, um vor allem die Juden Europas zu vernichten; das bekannteste dieser Lager heißt Auschwitz. Während man aber in Auschwitz noch heute die Tätigkeit der teutonischen Herrenmenschen in Augenschein nehmen kann, ist von Treblinka keine Spur geblieben. Während es über Auschwitz eine lange Reihe wissenschaftlich-dokumentarischer oder literarischer Werke gibt, ist eine Darstellung von Treblinka beinahe nicht existent, wenn man von zwei oder drei kleinen Werken absieht, die am Ende des Krieges oder in den unmittelbar folgenden Jahren erschienen. Eines dieser Zeugnisse stellt die etwa fünfundzwanzig Seiten umfassende Reportage des sowjetischen Schriftstellers Wassilij Grossman dar, die alle Treblinka betreffenden Fakten enthält, welche im Frühjahr 1945 bekannt waren. Die Broschüre Grossmans, auch heute noch beispielhaft in ihrem verzweifelten Zorn, ihrem anklägerischen Pathos, ist längst vergriffen, wie zweifellos auch die anderen wenigen Seiten, die Treblinka gewidmet gewesen waren.

Die Stille um Treblinka ist leicht zu erklären. Auschwitz, wo an die vier Millionen Menschen umkamen, wurde von der Roten

Armee befreit, noch gibt es einige tausend Überlebende. Als die Rote Armee Treblinka erreichte, existierte das Lager seit einem Jahr nicht mehr, es war im Sommer 1943 untergegangen. Nur vierzig Menschen haben diesen Untergang überdauert, sie sind heute über die ganze Welt hin verstreut, zweiundzwanzig von ihnen leben, laut Statistik, in Israel, fünf in den USA, drei in Frankreich, drei in Polen, zwei in Kanada, je einer in England, Westdeutschland, in der Tschechoslowakei, in Australien und Argentinien. Ein achtundzwanzigjähriger Franzose, Jean-François Steiner, hat vor kurzem erst das umfangreiche Buch über das Lager Treblinka geschrieben. Er selber ist der Sohn eines in einem Vernichtungslager Ermordeten. Sein Buch ist umstritten. Umstritten zweifellos deshalb, weil das ungeheuerliche Material, das er vor dem Leser ausbreitet, gewiß nicht so leicht zu belegen ist wie in anderen Fällen; umstritten möglicherweise auch, weil die Form, die er gewählt hat, die Mitte hält zwischen Dokumentation und belletristischem Werk; natürlich sind etwa die Dialoge, von denen das Buch voll ist, in der Vorstellung des Autors entstanden, sie gehen freilich aus Situationen hervor, die von Zeugen bestätigt werden; umstritten schließlich, weil Steiner zu politisch-moralischen Fragen vorstößt, weil er nicht allein nach der Haltung der Henker, sondern auch nach der Haltung der Opfer fragt. Hier scheint mir eine gewisse Gemeinsamkeit vorzuliegen mit der *Ermittlung* von Peter Weiss.

Steiner geht es zunächst einmal darum, das Phänomen darzustellen, das die deutschen Faschisten in die Lage versetzte, zum Massenmord übergehen zu können, das Phänomen der Präparierung des Opfers. Die Besetzung Polens und großer sowjetischer Gebiete ermöglichte die von den Nazis geplante »Endlösung«, weil sich hier fast die Gesamtheit des osteuropäischen Judentums befand – nach der Standorttheorie war ein günstigerer Platz für die Errichtung von Todesfabriken nicht denkbar. Für die Präparierung selbst spielte der autochthone Antisemitismus litauischer, polnischer, ukrainischer Bevölkerungsteile seine finstere, von den Deutschen kalt einkalkulierte Rolle als Zutreiber. Dem Einmarsch der Deutschen folgten die Pogrome, wie sie jahrhundertelang stattgefunden hatten, bis ihnen die Sowjetmacht, wo es eine gab, ein Ende setzte. Als die Deutschen nach einigen Tagen die Errichtung von Gettos verfügten, glaubten nicht wenige Juden, ein militärisch bewachtes Getto sei einer amoklaufenden Menge von Totschlägern und Plünderern vorzuziehen. Die Auffüllung der Gettos stellte den ersten Teil der faschistischen Operation dar. Der zweite bestand in der Entleerung der Gettos in die Vernichtungslager. Aber die Präparierung der Opfer erschöpfte sich keineswegs mit dem Getto als Zuflucht vor dem Pogrom – dies war nur der erste Schritt; sie wurde weitergeführt, solange der Gettoaufenthalt dauerte, sie begleitete die Züge ins Todeslager, sie bestand in tausend Maßnahmen, die Illusionen, Verwirrung, Furcht und Hoffnung zum Ziel hatten, sie schuf Hierarchien und Scheingruppierungen von Privilegierten und Enterbten, sie operierte mit den Schutzreaktionen einer seit zwei Jahrtausenden quer durch die Welt gejagten, jeder Macht ausgelieferten Minderheit, sie arbeitete mit Hunger, Erschöpfung, Krankheit, Isolierung und Tod – diese Präparierung hörte erst an der Tür zur Gaskammer auf.

Simone de Beauvoir erinnert in ihrem Vorwort zu Steiners Buch daran, daß zur Zeit des Eichmann-Prozesses die junge israelische Generation in Tel Aviv und Haifa die Frage aufgeworfen hatte, wie es hatte kommen können, daß Millionen Juden ohne Gegenwehr in den Tod gegangen waren, den ihnen die Nazis zudachten. Steiners Buch hat, wie ich glaube zu Recht, die Frage nach dem Leben und Sterben der Juden unter der Naziherrschaft neu gestellt, indem er sich gerade nicht auf das naheliegende Beispiel des Warschauer Gettoaufstands zurückzog, sondern die Frage am Beispiel Treblinkas prüfte, der geheimnisvollsten, entlegensten und vielleicht perfektesten Mordeinrichtung der deutschen Faschisten. Ich glaube, daß Steiners Mut sich lohnte, gerade weil dieser Mut nichts Peinliches übersieht und übergeht, weil er entschlossen jede Idealisierung verwirft; was am Ende steht, ist der Mensch, der tausendmal scheitert und der dennoch aus tausend Versuchen der Entmenschlichung, die eine ungeheure Übermacht an ihm vornimmt, als Sieger hervorgeht, als einer, der sein Mensch-Sein mit der Waffe verteidigt, die er erst erobern muß, der sich für seinen Nebenmann opfert, der die alte Angst vor seinen Unterdrückern vergißt.

Denn in der Tat, diese vollendete Mordstätte, dieses Nonplusultra der Vernichtung, dieses in einer Einöde errichtete Treblinka, das, dreizehn Monate lang in Betrieb gesetzt, siebenhunderttausend Menschenleben auslöschte, ging in einem Aufstand unter, den ein jüdisches Kampfkomitee unter namenlosen Schwierigkeiten vorbereitete. Es ist die Geschichte dieser Vorbereitung zum Kampf, die den größeren Teil von Steiners Buch ausfüllt, und es ist eine lange, entsetzliche, von alpdruckhaft-quälenden Aufschüben begleitete Geschichte, Treblinka war ein kleines Lager, keine Lager-Großstadt wie Auschwitz, wo ständig eine Viertelmillion Menschen untergebracht war. Treblinka zählte nur etwa tausend Häftlinge, die von deutscher SS und Ukrainern bewacht wurden. In regelmäßigen Abständen ermordeten die Bewacher ein Viertel der Bewachten und ergänzten die Belegschaft des Lagers aus den Reihen der täglich eintreffenden Deportierten. Frühmorgens gegen sieben traf der erste Zug ein. Bis gegen zwei Uhr nachmittags waren bis zu vierundzwanzigtausend Menschen vergast.

Die im Lager beschäftigten Häftlinge hatten zu sortieren und zu verpacken, was von den Toten übrigblieb und zurückgelassen war und was das Reich benötigte. Auch in diesem Fall hatte deutsches Organisationstalent seine schwachen Stellen: wohl hatte man siebenhunderttausend Juden in Treblinka in kürzester Frist umgebracht, aber Himmler stellte bei einem Besuch im Frühjahr 1943 fest, daß es bei Massengräbern nicht bleiben konnte. Das Lager war zu liquidieren samt seiner Stammannschaft, vorher aber die Leichen.

Die Schilderung der zwei Monate, die den Häftlingen verbleiben, ist zugleich die Schilderung der Vorbereitung des Aufstands, ein Bericht fürchterlicher Erwartungen und Enttäuschungen, gleichsam in schwefelfarbenes Licht getaucht, ein Bericht kollektiver Hybris, kollektiven Wahnsinns, denn die Nazis veranstalteten Hochzeiten unter ihren Opfern, Sportfeste, Tanzabende, während man mit Baggern Hunderttausende Leichen ausgräbt, während Tag und Nacht die Scheiterhaufen lodern. Anfang August 1943 bricht der Aufstand aus, das Kampfkomitee verfügt über ein paar Gewehre und Handgranaten, ein großer Teil der SS wird niedergemacht, die Wachttürme werden in Brand gesteckt, ein im Lager befindlicher Spähwagen wird genommen und beschießt die SS-Quartiere, bis sechshundert Häftlingen von tausend es gelungen ist, die nahen Wälder zu erreichen. Treblinka ist vom Feuer vernichtet. Als die Rote Armee ein Jahr später die Gegend erreicht, leben von den sechshundert Flüchtlingen noch vierzig, und diese vierzig sind die auch heute noch lebenden Zeugen des Geschehens.

Steiners Buch, schonungslos fragend, ist also das Buch eines Sieges. Die auf die Frage folgende Antwort lautet, daß der Mensch stärker ist als die Dehumanisierung und daß der Faschismus, wie günstig ihm auch historische Umstände sein mögen, keine Chance hat, denn in diesem allerletzten Sinne meint er nicht die Tötung seines Opfers, sondern seine Brechung, seine Abdankung. Auf diese Herausforderung antwortet, um mit André Bonnard zu reden, der Mensch als Mensch. Auch Treblinka hat es bewiesen. Und Steiner beweist es in seinem schwer zu ertragenden Buch, das keineswegs in seiner Absicht, aber in seiner Botschaft ein Buch des Optimismus ist.

ÜBERSETZTE LYRIK

Es ist eine alte Geschichte, doch bleibt sie immer neu: die Kalamität lyrischer Übersetzung nämlich. Da wird immer wieder das bekannte Wort vom traduttore, der ein traditore ist, zitiert – aber wo hört der Übersetzer auf, und wo fängt der Verräter an? Welche Kriterien gelten für eine gelungene Übertragung? Darf ich etwas weglassen, das mir nicht in den poetischen Kram paßt, darf ich etwas hinzufügen, das im Original gar nicht vorhanden ist? Muß ich nachreimen, was ursprünglich gereimt auftritt, auch wenn mein Produkt dann mit dem Sinn des Originals kollidiert? Was mache ich, wenn die Sprache des Originals sich kürzer faßt oder wenn sie umständlicher ist als das Deutsche? Habe ich das Recht auf Änderung eines Rhythmus, darf ich aus einem Alexandriner einen zehnsilbigen Vers machen? Ich glaube nicht, daß man jede dieser Fragen rasch und eindeutig beantworten kann. Jeder, der sich mit dem Übertragen von Gedichten befaßt, hat seine Erfahrungen, kommt zu seinen Schlüssen. Die meinen, Resultat von Bemühungen aus drei Jahrzehnten, würden etwa lauten: erstens größtmögliche Nähe, natürlich auch und gerade in der Form, zum Original, aber, und hier zitiere ich Hans Magnus Enzensberger, »was nicht selber Poesie ist, kann nicht Übersetzung von Poesie sein«; zweitens Mißtrauen gegen eine gewisse Art von Übertragung, die anders gesehen werden möchte als prosaische Übersetzung und, weil sie mit Schwierigkeiten nicht fertig wird, sich selber gern als Nachdichtung bezeichnet, wobei natürlich gegen diesen Begriff, sofern er anständige Arbeit beinhaltet, gar nichts gesagt werden soll; drittens, die Kenntnis der Sprache, aus der übersetzt wird, ist wichtig, aber nicht in jedem Fall unumgänglich – unumgänglich ist die vollständige Kenntnis, ja das Einssein mit der Sprache, *in die* übersetzt wird; viertens, die vollkommene lyrische Übertragung ist eine Unmöglichkeit, ein quälender Traum, der den Übersetzer zu immer erneuten Versuchen vorwärtsstachelt.

Zum ersten Punkt: Es ist ein weit verbreiteter Irrtum zu glauben, daß Inhalt und Form, obwohl man von deren Einheit natürlich gehört hat und obwohl man auf diese Einheit völlig unverbindlich schwört, doch an irgendeinem Punkt auseinandernehmbar seien. Ich will mich hier nicht weiter über die Verwechslung von Stoff und Inhalt verbreiten, die endlosen Diskussionen zum Trotz ein zähes Leben führt. Der Irrtum scheint mir daher zu rühren, daß nicht, wie oft gesagt wird, die Form die Form eines Inhalts ist, sondern die spezifische Darbietung eines Stoffes darstellt: durch sie erst wird der Stoff zum Inhalt. In keiner Gattung der Kunst ist die gegenseitige Durchdringung so unauflöslich wie in der Lyrik. Ein Abgehen von einem originalen Rhythmus, einem originalen Reimschema kann imperativ werden in einer Sprache, die von der Sprache des Originals weit entfernt ist. Das ist in jedem Fall ein Unglück, das nur insoweit gemildert wird, als die Übersetzung, um an das obige Zitat zu erinnern, »selber Poesie« ist.

Zum zweiten: die von mir genannte Art von Nachdichtung im pejorativen Sinne ist im Grunde genommen gehobene Faselei. Als ich vor langen Jahren Dichtungen amerikanischer Neger übersetzte, gerieten einige Stücke in die Richtung dieser Manier; leider wurden gerade sie besonders populär; ich eliminierte sie aus einer späteren Ausgabe. Sie boten »Poetisches«, weil sie die spezifische Poesie des Originals verfehlt hatten. Das bekannteste Beispiel auf diesem Gebiet, zumindest ein bekanntes, das mir gerade einfällt, ist die Villon-Übertragung von Paul Zech, der übrigens ein hochbegabter, oft bedeutender Dichter war, aber, im Unterschied zu K.L. Ammer, etwas als Villon vortrug, das mit dem Franzosen wenig zu tun hatte. Kürzlich mußte ich aus verschiedenen Gründen alle deutschen Übersetzungen durchsehen, die dem Werk des Paul Verlaine galten – es sind sehr viele, denn Verlaine hat deutsche Übersetzer mehr angeregt als seine großen, sicher größeren Zeitgenossen Baudelaire und Rimbaud, wahrscheinlich weil er deutscher Dichtung und ihrer Sprachstruktur näher steht. Man findet unter den Verlaine-Übersetzern viele der wichtigsten deutschen Lyriker des zwanzigsten Jahrhunderts – George und Wolfskehl, Rilke und Stefan Zweig, Wolfenstein und Zech, die Liste reicht bis Karl Krolow. Man bemerkt bei einem solchen Vergleich, ein wie bedeutender Sprachkünstler, allen peinlichen Zügen zum Trotz, ein Mann wie Stefan George ist, wie redlich hier die poetische Vorlage nachgeschaffen wird; den Gegensatz zu seiner Leistung bietet Georg von der Vring, ein Lyriker von Rang, von dem es schöne Übertragungen klassischer englischer Dichtung gibt, der aber, sobald er sich an Verlaine macht, ich weiß nicht, wie ich es anders sagen soll, das Blaue vom Himmel herunterdichtet. Das bleibt gewiß Poesie, aber Verlaine ist es nicht, es handelt sich eher um Paraphrasen über Verlainesche Gedichte, und wo es bei einer Strophe mit dem Nachdichten nicht mehr weitergeht, schreibt von der Vring eine dazu, von der bei Verlaine kein Wort zu finden ist.

Zum dritten Punkt ist eigentlich nicht viel zu sagen. Daß die Kenntnis der Sprache, *aus der* übersetzt wird, nicht in allen Fällen unumgänglich ist, wird kaum bestritten werden können. Ein solcher Fall ist gegeben, wenn es sich um keine der großen Weltsprachen handelt, wenn also der Kreis der Sprachkundigen notwendigerweise begrenzt und demnach die Chance, daß sich in diesem begrenzten Kreis poetische Begabungen befinden, gering oder nichtexistent ist. Ich las vor kurzem die Zuschrift eines Lesers an eine Zeitschrift, in der gegen eine schlechte Übersetzung protestiert wurde. Der Briefschreiber, selbst der betreffenden Sprache unkundig, hatte eine ausreichende Vorstellung von gutem Deutsch und erhob durchaus zu Recht Einspruch gegen eine miserable Leistung. Nicht recht hatte er mit seinen Schlußfolgerungen, in denen er die Redaktion darauf hinwies, auf den Universitäten gäbe es genügend »wissenschaftliche Kräfte«, die die betreffende Sprache beherrschten, also auch, wie er meinte, qualifiziert seien, eine kongeniale Übertragung des zur Debatte stehenden Stückes zu liefern. An einem solchen Beispiel zeigt sich die verbreitete Unkenntnis der Voraussetzungen für das Nachschaffen bedeutender Dichtung. Selbstverständlich können wissenschaftliche Kräfte beim Herstellen von Rohübersetzungen aus seltenen Sprachen und durch alle möglichen nützlichen Hinweise dem Übersetzer helfen. Sie selbst aber werden keine bedeutende Übersetzung zustande bringen, sofern sie nicht eine ungewöhnliche Beherrschung ihrer Muttersprache vorweisen können, was natürlich denkbar ist, aber eben doch zu den großen Ausnahmen zählt. Was seltene Sprachen angeht, ist mir kein Beispiel für ein solches Zusammenfallen philologischer Qualifikation mit dichterischer Sprachgewalt bekannt. Wenn ich an Weltsprachen denke wie das Spanische oder Italienische, fällt mir freilich Karl Voßler ein oder Werner Krauss, beide nicht nur geniale Philologen und Literaturhistoriker, sondern auch große Nachdichter.

Was meine Arbeit angeht, so habe ich gelegentlich aus Sprachen übersetzt, die ich nicht kenne, geschweige denn beherrsche. Es hat sich so ergeben, es war Leidenschaft im Spiel, aber es ging auch nicht ohne Zögern und schwere Bedenken. Der eine Fall war der des Ungarn Attila József, den ich als einen der größten Lyriker des Jahrhunderts bewundere, der andere der des Türken Nazim Hikmet. In diesem zweiten Fall war die Sache verhältnismäßig leicht durch meine Freundschaft mit dem Dichter, der mir die Originale vorsprach und sie französisch kommentierte. Was Attila József anlangte, so halfen mir ungarische Freunde auf ähnliche Weise mit Kommentaren, nachdem sie mich mit vorzüglichen Rohübersetzungen versehen hatten.

Zum vierten: die quälende Unerreichbarkeit des Vorbilds, aus deren Spannung die von Generation zu Generation erneuerten Versuche um die Eroberung eines fremden Dichters hervorgehen – diese Unerreichbarkeit bezieht sich natürlich nur auf wirklich bedeutende Erscheinungen. Zuweilen macht man ja die zugleich triste und erheiternde Erfahrung, daß mittelmäßige Dichter in einer geschickten Übersetzung einen neuen, höheren Rang erreichen; ich nenne hier keine Namen. Daneben gibt es einige seltene Fälle von großen Dichtern, die verhältnismäßig oft befriedigend übersetzt werden. Natürlich hängt das Ringen von Übersetzern um einen bedeutenden Dichter auch mit Überdruß zusammen, mit der Ermüdung durch einen Sprach- und Stilgestus, mit dem neuen Licht, das eine neue Zeit auf einen alten Dichter wirft. Aus dem Spektrum, als das jedes hervorragende Werk erscheint, glaubt jede Epoche, die ihr gemäße Farbe wählen zu müssen. Jedermann weiß, daß die Ungeduld mit der immer noch unübertroffenen Schlegel-Tieckschen Shakespeare-Übertragung zu neuen Übertragungen führte. Die Voßsche Homerübersetzung geriet in den Ruf, veraltet zu sein; gegen sie gleichsam entstanden die Übertragungen von Rudolf Alexander Schröder und Thassilo von Scheffer, von denen die Scheffersche das immerhin beträchtliche klassische Vorbild möglicherweise übertrifft. In der langen Reihe bedeutender Übersetzungen der Shakespeare-Sonette, die mit dem genialen Regis beginnt, ist die Übersetzung des Karl Kraus erklärtermaßen gegen Stefan George gerichtet, dem Kraus die »Vergewaltigung zweier Sprachen« vorwarf.

Hier handelt es sich immer noch um bereits Bewältigtes, zu Bewältigendes. Aber wahrscheinlich wohnt in jedem Übersetzer jener Stachel, von dem ich sprach, mit dem er sich nie abfinden kann, eine Art Verzweiflung gegenüber dem Unmöglichen, das doch auf irgendeine Weise möglich gemacht werden müßte. Im Gegensatz etwa zu Pablo Neruda, einem schwierigen Dichter, den ich als erster ins Deutsche übertrug und dessen Struktur sich als durchaus integrierbar erwies, wurde für mich Aragon, die meiner Meinung nach bedeutendste Erscheinung in der Weltlyrik unserer Zeit, zu einem unlösbaren Problem. Die beiden Sprachstränge, die zu ihm führen und die ich mit den Namen Victor Hugo und Apollinaire bezeichnen möchte, widersetzten sich bisher, von ganz wenigen Ausnahmen abgesehen, jedem Übersetzungsversuch; es traten Interferenzen auf, die einem Mord am Original gleichkamen. Wir stehen hier seit Jahren vor der Tatsache, daß ein in seinen Ausmaßen enormes, in seinem Gehalt nicht zu überschätzendes Werk in Deutschland nur dem Hörensagen nach bekannt ist, praktisch unbekannt bleibt. Immer noch träume ich davon, eines Tags die Entsprechung zu finden zu einem Gedicht wie *Rose und Reseda*, diesen vierundsechzig siebensilbigen Zeilen, die konsequent auf zwei Reime im ab-Schema auslaufen, ohne daß sich im Ablauf des Gedichts eines der Reimwörter wiederholt. Immer noch glaube ich, daß es eine Möglichkeit geben muß für das einzigartige *Il n'y a pas d'amour heureux*, in dem wie in keinem anderen Gedicht, scheint mir, die lautlose Tragik unserer Epoche ihre Sprache gefunden hat, vor dem der Übersetzer aber schon angesichts der Überschrift, die zugleich den Beginn des Refrains darstellt, sich keinen Rat weiß.

Ich habe hier Aragon genannt, aber das Problem, das er aufwirft, betrifft auch andere Dichter, es betrifft, wenn man will, eine ganze nationale Dichtung. In Majakowskis frühem Gedicht *Krieg und Welt* heißt es an jener Stelle, wo geschildert wird, wie die vom Krieg befreiten Nationen der Menschheit ihr Bestes darbringen:

Welcher Stimmen Macht
prachtvoller klingt im Liede?
Rußland,
du
offenbarst
dein Herz in flammenden Hymnen!

So Majakowski, der dank Übersetzern wie Huppert und Thoss eigentlich bis heute der einzige russische Dichter ist, dessen Werk ins Deutsche integriert wurde, auch wenn ich mir die zitierte Passage in vollkommenerer Form vorzustellen vermag. Wenn Majakowski, angesichts der universell anerkannten russischen Prosaleistung von Gogol über Dostojewski und Tolstoi bis Tschechow, russische Dichtung als äußerste geistige Errungenschaft der Nation feiert, können wir auf Übersetzungen Angewiesene fühlen, was uns da bisher entgangen ist – und das betrifft keineswegs nur Deutschland, sondern ganz Westeuropa. Ich hatte vier Punkte genannt als die Quintessenz meiner eigenen Erfahrungen auf dem Gebiet lyrischer Übersetzungslektüre und Übersetzungstätigkeit. Ich habe den wichtigsten fünften vergessen; jenen, der den Kampf des übersetzenden Sisyphos gegen Schlacken bezeichnet, konkreter: gegen die zähen, widerwärtig haltbaren Reste *von* Übersetzung *im* Übersetzten. Solange der Eindruck des Übersetzten im jeweiligen Produkt spürbar bleibt, ist eigentlich nichts gewonnen. Ich benutze hier ein paarmal den Ausdruck »Integration« – auf Integration kommt es wohl im letzten an. Mit einer gewissen konventionellen Geschicklichkeit ist es hier nicht getan; was unseren und anderer Völker Übersetzungen russischer Lyrik geschadet hat, ist Auslaugung und müder Akademismus der Sprache. Der Fleiß einiger Monopolinhaber, sprachkundiger, aber leider sprachuntüchtiger Übersetzungsfabriken hat viele Bände gefüllt und noch mehr Hoffnungen enttäuscht.

Genug. Auch die lyrische Übersetzung ist ein weites Feld. Ein weites Feld, ein Schlachtfeld voll rätselhafter Trümmer, besät mit gescheiterten Interlinear-Versionen, gefallenen Metaphern, verrenkter, erstarrter Syntax. Ein Schlachtfeld, auf dem es immer Besiegte gibt, selten einen Sieger. Dann aber hat sich alles gelohnt.

VILLON

In Frankreich gilt er unbestritten als einer der großen Dichter der Nation, unbestritten freilich erst, seit das Verständnis für das Mittelalter erwachte. Eine Anzahl bedeutender Übersetzer, zu denen der Deutsche K. L. Ammer und der Russe Ilja Ehrenburg zählen, haben ihn in den letzten fünfzig Jahren in der ganzen Welt lesbar gemacht. Freilich hatte eine in klassizistischen Vorstellungen erzogene Zeit kein Ohr für diese plebejische Bitterkeit; ein großer Dichter wie Puschkin noch hielt Villon für eine abscheuliche Erscheinung. Villons Stimme fand ihr Echo in unserer Zeit mit ihren monströsen Katastrophen, dem Fall von Illusionen, mit ihrer Einsamkeit und ihren Verbrechen; in dieser Stimme klangen nicht nur die maßlosen Schrecken einer Epoche, sondern auch der Zweifel an etablierten Werten und der Wille zur Selbstbehauptung, nicht nur Todesfurcht, sondern auch Lebenshunger, Lebensglaube, materialistische Heiterkeit.

Man kann nicht sagen, daß Villon vor einem Hintergrund höfischer Poesie und allegorischer Epen wie ein Meteor aufgegangen sei. Er hatte seine Vorgänger und Bundesgenossen, einen großen

Dichter wie Rutebeuf, der Satiren, Komödien, Lieder und Fabliaux schrieb, fast zwei Jahrhunderte vor Villon, der einen ähnlichen Ton anschlägt wie dieser, ironisch, gewalttätig, sinnlich, und der bereits ein Lyriker ist, ein echter Lyriker, der »ich« sagt, der von sich selber spricht und in vollem Mittelalter eine neue Stufe in der Entwicklung der Dichtung betritt. Da ist Jean Bodel, der seine Heimatstadt verlassen muß, weil er aussätzig ist, und der vorher noch einen Congé, einen Abschied schreibt, genau wie Adam de la Halle aus Arras, und in Villons Testament finden wir die Akzente beider wieder. Da ist ein Dichter namens Alain Chartier, der, ein halbes Jahrhundert früher als Villon geboren, in einer seiner Strophen das Volk von seinen Herren sagen läßt: »Sie leben von mir, ich sterbe für sie.«

Welch eine Zeit der Finsternisse ... Als Villon zur Welt kommt, geht der hundertjährige Krieg allmählich an sich selbst zugrunde; die Engländer weichen zurück, die Franzosen dringen vor. Villons Geburtsjahr ist nicht, wie man bisher annahm, das Jahr der Verbrennung der Jeanne d'Arc; er ist etwas früher geboren, man schreibt 1429, und die Jungfrau hat Orléans erobert. Damals baut Brunelleschi in Florenz, malen Mantegna und Jean Fouquet, erfindet Gutenberg den Buchdruck. Man täusche sich nicht: es ist eine Zeit der inneren und äußeren Kälte, des Fanatismus, des Aberglaubens; Galgen und Scheiterhaufen überziehen das Land. Es ist der Krieg, ein unaufhörlicher Krieg, der Villons Zeitgenossen vor die Alternative stellt, unterzugehen oder wölfisch zu leben. Der Krieg verschont niemand: weder Villon noch seinen größten poetischen Zeitgenossen, der später eine Zeitlang sein Beschützer wird, Charles d'Orléans, den Neffen Karls VI. Charles d'Orléans, der als Sechzehnjähriger seinen Vater unter den Dolchen der Mörder fallen sieht, dem die Mutter wegstirbt, der mit achtzehn Jahren Witwer ist, mit vierundzwanzig Gefangener der Engländer und der mit fünfzig Jahren aus der Gefangenschaft zurückkehrt, ist nicht weniger als Villon ein Opfer seiner Epoche.

François de Montcorbier, genannt Loges, hatte seinen Vater nicht gekannt. Die Mutter war zu arm, um ihn aufziehen zu können. Sorgen hat er ihr nicht erspart. Durch sein Werk zieht sich die Reue, die freilich keine derartigen Ausmaße annahm, daß sie sein Leben geändert hätte. Immerhin heißt es, in der Ammerschen Übersetzung:

> Und item meinem Mütterlein
> will ich ein fromm Gebetchen weihn.
> Sie hat durch mich so viele Klagen,
> Gott weiß es, und viel Harm ertragen,
> ich weiß kein zweites Heim und Dach,
> drin Leib und Seele sichrer wohnen.
> O Gott, mich strafe tausendfach,
> nur sie mögst du vor Leid verschonen!

Außer der Mutter gibt es noch einen Menschen, dessen er liebevoll gedenkt. Ganz zu Beginn seiner Existenz hatte sich Villon eine Möglichkeit eröffnet: der Geistliche Guillaume de Villon, dessen Namen er annahm, kümmerte sich um ihn, brachte ihn in sein Haus und ließ ihn studieren. Von ihm heißt es:

> Und item Guillaume de Villon,
> der, mehr als Vater, mein Patron,
> mir süßer als die Mutter war,
> der mich gerettet aus Gefahr

In der Tat mußte ihn Guillaume mehr als einmal aus üblen Situationen befreien. Der Geistliche hegte bedeutende Ambitionen für seinen Adoptivsohn, er unterlag der verführerischen Kraft seiner Intelligenz und Begabung und träumte von einer brillanten Karriere für François. Villon war gewiß kein sehr fleißiger Student, immerhin reichte es zum Titel eines Maître an der Fakultät der Künste der ältesten Universität Europas. Und Villon bekam genügend Scholastik mit an der Sorbonne, um den akademischen Stil parodieren zu können:

> Ich fühle Frau Memoria,
> wie sie das Wesen meines Seins,

potentias collaterales
et alias intellectuales,
versperrt im Dunkel ihres Schreins.

Später heißt es dann:

Wenn in der Jugend ich studiert
und sittsamlich mich aufgeführt
und nicht so viel gelottert hätte,
so hätt ich jetzo Haus und Bette.

Denn gerade an der Universität machte er die Bekanntschaft der Wegelagerer und Einbrecher, die sein einziger Umgang wurden. 1455 muß Villon zum erstenmal aus Paris flüchten. Es geht um eine Frau, die er liebt, eine gewisse Catherine Vauselle. Er gerät auf der Straße mit seinem Rivalen Philippe Sermoye in eine Schlägerei und tötet ihn. Man verurteilt ihn in contumaciam zum Tode. Im folgenden Jahre, dem Jahr der Rehabilitierung der Jeanne d'Arc, wird er von Karl VII. begnadigt. Kaum wieder in Paris, nimmt er an einem Einbruch im Collège de Navarre teil. Er muß wieder flüchten. Damals schreibt er jenen Lais, den man auch das *Kleine Testament* nennt, die erste Bilanz seines Lebens, zu der später die Balladen und das *Große Testament* kommen. Bittere Bilanz: der Katalog der Kneipen und Bordelle, der Leute aus dem Tannenzapfen, dem Gekrönten Ochsen, den Drei Lilien, der Laterne, dem Goldenen Mörser. Aus Villons Gedichten läßt sich die Pariser Unterwelt jener Jahre rekonstruieren, sie überliefern der Nachwelt den Namen von Guy Taberie, mit dem der Dichter das Collège de Navarre plünderte, von Colin de Cayeux, der gehängt wurde, von Maître Jean le Cornu, dem Kriminalschreiber des Gefängnisses Châtelet, von Jean Marceau, dem Wucherer, von Jean Trouvé, dem Fleischergesellen und Totschläger. Da sind die Säufer, wie jener Maître Jean Cotart, dem »man nicht den Becher aus den Händen reißen konnte«. Da sind die wohltätigen Lieferantinnen von Liebesersatz: Blanche la Savetière, Guillemette la Tapissière, Jeanneton, die dicke Margot.

Der Totschlag an Sermoye, die Liebe zu Catherine Vauselle haben über Villons Leben den dichtesten Schatten geworfen, einen Schatten, in dem man sich erst zurechtzufinden beginnt, seit der bedeutende Dichter Tristan Tzara vor etwa sieben oder acht Jahren die Texte Villons dechiffrierte. Zusätzlich entdeckte Tzara, daß ein wenig bekannter Zeitgenosse Villons namens Vaillant mit diesem identisch gewesen war. Ein seit langem bekanntes Gedicht des angeblichen Zeitgenossen, das den Titel *L'embusche Vaillant* (Der verborgene Vaillant) trägt, ist unzweifelhaft von Villon selbst verfaßt worden.

Für jeden, der je einen Blick auf eine Strophe Villons geworfen hat, war klar, daß man es hier nicht nur mit einem großen Dichter, sondern auch mit einem Virtuosen der Form zu tun hatte. Die Artistik des Verses, eine Forderung der Zeit, hatte Villon zu höchster Vollendung gesteigert; wann immer es ihm einfiel, vermehrte er die Schwierigkeit seiner dabei so leicht überschaubaren Balladen und Achtzeiler, indem er aus den Anfangsbuchstaben untereinanderstehender Zeilen Namen bildete. Diese Akrosticha sind naturgemäß leicht zu erkennen. Erst Tzara entdeckte, daß Villons gesamtes Werk aber eine Unzahl von Anagrammen enthält, von im Text verborgenen Namen, die von einzelnen über die ganze Zeile verstreuten Buchstaben gebildet werden. Und diese Entdeckung erst enthüllte die ganze Tragödie Villons, seine Besessenheit, seinen Liebeshaß auf Catherine Vauselle, die ihn verraten hatte, seinen Haß auf Noe Jolis, einen seiner Kumpane, auf Sermoye.

Nach seiner Flucht lebt Villon eine Weile am Hofe des Charles d'Orléans, der sich nach seiner langen Gefangenschaft nach Blois zurückgezogen hat und sich dort mit Dichtern, Malern, Musikern umgibt. Der Nachweis der Identität von Villon und Vaillant beweist auch, daß Charles d'Orléans Villon vor seinen Verfolgern schützte. Allerdings nur so lange, als Villon in Blois aushielt. Später fiel er dem Bischof von Orléans in die Hände, der ihn in Meung ins Gefängnis werfen ließ. Und nur ein zufälliges Vorbeikommen des neugekrönten Königs Ludwig XI. gab ihn der Freiheit wieder.

Die Freiheit währte auch diesmal nicht lange. Er nahm in Paris sogleich das gewohnte Leben auf. Einmal mehr geriet er in eine Schlägerei, wieder floß Blut, man verhaftete ihn in seiner Wohnung. Da er den Behörden zur Genüge bekannt war, verurteilte man ihn von neuem zum Tode. Es ist die Zeit des *Großen Testaments*. Ein finsterer, drängender Ton bricht aus Villons Dichtung:

> Kein Bäumchen, keine Hecke steht,
> die ihn mit scharfem Dorn nicht schneidet,
> kein Wind geht, der ihn nicht verweht,
> bis er aus diesem Leben scheidet.

Noch einmal hat er Glück im Unglück. Das Urteil wird aufgehoben, umgewandelt in zehnjährige Verbannung. Es ist das Jahr 1465. Villon ist etwa fünfunddreißig Jahre alt. Und so verschwindet er aus unserem Gesichtskreis. Sein weiteres Leben ist unbekannt geblieben. Doch wurde er, vielleicht noch zu seinen Lebzeiten, berühmt. Er gehörte zu den ersten gedruckten Dichtern. Der Drucker Pierre Levet brachte 1489 einen Villon heraus.

Spätere Zeiten haben, wie wir bereits sagten, nicht immer etwas mit ihm anfangen können. Aber je weiter die Zeit fortschritt, desto mehr konzentrierte sich das Interesse der Welt auf diesen letzten Dichter des Mittelalters, diesen ersten Dichter der Renaissance. Heute steht er in unerhörter, in ganz natürlicher Modernität da. Seine düstere Härte, seine melancholische Keckheit, sein Wissen um den schnellen Flug der Zeit, um Vergänglichkeit münden in das Lebensgefühl unseres Jahrhunderts ein. Viele der großen Dichter der Gegenwart sind ohne ihn nicht denkbar – Apollinaire, Nezval, Brecht. Aus ihm sprach zum erstenmal ohne Beschönigung, rücksichtslos, fordernd die Stimme der Enterbten.

VERLAINE

I

In Deutschland ist von den großen französischen Lyrikern des neunzehnten Jahrhunderts Verlaine am besten bekannt, am sichersten übersetzt. Zwar ist es nicht Verlaine allein, der die Schranke zwischen französischer und deutscher Dichtung überwindet, Eloquenz und trockene Beschreibung hinter sich läßt; auch ist es nicht das nördliche gebrochene Licht in seiner Dichtung, das diese Bereitschaft und Fähigkeit zur Aufnahme weckte; eher schon jenes programmatische »Musik vor allem anderen«, das aus einem der berühmtesten Gedichte stammt und nicht sehr glücklich andeutet, worauf es Verlaine ankam, was er wollte und auch erreichte, Melodie, Schattierung, Nuance, kurz etwas, das der Deutsche leicht französischem Wesen zuschreibt, das aber andererseits mit deutscher Dichtung länger und vertrauter Umgang hat als mit der Frankreichs. Fluidität herzustellen in einer Sprache von beispielhaftem Rigor, Elemente des Gesprochenen ins Gedicht zu bringen an die Stelle theatralischer Floskeln, konventionelle Genauigkeit zu ersetzen durch Andeutung, Deskriptives durch einen Hauch – dies ist der Ursprung dauernder und bemühter Sympathie. Von George und Rilke über Stefan Zweig und Karl Wolfskehl bis zu Georg von der Vring und Karl Krolow hat diese Neigung manches Ausgezeichnete hervorgebracht.

Bis Verlaine hatte man in Frankreich geglaubt, große Dichtung müsse die Schönheit guter Prosa besitzen, mit irgendeinem Zusatz. Das Auftreten der Generation der vierziger und fünfziger Jahre, der Corbière, Lautréamont, Rimbaud, Verlaine, Mallarmé und natürlich von Baudelaire, der zwanzig Jahre früher geboren ist, jener »poètes maudits« (Verlaine selber hat den Ausdruck geprägt), die für die Weltdichtung eine neue Epoche einleiten, macht diesem Zustand ein Ende.

Dabei ist Verlaine alles andere als ein Sprach- und Formzerstörer. Er gehört zu den Neuerern, die ohne größere Schwierigkeiten von den Traditionalisten akzeptiert werden. Anatole France hatte ihn und Mallarmé, als die frühen Verse der beiden in der ersten Sammlung des *Parnasse* erschienen, noch schlecht behandelt. Derselbe France nannte Verlaine später abwechselnd ein niedriges Subjekt und einen großen Dichter. Der vierzehnjährige Verlaine hatte Victor Hugo sein erstes Gedicht gesandt. Zehn Jahre später rezitiert der alte Hugo in Brüssel Verlainesche Verse vor dem Dichter, die er auswendig weiß. Verlaine wird zu seinen Lebzeiten sehr berühmt. Noch vor 1870 ist er für die jungen Dichter Frankreichs und Belgiens ein Vorbild, das Haupt einer Schule. Seinen Ruhm übertrifft nur sein Elend.

2

Paul Verlaine wird 1844 in Metz als Sohn eines Hauptmanns geboren, der dort in Garnison liegt. Er besucht die Schule in Paris, entdeckt Baudelaire, Sainte-Beuve, Aloysius Bertrand, macht die Bekanntschaft von Banville, Villiers de l'Isle-Adam, Heredia, befreundet sich mit dem späteren Kommunarden Vermersch. 1865 erscheint seine erste Arbeit, ein langer Aufsatz über Baudelaire (der übrigens Baudelaire mißfällt), Ende 1866 sein erster Gedichtband, die *Poèmes saturniens*. Natürlicherweise manifestieren sich hier Einflüsse, der Parnasse, Baudelaire, aber bereits auch eigene Akzente.

Ein Jahr später bringt der Verleger Poulet-Malassis, Baudelaires nächster Freund, die ersten illegalen Gedichte Verlaines heraus, *Die Freundinnen*, die lange Zeit darauf in einen der letzten Bände Verlaines, *Parallèlement*, aufgenommen werden. Die zehn Sonette bringen ihrem Verfasser die Ehre einer Verurteilung ein, gemeinsam mit Baudelaires *Treibgut*.

Ein Jahrhundert nach Watteau erscheint das Genie eines Malers mit seiner rätselhaften Vieldeutigkeit, seiner subtilen Melancholie, seinen von Sinnlichkeit und Anachronismus gequälten Marionetten, einer stilisierten commedia dell'arte in den Gedichten *Les Fêtes galantes*, einem ersten Höhepunkt Verlainescher Kunst. Aber sogleich zeigt sich auch ein charakteristischer Zug Verlaines: seine Ungleichmäßigkeit; er ist der ungleichmäßigste unter allen großen Dichtern. Die Zeit seiner Verlobung mit Mathilde Mauté wird begleitet von den ziemlich jämmerlichen Versen des *Bonne Chanson*, von denen er selber viel hält: »In dem einigermaßen umfangreichen Gepäck meiner Verse würde ich diese als besonders aufrichtig vorziehen.«

Verlaine heiratet zu Anfang des Krieges gegen die Preußen. Er gehört der Nationalgarde an, ist aber öfter in der Kneipe zu finden als im Dienst. Kurz darauf erreicht ihn ein Brief des zehn Jahre jüngeren Rimbaud, der sein Verhängnis wird. Nach entsetzlichen Auftritten im Hause Verlaines zieht er mit Rimbaud zusammen, verläßt mit ihm Paris, später Frankreich. Beide führen in Belgien und England die Existenz von Landstreichern. Zu dieser Zeit entstehen die ersten *Lieder ohne Worte*, das wahrscheinlich Bedeutendste, was Verlaine geschrieben hat. Kein Zweifel, daß Verlaines und Rimbauds Umherirren, das etwa eineinhalb Jahre dauert, vor allem persönliche, aber auch politische Gründe hat. Rimbauds Teilnahme an der Commune ist erwiesen; Verlaine galt als politisch verdächtig, da er während der Commune seinen Arbeitsplatz – er war Angestellter am Pariser Rathaus – behalten hatte. Es kann kein Zufall sein, daß die beiden in London vor allem mit geflüchteten Kommunarden verkehren, etwa mit Verlaines Freund Vermersch oder mit dem berühmten Verfasser der *Geschichte der Pariser Commune*, Lissagaray.

Die Commune hatte übrigens im Werk beider Dichter Spuren hinterlassen. Rimbauds grandioses Gedicht *Paris bevölkert sich wieder* ist berühmt genug – weniger bekannt ist Verlaines *Ballade zu Ehren von Louise Michel*, noch weniger die *Besiegten*, am wenigsten das in fast keiner Verlaine-Ausgabe enthaltene große Gedicht in Terzinen *Von den Toten*, das zwar die konterrevolutionären Massaker des Jahres 1834 behandelt, jene Vorgänge, die eine Lithographie von Daumier darstellt, aber am Ende von der Commune spricht:

Sie liegen, eure Rächer, am Montmartre, bei Clamart,
Oder wurden wahnsinnig unter der Sonne von Cayenne
Oder sie leben hungernd und arm im Dunkel

Im Juli 1873 kommt es in Brüssel zur Katastrophe: Verlaine schießt auf Rimbaud, der gedroht hat, ihn zu verlassen. Er verwundet ihn und wird zu zwei Jahren Gefängnis verurteilt. In der Zeit der Haft erscheinen die *Lieder ohne Worte*, werden jene Gedichte begonnen, die später als *Weisheit, Einst und unlängst* herauskommen. Es beginnt jener Abschnitt in Verlaines Leben, den der Titel *Parallèlement* bezeichnet: im Gefängnis war Verlaine ausdrücklich in den Schoß der Kirche zurückgekehrt, zwanzig Jahre hindurch wechseln Verse der Besessenheit durch den Eros mit dem Ruf nach Erlösung ab. Kein Zweifel, daß dahinter Berechnung steckte. Kein Zweifel auch, daß ein sehr großer Teil gerade der religiösen Dichtung Verlaines von platter Konvenienz, von ödester Wohlgesinntheit strotzt. Daneben aber stehen Verse von tiefer, dunkler, erschütternder Gläubigkeit wie das gleichsam heiser hervorgestoßene, gestammelte *Agnus Dei*, das Rilke herrlich übersetzt hat.

Es ist müßig, den Streit der Historiker über Verlaines Kindlichkeit oder seine Spekulationen schlichten zu wollen. Rimbaud, der während Verlaines Haft an seinem letzten Werk, dem Prosagedicht *Eine Jahreszeit in der Hölle*, arbeitet; der als Zwanzigjähriger eine Dichtung im Stich läßt, wie sie die Welt bis dahin nicht gesehen hat; der noch siebzehn Jahre lang, bis zu seinem Tode, vorziehen wird, als Abenteurer, Gelegenheitsarbeiter, Soldat und Händler durch Europa, Niederländisch-Indien und Abessinien zu irren; er und Verlaine geben im Grunde genommen ein und dieselbe Antwort: Rimbaud, indem er verstummt; Verlaine auf seine Art, vom Alkohol entnervt, zwischen Devotion und Orgie treibend, um seine Menschenwürde ringend, in einem Werk, das allmählich wie ein langsam fließender Strom versandet. Beide hat die etablierte Gesellschaft besiegt.

Noch einmal begegnen die beiden einander. Der aus dem Gefängnis entlassene Verlaine trifft mit Rimbaud in Stuttgart zusammen. Er versucht ihn zu bekehren. In einem satanischen Brief Rimbauds an einen Freund heißt es: »Verlaine kam gestern hier an, einen Rosenkranz in den Pfoten... Drei Stunden später hatten wir seinem Gott abgeschworen und die achtundneunzig Wunden des Herrn zum Bluten gebracht.« Ein paar Tage später schlägt er Verlaine nachts am Neckarufer zusammen.

In den folgenden Jahren versucht Verlaine ein paarmal, im bürgerlichen Leben Fuß zu fassen. Er arbeitet als Französischlehrer in England, verschafft sich mit Hilfe seiner Familie einen Bauernhof, den er bald wieder aufgibt. Einer seiner Schüler ist der junge Lucien Létinois, den er adoptiert und der mit dreiundzwanzig Jahren an Typhus stirbt. Ihm gilt der erschütternde Zyklus, mit dem der Band *Amour* schließt.

J'ai la fureur d'aimer. Mon cœur si faible est fou.

Er verschwindet auf den Landstraßen des Nordens, verbringt Monate und Jahre in Gefängnissen und Hospitälern. Einmal kommt ihm die Idee, für die Académie Française zu kandidieren, aber drei Wochen darauf zieht er seine Kandidatur zurück. Noch einmal hält er eine Reihe von Vorlesungen in Frankreich, Belgien, Holland, England. Einige Schriftsteller und Kunstliebhaber verpflichten sich, ihm eine monatliche Unterstützung von einhundertfünfzig Francs zu zahlen. Er hat vor allem Angst, im Hospital sterben zu müssen. Diesem Schicksal entgeht er: eine Prostituierte nimmt ihn bei sich auf. Bei ihr stirbt er an einem Januarmorgen des Jahres 1896, zweiundfünfzig Jahre alt.

3

Von ihm bleibt, abgesehen von wichtiger Prosa (die *Poètes maudits*, die er später ergänzte, die *Bekenntnisse, Meine Hospitäler* sind zu nennen), ein an Umfang geringerer Teil des lyrischen Gesamtwerks – der freilich ist von höchstem Rang. Der Ton Verlaines ist völlig neu in Frankreichs Dichtung; zeitgenössisch modifiziert klingt er seither in jeder Generation von neuem auf.

Dieser Ton ist leise, oft kaum noch wahrnehmbar, er tritt aus Lautlosigkeit hervor und vergeht in Schweigen. Viel öfter, als es etwas aussagt, stellt dieses hastig murmelnde Raunen Fragen, auf die, so scheint es, keine Antwort erteilt wird. »Was ist das?« heißt es da, »was tönt da? Was rauscht? Was fühlt man denn?« Die Landschaft, in der Verlaines Ton aufklingt, ist flach, von magerem Gebüsch besetzt, Wind zischt um niedere Gebäude, es ist die Landschaft der Champagne oder Flanderns oder aber die Stadtlandschaft Englands und Belgiens, ihr Licht ist das der Gaslaternen, die sich in Abwässern spiegeln. Diese Landschaft ist nicht zeitlos: in ihr wachsen höher als die verkrüppelten Bäume Hochöfen auf, im geschwärzten Gras schreit Metall, Bahnhöfe dröhnen. Und der Blick, der in diese Landschaft fällt, von Wahrnehmung zu Wahrnehmung gerissen, aus Zugfenstern kommend, von Lichtern geblendet, von Rauch getrübt, blinder mechanischer Fortbewegung unterworfen, ist nicht mehr der Blick der Dichter vergangener Zeiten.

THOMAS MANN UND DIE SYMPATHIE

Zu Thomas Manns Aufsätzen kam ich immer wieder zurück, weil ich in ihnen das Element der Selbstdarstellung spürte, ihre merkwürdigen Beziehungen zum erzählerischen Werk des Verfassers, dessen Bedrängnisse und Absichten sich in ihnen spiegelten. In ihnen schien ein Geheimnis greifbar nahe, das Geheimnis der Kunst, ihr Ineinander und Miteinander von angestrengter Architektur und freiem, fast bewußtlosem Spiel, ihr Zweck und ihre Zwecklosigkeit, ihr Trost und ihre Kälte, ihre von jeder Macht in Anspruch genommene Beistandsfähigkeit und ihre oft angezweifelte und immer wieder erwünschte Gabe, Menschen menschlicher zu machen. Ich hatte immer ein Interesse für Literatur- und Kunstgeschichte gehabt, ich las stets eine Menge Arbeiten aus diesem Bereich, ich nenne keine Namen, es sind berühmte darunter: stets mußte ich bei ihnen an Naphta denken, was kein

Wunder war, da Thomas Mann, als er den Naphta prägte, ja an sie gedacht hatte. Den Naphtas verdankt man übrigens viel. Aber ihre Schubladen- und Etikettenwirtschaft, ihre vorgefaßten Meinungen, die zu bestätigen die Literatur gerade gut genug war, ihre oft höchst anrüchige Wissenschaftlichkeit konnten einen zur Verzweiflung bringen. Sie erweckten in einem den Gedanken, daß der Weg vom Verstehen zum Verständnishaben doch eigentlich sehr weit sei. Später hörte ich den wissenschaftlichen Brecht einmal Zweifel äußern an der Möglichkeit einer Literaturwissenschaft.

Da hier der Name Brecht fällt, möchte ich ein Beispiel geben für das, was mich an Thomas Mann faszinierte. Man kennt Brechts furchtbare *Ballade von der Billigung der Welt*, in der der Dichter, sich selber verfremdend, als der Billiger, also der indirekte Ankläger auftritt (»... zu dem Schmutze eurer schmutzigen Welt / Gehört – ich weiß es – meine Billigung«). Da steht der Vers:

Der Dichter gibt uns seinen Zauberberg zu lesen.
Was er (für Geld) da spricht, ist gut gesprochen!
Was er (umsonst) verschweigt: die Wahrheit wär's gewesen.
Ich sag: Der Mann ist blind und nicht bestochen.

Was natürlich heißen soll: der Mann ist bestochen und keineswegs blind. Der Vers steht schlecht in einem, übrigens ebenfalls mit Geld bezahlten, Gedicht; er ist das Produkt einer besonderen Zeit mit ihrer hypertrophierten Radikalität, die schnell veraltet. Meines Wissens ging Thomas Mann nie auf den Vers ein, aber einige Jahre zuvor hatte es eine polemische Begegnung gegeben. Irgendwo war eine jener schon damals beliebten Diskussionen um das Generationsproblem entstanden, junge Schriftsteller sagten älteren ihre Meinung, und Brecht hatte gefunden, Thomas Mann stamme von Spielhagen ab. »Natürlich soll das eine Erniedrigung sein«, antwortete Thomas Mann, »obgleich ich Gründe habe, zu glauben, daß Spielhagen gar nicht so übel war, wenn ich ihn auch nicht lesen kann.... aus dem einfachen Grunde, weil deutsche Prosa aus jener Zeit mir überhaupt unlesbar ist in einem Grade, den die Unlesbarkeit des *Tonio Kröger* oder selbst des *Zauber-*

berges für die Jungen von heute, glaube ich, nicht erreicht. Sie lesen die Dinge wohl, wenn auch nur, um daraus zu lernen, wie man es nicht machen soll, und um darauf zu schimpfen. Ich habe von Spielhagen gar nichts gelernt, auch nicht, wie ich es keinesfalls zu machen hätte, und meinem Verhältnis zu ihm fehlt jede Gereiztheit, es war und ist das vollendeter Apathie. Wenn das überhaupt Sohnesverhältnis ist, wo, frage ich dann, ist die tiefere Kluft?« Und, einige Sätze weiter: »Wenn die Jungen ihrerseits uns unausstehlich finden, so, offen gestanden, nicht um unserer ›Bürgerlichkeit‹ willen (ach, es steht recht zweifelhaft darum; wir sind eher gekommen, das Bürgerliche aufzulösen, als es zu erfüllen), sondern weil sie uns mehr schulden, als ihnen lieb ist – unvergleichlich mehr jedenfalls, als wir dem Vater Spielhagen, rein künstlerisch genommen.« Gegen einen solchen Satz mit seiner melancholischen Verbindlichkeit und seinem freundlichen Spott war schwer anzugehen, und ich habe den Eindruck, daß der junge Brecht damals nicht allzu gut abschnitt. Thomas Mann läßt es aber dabei nicht bewenden. »Revolutioniert sind auch wir«, fügt er hinzu, das eben unterscheide sein und seiner Freunde Verhältnis zur Jugend vorteilhaft von dem anderer alter Generationen zu ihren Nachfahren.

Ein anderes Beispiel. In der *Pariser Rechenschaft* wird berichtet, wie Thomas Mann in Paris 1926 dem Kritiker Alfred Kerr begegnet. »Ein paar Zeitungen hatten es zum Kichern gefunden, daß wir hier zusammenträfen, denn wir könnten einander nicht riechen. Warum nicht gar? Kerr hat sich schriftstellerisch ausgiebig über mich lustig gemacht, ausgiebiger sogar, als ich wußte, denn jene unterrichteten Blätter führten Dinge an, die mir neu waren. Nun, zum Lachen geben wir alle mehr oder weniger Anlaß. Die Witze aber, die Kerr über mich oder meine Arbeit gemacht hat, hätten viel schlechter sein müssen, als sie mutmaßlich ohne Ausnahme gewesen sind, um mich seinem kritisch-lyrischen Talent zu entfremden, das zu schätzen, ja zu bewundern ich durchaus geschaffen bin. Man kommt nicht von Nietzsche und der Musik her, ohne mir zu gefallen. Daß Herr Kerr mich blöde findet, geht nicht ganz mit rechten Dingen zu; es sollte im geistigen Leben unerwiderte Sympathien überhaupt nicht geben, und ihr Vorkommen verwirrt meine Weltanschauung. Jedenfalls habe ich nicht den Charakter Gottes im Himmel, der fürchterlich wird, wenn man ihn nicht wiederliebt. Es ergriff mich, wie sehr Kerr an Wedekind erinnerte, als er antwortete: ›Guten Abend! Wie geht es Ihnen?‹ Zugleich war mein Sinn für Humor sehr stark berührt. Denn es liegt natürlich Humor darin, wenn jemand, der uns fünf- bis sechsmal zu töten versucht hat, sich nach unserem Befinden erkundigt.«

Amüsanteres habe ich kaum gelesen, und ich muß sagen, daß ich aus der Lektüre einer solchen Passage geradezu patriotisch gekräftigt hervorging, denn soviel Gutes deutscher Kunst nachgesagt werden kann, so ist doch Esprit nicht immer ihre Stärke. Aber man wird in beliebiger Sprache schwerlich etwas finden, das mit anmutigerer Beiläufigkeit geschrieben wurde; die lächelnde Würde dieser Auslassung, das Sich-selber-nicht-allzu-ernst-Nehmen, das Werben, der Hinweis auf die eigene Standfestigkeit und vor allem die ergreifende Gewißheit einer unausgesprochenen, noch nicht bewußt gewordenen Gemeinsamkeit – das alles ist durchaus exemplarisch, es äußert sich vor allem darin eine Haltung, die Thomas Mann später oft definiert hat, die Haltung des Verständnishabenden und um Verständigung Ringenden, des Hingeneigtsein zum anderen, Andersgearteten, man kann es Toleranz nennen, Thomas Mann nennt es Sympathie.

Denn darum geht es wohl in letzter Hinsicht, um Sympathie, um das Vermögen des Mitleidens, Mitfühlens, Mitseins, und vielleicht ist diese Haltung Kunst gegenüber selber ein Akt der Kunst. Als Thomas Mann längst den Übertritt aus dem Reich der machtgeschützten Innerlichkeit auf die Position eines entschiedenen Antifaschismus vollzogen hatte, schrieb er, Jahre nach dem letzten Krieg, in einem Aufsatz über die Unauflöslichkeit von Kunst und Politik von der Bedeutung der Historiker Taine und Burke, die Gegner der Französischen Revolution gewesen waren. Aber er bleibt dabei nicht stehen. Er spricht von Phänomenen der letzten Zeit, er nennt die Beispiele Knut Hamsun und Ezra Pound. Man fuhr beim Lesen dieser Namen zusammen, denn die Zeit war noch nahe, da die Genannten eine üble Rolle gespielt hatten, obwohl eigentlich nicht einzusehen ist, warum Thomas Manns Empfindungen ihnen gegenüber von anderer Art hätten sein sollen als die meinen oder die eines anderen. Er nennt Hamsun »einen faszinierenden Fall reaktionärer Gesellschaftskritik, bei verfeinertster künstlerischer Fortgeschrittenheit«. »Was aber«, fährt er entschieden, wenn auch gleichsam bedauernd, fort, als werfe er einen Blick zurück auf eigene Erfahrungen, »was aber 1895 eine interessante ästhetische Haltung, Paradoxie und schöne Literatur gewesen war, das wurde 1933 akute Politik und verdunkelte schwer und schmerzlich einen dichterischen Weltruhm.« Von Pound sagt er: »Ein kühner Künstler und lyrischer Avantgardist, warf auch er sich dem Faschismus in die Arme, propagierte ihn während des zweiten Weltkrieges als politischer Aktivist und verlor sein Spiel durch den militärischen Sieg der Demokratie. Dem Verurteilten, als Verräter Eingesperrten, verlieh eine Jury distinguierter anglo-amerikanischer Schriftsteller eine sehr angesehene literarische Auszeichnung, den Bollinger-Preis – und bekundete damit einen hohen Grad von Unabhängigkeit des ästhetischen Urteils von der Politik.« Hier steht ein Punkt. Dann kommt die Frage: »Oder war die Politik diesem Urteil doch nicht so fern wie es schien?«

Ich zitiere dies, um Thomas Manns Haltung in extremen Fällen zu zeigen. Sie schließt Verwerfung des Verwerflichen nicht aus, aber eine Welt trennt sie von dürrer Katalogisierung, Rechthaberei, Demagogie. Thomas Mann hat sich im übrigen über das Verhältnis des Reaktionären zum Interessanten sehr entschieden geäußert, wenn er die Interessantheit des Joseph de Maistre mit der Victor Hugos verglich. »Wenn das keine Frage ist«, schrieb er, »so tritt dafür die andere ein, ob es in politischen Dingen, im Umgang mit menschlicher Bedürftigkeit, so sehr auf Interessantheit ankommt und nicht vielleicht auf Güte.«

Sympathie waren seine analytischen Plädoyers für Goethe, Schopenhauer, Nietzsche, Sympathie war es, die ihn Zolas oder Ibsens Affinität mit Wagner finden ließ oder das literarische Wesen von Wagners Musik und die Tatsache, daß der Es-Dur-

Dreiklang im *Rheingold*-Vorspiel nicht eigentlich Musik ist, sondern ein akustischer Gedanke. Ich entsinne mich noch sehr genau, in welchen Verhältnissen, zu Beginn der faschistischen Epoche, ich noch als Gymnasiast den Essay *Richard Wagners Leiden und Größe* las, jene Rede, die die Nazihetze gegen Thomas Mann entfesselt hatte, eine Hetze, an der – man sollte daran erinnern – durchaus nicht nur SA-Schläger teilhatten, sondern auch Leute wie Richard Strauß und Hans Pfitzner, Leute also, die etwas darstellten und übrigens Thomas Mann viel verdankten. Ich war Wagnerscher Musik bis dahin mit Mißtrauen und Aversion begegnet, sie war für mich und andere das Dekadente an sich, ich begriff, daß ich bis dahin von ihr gar nichts gewußt, gar nichts verstanden hatte. Bis heute bin ich unter dem Eindruck dieser Arbeit, sie hat es mir ein für allemal unmöglich gemacht, auch die schwächsten Züge bei Wagner anders zu sehen als mit Rührung und Trauer – ich gebe zu, es war da Verführung am Werk, wie überhaupt Thomas Manns Kunstbetrachtung eine Art Verführung zur Kunst darstellt und etwas Drängend-Überredendes hat.

Natürlich gab er keine Poetologie von sich, wie sie heute allerorts auf überflüssigen Kongressen erschallt. Dieser Romancier, Erzähler, Essayist hatte ein Organ für Lyrik wie niemand sonst. Ich meine nicht nur die Seiten über Eichendorff, die in den *Betrachtungen eines Unpolitischen* stehen und ja lediglich den *Taugenichts* zum Gegenstand haben, ich meine vor allem die wundervollen Aufsätze über Platen oder Storm, über die Welt des einen, »in welcher der Lebensbefehl, die Gesetze des Lebens, Vernunft und Sittlichkeit nichts gelten, eine Welt trunken hoffnungsloser Libertinage, die zugleich eine Welt der stolzesten Form und der Todesstrenge ist«, über den Romanzenklang des anderen, welchen er mit höchstem Kunstverstand vor seinen Epigonen in Schutz nimmt und dessen Heimatklang und Heimweheigensinn in seinem Licht als ein Gipfel europäischer Poesie aufglänzt. Und Hauptmann... Auch er war mir im Grunde fremd und gleichgültig gewesen, bis Thomas Mann ihn, den Dramatiker, als den herzergreifenden Lyriker gezeigt hatte, der er war. Aber mit Hauptmann hat es ja noch eine besondere Bewandtnis. Jedermann weiß, daß Thomas Mann ihn als Peeperkorn im *Zauberberg* auftreten ließ, und wir lachten als literaturkundige Sekundaner oder Primaner über die orphisch-gespreizte Leere seiner unbeendeten Sätze. Man weiß, wie Hauptmann unter dieser Darstellung gelitten hatte. Aber man sehe doch, wie nun Thomas Mann unter diesen von ihm verschuldeten Leiden leidet, wie er sie gutzumachen sucht, wie die lange unter ironischer Distanz verborgene Bewunderung sich Luft macht, wie beredt er wird angesichts dieses dichterischen Werks, das er nicht müde wird, kritisch zu preisen, wie er andere und sich selber zu diesem Werk überredet, wie er nachzuweisen sucht und tatsächlich nachweist, es habe sich bei Peeperkorn letzten Endes keineswegs um Persiflage, nicht um Verrat, sondern um Huldigung gehandelt, und wir schlagen den *Zauberberg* auf und lesen nach, und er hat recht. Er hat recht, und es ist ein Wunder. Schließlich hatte die Familie ihn nicht umsonst den »Zauberer« genannt.

Dabei ist ja nichts von frommer Lüge in diesen Arbeiten, keine gezwungene Begünstigung, kein übertriebenes Lob, sowenig wie boshafte Abschätzigkeit; wenn wir von dem Verführertum dieser Kunstessayistik sprechen, so spielt dabei das ihr innewohnende Maß und ihre kritische Vernunft keine geringe Rolle. Auch nicht vor den geliebtesten Helden verlor Thomas Mann den Kopf, nicht vor Nietzsche oder Wagner und nicht einmal vor Goethe. Gerechtigkeit und Sympathie, zwei Prinzipien, die keine Kunstübung entbehren kann, bilden auch die Grundlage dieser Betrachtungen, Darstellungen, Rechtfertigungen. Er blickte mit Dankbarkeit und Achtung auf seine Zeitgenossen, jeden suchte er ins rechte Licht zu rücken, seine Haltung war bestimmt von dem Vorsatz, to make the best of it.

Man lese nach, was er über Hofmannsthal bei dessen Tode schrieb. Ein witziger Kopf hatte zu Hofmannsthals Lebzeiten gesagt, er habe eine große Zukunft hinter sich. Hofmannsthal aber hatte bitter geäußert, er hätte nach *Der Abenteurer und die Sängerin* sterben sollen, er hätte dann eine runde Biographie gehabt. Thomas Mann antwortet dem Toten in seinem Nachruf:

»Er sagte es, um das Wort der Mitwelt von den Lippen zu nehmen, wo er es glaubte zögernd schweben zu sehen. Er wagte es zu wünschen, dieser Jüngling hätte nicht Mann werden und altern mögen und es gäbe die Essays und Reden voll zauberhafter Klugheit, die Lustspiele und Opern voll klugen Zaubers, eine Welt der Bildung und Schönheit nicht? Er blieb unter uns, lebte, stritt, alterte und formte, von Zeit zu Zeit das Höchste berührend, aus dem Kennerreichtum seines sublimen Geistes die Schätze, die uns bleiben.« Dies ist es, was ich Gerechtigkeit nenne.

Oder man nehme seinen Aufsatz über Kafka. Ein Jahr nach Thomas Manns Tod stellte der klügste aller Dogmatiker den bürgerlichen Schriftsteller in dieser Zeit vor die Wahl, dem Weg Thomas Manns oder aber dem Kafkas zu folgen. Hätte Thomas Mann es erlebt, er hätte wohl als erster gegen die falsche Alternative protestiert. Kafka, den Hermann Hesse als einen heimlichen König der deutschen Prosa bezeichnete, hatte von Thomas Mann entscheidende Eindrücke empfangen. Thomas Mann, der über seinen Aufsatz die Worte »Dem Dichter zu Ehren« geschrieben hatte, verteidigte das »ungeheuer Neue und rührend Gewagte« Kafkas, seine »verwickelte Weise, an das Gute und Rechte zu glauben«, und zählte das *Schloß* zum Lesenswertesten, was die Weltliteratur hervorgebracht habe. Man irrte übrigens, wenn man annahm, daß solche Äußerungen spätere Manifestationen im entgegengesetzten Sinne überflüssig gemacht hätten.

Aber auch geringeren Zeitgenossen trat er mit freundlicher Aufmerksamkeit gegenüber. In den letzten Jahren der Weimarer Republik empfahl man im frivolen Berlin W dem Freund, dieses oder jenes Buch unbedingt zu lesen, Thomas Mann habe es noch nicht gelobt. Wie albern war das ironische Wort, wie unrecht hatte ich vor ein paar Jahren, als ich mich darüber mokierte, daß ein damals in der DDR lebender mittelmäßiger Schriftsteller, der einen Roman aus der Goethe-Sphäre geschrieben, diesen an Thomas Mann geschickt und von ihm die Antwort erhalten hatte, es handle sich hier um ein Werk, das weit über der *Lotte in Weimar* stünde, nichts Eiligeres zu tun gehabt hatte, als Thomas

Manns Briefsätze in eine Zeitungsannonce einrücken zu lassen. Vielleicht tat Thomas Mann in diesen oder ähnlichen Fällen zuviel, vielleicht hatte er niemand verletzen und an keinem erneuerten Fall Hölderlin oder Kleist schuld haben wollen, vielleicht tat es ihm gut, aus seiner auf die Dauer schwer erträglichen Höhe ein paar Stufen tiefer, anderen entgegen steigen zu können...

ZWEI REISENDE

Dieser Tage las ich um eines anderen Buches willen noch einmal in einem Buch, das ich gern habe und dessen Autor, den ich sehr hoch schätze, Wolfgang Koeppen heißt. Koeppen, der heute an die sechzig ist, hat wenig geschrieben, vier Romane und drei Reisebücher sind sein ganzes Werk, von dem in der Öffentlichkeit weit weniger geredet wird als von unerheblicheren Dingen. Ich halte Koeppen für einen der besten deutschen Prosaschriftsteller unserer Tage, er ist ein Beobachter und Stilist hohen Ranges, seine Prosa von melancholischer Eleganz ist das Produkt eines Mannes, der viel gesehen hat, viel weiß, an der Welt, so wie sie ist, leidet. Einer seiner Romane, *Der Tod in Rom*, der Roman eines Kriegsverbrechers, erschien übrigens vor einigen Jahren auch bei uns. Aber es war nicht dieses Buch, nach dem ich dieser Tage griff, sondern eines seiner drei Reisebücher, in dem von England, Holland, Spanien und Italien aufschlußreich und skeptisch berichtet wird. In diesen Tagen interessierte mich Koeppens Buch jedoch nur eines Umstands wegen, weil er nämlich darin auch einen Besuch in der Sowjetunion schildert, und zwar einen Besuch im Jahre 1956/57; ich hatte auch diesen Bericht seinerzeit mit Vergnügen gelesen und hatte Grund, einmal zu überprüfen, ob Koeppens Schilderung der Zeit standgehalten habe.

Nun hatte ich Koeppens Reisebuch seinerzeit keineswegs nur mit Zustimmung gelesen, und das bezieht sich auf alle Abschnitte des Buches – ich kenne die Länder und Städte, die Koeppen beschreibt, ich verglich seine Beschreibungen mit meinen Erfahrungen, und gewiß mußten meine Eindrücke und Erinnerungen sich nicht notwendigerweise mit den seinen decken, nicht selten widersprach ich ihm beim Lesen im Geiste, öfter allerdings mußte ich ihm zustimmen, wobei ich mich auch dann nicht immer mit ihm identifizieren konnte, sondern nur insofern, als ich die mir bekannte Person des Schriftstellers Wolfgang Koeppen im Auge behielt, dieses Schriftstellers, der die Welt anders sieht als ich, dessen Welt-Sicht, dessen Weltanschauung ich nicht einfach hinnehmen kann, der mich freilich auch eines Besseren zu belehren vermag. Koeppen hat sein Buch *Nach Rußland und anderswohin* mit dem Untertitel *Empfindsame Reisen* genannt, er hat es damit unter das Zeichen Sternes und einer bedeutenden historischen Form gestellt, und das mit Recht. Er hat die Länder, die er mit Augen sah, zugleich mit der Seele gesucht; er hat versucht, ihre Essenz, ihr Wesen zu erfassen, nicht mittels pedantischer oder scheintiefer Untersuchungen historischer Art, sondern indem er in den Erscheinungen, die auf ihn zukamen, wie in einem Buch zu lesen bemüht war. Er hat als Gast des sowjetischen Schriftstellerverbandes Moskau, Leningrad, die Wolgagebiete besucht und berichtet davon nachdenklich, manchmal bewundernd, manchmal ablehnend, nie verallgemeinernd, immer redlich. Es gibt großartige erheiternde Stellen in Koeppens Bericht wie etwa seine Gespräche über Literatur, erschütternde Darstellungen wie etwa die des mühsam aufgebauten Stalingrad. Stets bleibt Koeppen ein skeptischer Mann, der jedoch auch seiner eigenen Skepsis skeptisch gegenübersteht. Ich finde, das Bedeutende an seinem Bericht besteht darin, daß seine Zweifel nicht kleinlich sind oder Arroganz als Ausgangspunkt haben. Er blickt bewundernd auf die großartigen industriellen Leistungen der Sowjetunion, aber er fragt sich, inwieweit die Menschen ihre eigenen Leistungen seelisch bewältigen. Das ist keine kleine Frage, und es gibt heute nicht wenige sowjetische und andere sozialistische Schriftsteller, die diese Frage aufwerfen. Er nennt die großen künstlerischen Ausstrahlungen der Oktoberrevolution, aber er fragt auch nach der Ursache einer späteren kleinbürgerlichen Regression. Die Gedanken Koeppens aus dem Jahre 1957 kommen aus Realitäten, sie sind ernst, also diskutabel, und sie werden diskutiert und weitergedacht.

Dieses Buch, wie gesagt, nahm ich mir nach Jahren nur deshalb vor, weil ein anderes, vor kurzem bei Hoffmann und Campe in Hamburg erschienenes Buch, das zwar nicht Holland oder Italien, aber doch die Sowjetunion zum Gegenstand hat, mich darauf brachte. Den Autor dieses zweiten Buches lernte ich nach dem Kriege kennen. Er heißt Rudolf Hagelstange, wurde durch einige Gedichtbände bekannt, die teilweise auch in der DDR erschienen, und nennt seinen Bericht von einer Rußlandreise *Die Puppen in der Puppe*, und mit diesem Titel fängt die Kalamität schon an.

Gemeint ist mit dem Titel jenes bekannte Spielzeug, das jeder kennt, der einmal in der Sowjetunion war, die kleine bunte Holzpuppe, Matrjoschka geheißen, die man auseinandernehmen kann, worauf in ihrem Innern eine kleinere Puppe sichtbar wird, die ebenfalls auseinandernehmbar ist, und so fort... Diese Puppe ist das Richtige, so scheint es Hagelstange, und ich zitiere ihn – »für denjenigen, der auszieht, durch die Wände zu sehen, zwischen den Zeilen zu lesen und zwischen den Worten zu lauschen, von Fragen auf Wünsche, von einem Schweigen auf Einverständnis, von Funktionären auf die Parteilinie und von Menschen auf die Volksmeinung zu schließen«. Und er schließt diese Rechtfertigung seines Titels mit den schönen Worten: »Mir will scheinen, es gebe für dieses Land, dieses Volk, diesen Staat kein gemäßeres und aufschlußreicheres Symbol als diese zunächst recht einfach aussehende und fast einfältig dreinschauende Holzpuppe. Und: die Puppen dieser Puppe.«

Es ist schwer, über ein Buch zu reden, das bereits mit einem solchen Schlag in die Luft beginnt. Denn das Symbol, von dem Hagelstange spricht, ist gar keines. Es könnte eines sein, wenn in der Puppe etwas sichtbar würde, das der Hülle nicht entspricht. Aber der Witz der Matrjoschka beruht ja gerade darin, daß in jeder Puppe immer wieder die gleiche, nur in entsprechend geringerer

Größe, erscheint. Kurz, mit dem »Durch-die-Wände-Sehen« dem »Zwischen-den-Zeilen-Lesen« und »Zwischen-den-Worten-Lauschen« ist es nichts. Und Herr Hagelstange hat offenbar nicht gerade das Pulver erfunden.

Hagelstange beginnt seinen Bericht mit der Beschreibung, wie er als Mitglied einer bundesdeutschen Delegation in Brüssel eine sowjetische Maschine besteigt, wie die sowjetischen Stewardessen jedem Eintretenden mitteilen, er könne einen beliebigen Sitz wählen. Später, in Rußland, schreibt er, wäre das anders gewesen, hier aber hätte in den Mienen der beiden Mädchen etwas geleuchtet, das der zwischen den Worten lauschende Hagelstange also übersetzt: »Seht Ihr's nun, Ihr voreingenommenen, übelredenden Yankees und Westler, wie es bei uns zugeht, wie nett wir sind, wie liberal!?« Der Leser staunt bereits, wie der Hagelstange es den Russen gibt. Er kommt auch hinter ihre raffinierteste Propaganda. Ganz abgesehen davon, daß er die Legende von den übelredenden Westlern ganz nebenher erledigt. Aber der Leser hat keine Zeit, zu staunen. Kaum ist Hagelstange in der Luft, kaum befindet er sich zehn Minuten später über Holland, spürt er schon wieder das spezifisch Östliche. Diesmal nicht zwischen Zeilen oder Worten oder durch Wände, sondern ganz einfach im Flug, in der Art des Fliegens. »Die Maschine flog ruhig«, schreibt er, »mir wollte scheinen, ›maschineller‹ und mit härterer Regelmäßigkeit, steifer, trockener, konsequenter, unbeirrter als unsere westlichen.« Diese Entdeckung Hagelstanges, derzufolge östliche Maschinen maschineller sind als westliche, sei besonders den Technikern aller Länder ans Herz gelegt. Aber auch damit hat es noch nicht sein Bewenden: Hagelstange gerät unaufhaltsam in den Malstrom der Termitengesellschaft. Bei der Zwischenlandung in Amsterdam steigen etwa fünfzig Sowjetbürger zu und verändern, um mit Hagelstange zu reden, »schlagartig Klima und soziale Struktur des Salons. Eine gedrungene, kräftigere, eine proletarisch-bäuerliche Rasse herrschte jetzt vor.« Er hat es öfter mit der Rasse, wie sollte er auch nicht, zehnmal im Laufe des Buches bemerkt er, daß irgend jemand jüdisch aussieht, erspart uns später auch nicht eine Lektion über Rassenverfolgung, die er sowjetischen Studenten erteilt, zeigt sich aber auch anerkennenswert objektiv: er findet ein »gemäßigt slawisches Gesicht« geradezu angenehm...

Außer Rußland, wie es sich der Hagelstange vorstellt, enthält das Buch nicht wenige politisch-philosophische Betrachtungen, versetzt mit Autobiographischem. So spricht er von seiner Enttäuschung durch den Kommunismus, den er ein Jahr lang in der damaligen Ostzone erprobte. Er sei von dort mit Frau und Kindern geflohen, im Oktober 1946, wobei er nur zu erwähnen vergißt, daß er im Oktober 1947 in Berlin, in Ostberlin, in aller Ruhe eine Rede hielt von der gleichen Couleur, die sein Buch trägt. Dann stellt er sich als einen Deutschen vor, der »vier Staatsformen in vier Jahrzehnten erlebt und die Bewährungsprobe seiner Landsleute unter diesen verschiedenen Regimen beobachtet hat« – was einer leichten Übertreibung gleichkommt, da die erste dieser vier Staatsformen, die Monarchie, verschwand, als Hagelstange im zarten Alter von sechs Jahren war; was aber im übrigen eine Frechheit ist, denn Hagelstange hat keineswegs nur beobachtet, und es handelte sich nicht allein um die Bewährungsprobe seiner Landsleute, sondern nolens volens um seine eigene. Daß Hagelstange den Sozialismus in der DDR mißlungen nennt, ist nicht neu; neu ist der Lapsus, demzufolge den Deutschen »der Faschismus wie der Kommunismus« mißraten ist. Nein, an einem Übermaß an Intelligenz leidet er nicht...

Es gibt unfreiwillig komische Stellen in diesem Buch, etwa wenn Hagelstange beschreibt, wie er vor sowjetischer Jugend eigene Gedichte liest: »Mir schlug das Herz nicht wenig, als ich meine Viertelstunde mit dem Vortrag der letzten sieben Sonette des *Venezianischen Credos* einleitete.« Glückliche Moskauer!, mußte ich bei diesem Satz denken, bloß sieben!, denn ich entsann mich, wie Hagelstange vor langen Jahren mir in einem Zimmer in Frankfurt dieses *Venezianische Credo* vorlas und nicht eher aufhörte, bis ich auch das letzte Sonett über mich hatte ergehen lassen – es waren, glaube ich, fünfzig gewesen; übrigens gar keine so schlechten, nur ungeheuer langweilige Gedichte... Hier also wechselt er jählings den Ton, seine gekünstelte Ironie, sein Dünkel ist plötzlich weg, Ingrimm spricht aus ihm, er wird pathetisch: »Ich hatte mir vorgenommen, an dieser Stelle nicht gefällig und bequem aufzutreten, sondern die erbärmliche Niedrigkeit der Ostzonen- oder DDR-Manager, die seit fast anderthalb Jahrzehnten für eine Wiederauflage dieser Gedichte kein Papier bewilligten, ad absurdum zu führen, indem ich in Moskau, der Hauptstadt der kommunistischen Weltrevolution, aussprach, was man in Leipzig nicht mehr drucken darf.« Und er zitiert, gewissermaßen dröhnend, sich selber: »Freiheit ist der Odem unseres Lebens...« Und fügt, in aller Unschuld, hinzu: »Das eigentlich Erregende war ja nicht, daß ich mit solchen Worten verzweifelt gegen den Strom angeschwommen wäre, sondern aussprach, was diese Menschen nicht anders empfanden als ich.« Im Geiste sieht man diese mit Lermontow, Nekrassow und Majakowski genährte Jugend vor sich, wie sie erschauernd Hagelstanges Freiheitsstrophen in sich aufnimmt.

Hagelstange ist nicht nur komisch. Manchmal ist er diskret. Beispielsweise, wenn er uns oder seinen sowjetischen Zuhörern so gar nichts verrät von seiner Literatur, die dem *Venezianischen Credo* vorausging und in gewissen Wehrmachtszeitungen stand. Manchmal fälscht er ein bißchen. So, wenn er behauptet, die Alliierten hätten die Russen vor der Niederlage gerettet. Worüber man am besten die Fachleute, nämlich die westlichen Alliierten befragt. Während er, wie erwähnt, unfreiwillig komisch ist, ist andererseits sein Witz zum Weinen: direkte Äußerungen seiner russischen Gesprächspartner gibt er gern mit grammatikalischen Fehlern und Fehlern in der Aussprache wieder – wo doch jeder weiß, daß der gebildete Bundesrepublikaner akzentfreies Russisch spricht. Auch parodiert er gelegentlich Namen, was aber bedenklich ist, wenn man selber Hagelstange heißt. Oft ist er schlicht perfid: in einem offenen Brief an Jewtuschenko teilt er mit Augurenlächeln mit: Sie können mir sagen, was Sie wollen, ich verstehe Sie, Sie stehen unter Zwang, aber ich weiß, daß Sie genauso denken wie ich. Jewtuschenko hat gar nicht geantwortet.

Aber Hagelstange schließt ja doch von einem Schweigen auf Einverständnis. Und das Ganze in einer Prosa, die in der Nähe Reinhold Muschlers angesiedelt ist. Gespreizte Würde, Konvention, Kunstgewerbe. Es ist nicht schön.

Immerhin habe ich von Hagelstange etwas gehabt. Ich habe hundert Seiten Wolfgang Koeppen gelesen. Und über den Unterschied nachgedacht zwischen einem prätentiösen Dummkopf und einem Schriftsteller.

IN LETZTER STUNDE

In letzter Stunde heißt, nach dem Titel eines Aufsatzes von Oskar Kokoschka, ein kleines Buch, das kürzlich im Verlag der Kunst in Dresden erschien. Es stellt den zweiten Band der von Diether Schmidt herausgegebenen Schriften deutscher Künstler des zwanzigsten Jahrhunderts dar und umfaßt die Jahre 1933 bis 1945. Zum erstenmal wird hier, soviel ich weiß, in der Deutschen Demokratischen Republik das bitterste, das schmachvollste, das heldenmütigste Kapitel deutscher Kunstgeschichte in seinen Dokumenten sichtbar gemacht, nachdem diese Periode bisher nur in ihren allgemeinen Zügen bekannt gewesen war. Denn sosehr wir bemüht gewesen waren, das Wesen des Faschismus in allen Bereichen des Lebens allen Zeitgenossen zur Kenntnis zu bringen – hier, auf dem Gebiet der bildenden Kunst, war vieles vielen nicht bekannt; anderes, bereits bekannt, war wieder in Vergessenheit geraten.

Am 30. Januar 1933 war Hitler zur Macht gekommen. Unter den ersten Künstlern, gegen die er sich wandte, befand sich eine Reihe von Mitgliedern der damaligen Preußischen Akademie der Künste. Drei Tage lang hatte an den Berliner Litfaßsäulen ein Plakat gehangen, das zum gemeinsamen Vorgehen von SPD und KPD aufrief; zu seinen Unterzeichnern gehörten Heinrich Mann und Käthe Kollwitz. Sie wurden zum Austritt aus der Akademie gezwungen. Offenbar ließ man den Hinausgeworfenen eine Hintertür offen, denn in einem Brief an Käthe Kollwitz heißt es, sie dürfe die Arbeiter, die an sie glaubten, nicht enttäuschen.»Ich will und muß bei den Gemaßregelten stehen. Die wirtschaftliche Schädigung, auf die Du hinweist, ist eine selbstverständliche Folge. Tausenden geht es ebenso. Darüber muß man nicht klagen.«

Dies ist nur der Anfang. Eine ganze Liste der hervorragendsten deutschen Künstler und Architekten wird aufgestellt, sei es, weil sie Juden oder politisch verdächtig sind, sei es, weil ihre Produktion den faschistischen Vorschriften widerspricht, also, mit einem Wort, Kunst ist. Der damalige Präsident der Akademie, der Komponist Max v. Schilling, macht sich, gewiß nicht ohne Anzeichen schlechten Gewissens, zum Handlanger der Nazis; aber das bei der Abhalfterung hochbegabter Künstler von ihm eingeschlagene Tempo genügt manchen Leuten nicht. So kommt es zu jenen Briefen zweier Naziakademiker, deren Namen niemand mehr kennt, zu Briefen, in denen es etwa heißt: »Seit Jahren bemüht sich die Ihnen bekannte Gruppe in der Abteilung für bildende Kunst, gegen den zersetzenden Geist des getarnten Judentums in der Akademie anzugehen; überall in Deutschland geschieht in dieser Beziehung das Richtige, nur ausgerechnet uns soll dies versagt sein.« Man muß so etwas zitieren, um die Niedertracht einer Zeit ganz vor Augen zu haben.

Bis zum Jahre 1938 werden aus der Akademie die Maler Max Liebermann, Otto Dix, Karl Schmidt-Rottluff, Ernst Ludwig Kirchner, E.R.Weiss, Max Pechstein, Karl Hofer, Oskar Kokoschka, die Bildhauer Renée Sintenis, Ernst Barlach, Ludwig Gies, Rudolf Belling, die Architekten Martin Wagner, Alfred Breslauer, Erich Mendelsohn, Bruno Taut, Mies van der Rohe, Bruno Paul ausgestoßen. Verbunden damit sind Verleumdungen und Demütigungen, auf die die Betroffenen nicht öffentlich antworten können; verbunden damit vor allem Arbeits- und Ausstellungsverbote. Mit den Akademiemitgliedern hat man es ein wenig schwerer als mit den anderen; man zieht vor, sie zum Austritt zu veranlassen. Eine ganze Reihe von ihnen antwortet mit tapferer

Verachtung. Der Maler Christian Rohlfs schreibt: »Ich habe mich nie um Ehrungen bemüht, und nie auf solche Wert gelegt, ich bin als Künstler 70 Jahre lang meinen eigenen Weg gegangen und habe gearbeitet, ohne zu fragen, wieviel Beifall oder Mißfallen ich dabei erntete. Zustimmung oder Ablehnung, Ehrung oder Nichtehrung machen mein Werk weder besser noch schlechter; ich überlasse das Urteil darüber der Zukunft. Gefällt Ihnen mein Werk nicht, so steht es Ihnen frei, mich aus der Mitgliederliste der Akademie zu streichen. Ich werde aber nichts tun, was als Eingeständnis eigener Unwürdigkeit gedeutet werden könnte.«

Ernst Ludwig Kirchner, einer der Maler der »Brücke«, ein Mann von europäischem Rang, der zu seinen Lebzeiten darbte, dessen Werke heute aber in wachsendem Maße gefragt sind, schreibt 1938 kurz vor seinem Selbstmord in einem Brief: »Ich bin durch die deutschen Ereignisse tief erschüttert, und doch bin ich stolz darauf, daß die braunen Bilderstürmer auch meine Werke verfolgen und vernichten. Ich würde es als Schmach empfinden, von ihnen geduldet zu werden.«

Andererseits gibt es entsetzliche, widerwärtige, tragikomische Fälle wie etwa das Schicksal des bedeutenden deutschen Malers Emil Nolde, der schon 1920 in die Nazipartei eingetreten war, aus der Akademie ausgeschlossen wurde, seinen Kollegen Max Pechstein als Juden denunzierte, an Goebbels schrieb, wobei er seine eigenen Verdienste um den Faschismus ins rechte Licht setzte, und dennoch als Maler sich nie den antikünstlerischen Forderungen der Nazis unterwarf, auch nachdem er 1941 das Opfer eines Malverbots geworden war.

Viel häufiger sind eindeutige Beweise für persönlichen Mut, persönliche Anständigkeit. Der Maler Oskar Schlemmer, langjähriger Lehrer am Bauhaus, ist einer der ersten, die bei Goebbels und bei dem SS-Führer Graf Baudissin gegen die Kunstpolitik des Dritten Reiches protestieren. Baudissin hatte die geniale Idee gehabt, jenen Teil »entarteter« oder »dekadenter« Kunst, der nicht den Scheiterhaufen zum Opfer fiel, vor dem Kriege gewinnbringend ins Ausland zu verkaufen. Paul Klee, der Schöpfer zartester, heiter-melancholischer Gebilde, den irgendein Nazi als Juden bezeichnet hatte, schrieb an seine Frau: »Von mir aus etwas gegen so plumpe Anwürfe zu unternehmen, scheint mir unwürdig. Denn: wenn es auch wahr wäre, daß ich Jude bin und aus Galizien stammte, so würde dadurch an dem Wert meiner Person und meiner Leistung nicht ein Jota geändert. Diesen meinen persönlichen Standpunkt, der meint, daß ein Jude und ein Ausländer nicht minderwertiger ist als ein Deutscher und Inländer, darf ich von mir aus nicht verlassen, weil ich mir sonst ein komisches Denkmal für immer setze. Lieber nehme ich Ungemach auf mich, als daß ich die tragikomische Figur eines sich um die Gunst der Machthaber Bemühenden darstelle.«

Klee starb in der Emigration, wie Max Beckmann, wie Moholy-Nagy, wie Lyonel Feininger, der einem Freund schrieb: »Eines Tages wird man von mir berichten, daß ich im Alter von 65 Jahren im Hafen von New York eintraf mit ganzen zwei Dollar in der Tasche (wie die unerhört erfolgreichen Millionäre, die als Schuhputzer anfangen) – und mußte mein Leben neu beginnen.« Dann sind da die anderen, die zu Hause bleiben, ihre Arbeit fortsetzen, der Barbarei ein Stück Kunst, ihre Kunst entgegenstellen, die Würde der Kunst verteidigen, wie die Witwe des Bildhauers Wilhelm Lehmbruck, die jahrelang einen einsamen, zähen Kampf führt, um das Werk ihres Mannes vor der Zerstörung zu retten, wie Otto Pankok, über dessen kämpferische *Passion* die Zeitung der SS, das *Schwarze Korps*, sich drohend vernehmen läßt, man werde nicht verfehlen, Herrn Pankok die Flötentöne beizubringen; wie der Bildhauer Joachim Karsch, der sich gegen Ende des Krieges das Leben nimmt. Karsch schreibt 1939 einem vertrauten Freund: »Es wird mir klar, was mich so grundsätzlich unterscheidet, was heute als ›Kunst‹ gemacht wird. Für mich ist echte Kunst Vision – nicht Realität, aber Vision, die aus der Natur gespeist wird. Dies aber ist sehr selten – aber Barlach, Lehmbruck, Marcks, Kokoschka, Hofer – das war echte Kunst. Grotesk die letzte Forderung – Kunst müsse allgemein verständlich sein. Es war immer die Aufgabe der Kunst, das, was noch nicht verständlich ist, auszusprechen, erst dann kann es langsam verständlich werden.«

Und dann sind da schließlich die vielen, die nicht nur ihr Werk, die sich selber zum Opfer bringen, die Maler und Grafiker Kurt und Elisabeth Schumacher, Fritz Schulze, Philipp Zöllner, Franz Monjau, Alfred Frank, Vorkämpfer einer neuen Gesellschaft, unter dem Fallbeil umgekommen oder im Lager ermordet, so wie der Bildhauer Otto Freundlich ums Leben kam, er, der die Ehre hatte, eines seiner Werke auf der Titelseite des Katalogs für die von den Nazis veranstaltete Ausstellung »Entartete Kunst« zu haben – jene Ausstellung, die große Künstler verhöhnen sollte und zu einer der mächtigsten Manifestationen moderner deutscher Kunst wurde. Es sind viele Namen, die hier aufgezählt werden, und sind doch nur einige von sehr viel mehr Namen.

In einem klugen und kenntnisreichen Vorwort hat der Herausgeber Diether Schmidt die Voraussetzungen und den Hergang dieser unerhörten Tragödie skizziert. Neben den Strömen von Blut, wirklichem rotem lebendigem Blut, das durch deutsche Schuld zuerst in Deutschland selbst, dann in anderen Ländern vergossen wurde, darf auch das nicht vergessen werden, was der französische Dichter Aragon einmal »sang spirituel« nannte, geistiges Blut, das Blut des Geistes, das vielleicht noch schwerer zu ersetzen ist. So richtig es ist, daß Schmidt die verschiedenen Strömungen, die gemeinsam die moderne deutsche Kunst ausmachen, differenzierend sieht, daß er den Kampf der Nazis gegen die Kunst unter dem Aspekt ihres Angriffs auf die Arbeiterbewegung und alle fortschrittlichen Gruppierungen in Deutschland betrachtet, so inkonsequent ist er allerdings gelegentlich, wenn er auf die Haltung gewisser, nicht direkt mit der proletarischen Bewegung verbundener Künstler zu sprechen kommt. Denn es liegt eine gewisse Inkonsequenz vor, wenn Diether Schmidt einerseits mit großem Verständnis die innere Situation bedeutender Künstler unter der faschistischen Diktatur beschreibt, ihre Isolierung, ihren verzweifelten Kampf um Selbsterhaltung und Selbstachtung, andererseits unter Verwendung des Sprichworts »Wie ich beharre, bin ich Knecht« ihr Beharren auf ihrem künstlerischen Standpunkt abwertend einem bewußt kämpferischen Standpunkt gegenüberstellt. Ich glaube nicht, daß das geht. Bei näherer Betrachtung zeigt sich immer, daß der individuelle Kampf eines Künstlers gegen die Zerstörer seiner Kunst ein Stück des allgemeinen Kampfes um die menschliche Befreiung ist. Freilich verleiht das Wissen um diese Relation dem Kampf des Künstlers eine neue Qualität; die Erkenntnis der Beziehung hängt aber nicht allein von seiner Intelligenz oder seinem guten Willen, sondern in hohem Maße von der Reife der allgemeinen Bewegung ab.

Diese geringe partielle Kritik gilt einem Buch, das hohen Lobes wert ist. So bescheiden diese Arbeit und ihr Herausgeber Diether Schmidt vor den Leser hintreten – das kleine Buch ist ein Denkmal, über dem unsichtbar die Inschrift mancher unserer Mahnmäler steht: Den Toten zum Gedächtnis, den Lebenden zur Mahnung.

REDE ZUM TODE VON PABLO NERUDA

Ich bin dankbar, daß ich einige Worte über Pablo Neruda sagen kann. »Chiles metallene Stimme der Freiheit, aus Wind und Silber«, nun zum Schweigen gebracht von einer Bande von Generalen. Im Alltag, im Gespräch mit den Freunden, war die Stimme nicht metallen, sie war leise, von unerschütterlicher Ruhe, sie drückte nicht Trauer aus, sondern die gefaßte Melancholie der alten Völker, der alten Götter, der alten Kulturen. Als ich Pablo Neruda zum letztenmal sah, hatte die Krankheit an seinem Gesicht schon erbarmungslos alles Spätere getilgt und nur die Züge des Ursprungs, der Inka-Fürsten gelassen. Er belog mich, wie er alle belog, er sprach von einer angeblichen Gicht, aber ich sah die Augen seiner Frau Matilde, die Blicke der Schwester Pablos, und als ich nachts wegging, sagte ich mir, daß ich ihn nicht wiedersehen würde. Die Arbeit, sagte er, fiele ihm sehr schwer, er müsse sie aber tun für die Unidad Popular und für Allende.

Du aber littest nicht? Ich litt keine Pein.
Ich leide nur
die Leiden meines Volkes.
...
Ich habe keine Zeit für meine Schmerzen.
Nichts schmerzt mich außer diesen Leben,
die mir ihr Vertrauen schenken, das unbedingte,
und die ein Verräter hinabstieß auf den Grund
des toten Erdlochs, aus dem
man zurückkehren muß, um die Rose aufzurichten.

Dies ward nicht jetzt, es wurde vor fünfundzwanzig Jahren geschrieben, und es erzählt uns das Geheimnis seines Lebens und den Schrecken seines Todes. Es führt zu einer Zeit zurück, da Neruda Videlas Präsidentschaftskampagne unterstützte. Videla, der die Unterstützung der Sozialisten, der Kommunisten und einiger liberaler Gruppen genoß, wurde zum Präsidenten gewählt und unternahm sofort einen Staatsstreich gegen seine bisherigen Verbündeten. Neruda, der Mitglied des Senats geworden war, nannte ihn in einer berühmten Rede einen Schuft und rief das Volk auf, ihn zu stürzen. Auf Nerudas Kopf wurde ein Preis ausgesetzt, er mußte sich verbergen und schließlich das Land verlassen. Für zehn Jahre und mehr war er gezwungen im Ausland zu leben. Daß Nerudas und seiner Freunde Versuch, die geheime Diktatur der ITT und anderer Trusts über Chile abzuschaffen, nach fünfundzwanzig Jahre dauernden Bemühungen wiederum fehlschlug, daß ein armes Volk Folterern und Hinrichtungskommandos anheimfällt und der Becher Milch, den die Regierung der Unidad Popular Chiles unterernährten Kindern täglich bot, ihren Lippen entrissen wird – ich weiß, daß alles dies zutrifft, aber ich bin unfähig, mir Nerudas Einsamkeit in seinen letzten Tagen und Stunden vorzustellen, das vernichtende Gefühl des Fehlschlags, das Bewußtsein, wieder und wieder betrogen worden zu sein.

Die einzigen Tatsachen, die mich berechtigen, Ihnen von Neruda zu sprechen, haben mit einer langen Freundschaft zu tun und mit der Kenntnis seiner Dichtung. Zum erstenmal las ich

Gedichte von ihm vor etwa fünfunddreißig Jahren während des spanischen Bürgerkriegs, da Neruda als chilenischer Konsul in Madrid tätig war. Er war schon berühmt, aber kaum außerhalb der spanischsprechenden Welt. Ich wurde einer seiner ersten Übersetzer, jedenfalls sein erster deutscher Übersetzer. Nach dem Krieg begegneten wir einander an vielen Orten, er lud mich in sein Haus ein, manchmal wohnte er in dem meinen.

Ich bin hier, um zu bezeugen, was Tausende bezeugen könnten: daß dieser großartige, dieser einzigartige Verfasser dunkler, rätselhafter und durchaus verständlicher Verse, Sohn eines Eisenbahners, Diplomat, Illegaler, Flüchtling, Parlamentsmitglied, ein Mann mit einer Vorliebe für seltene, einfache und raffinierte Dinge, seinen Ursprüngen treu blieb. Er war ein Mann des Volkes. In einem seiner Gedichte legt er den Arm um die Hüfte dieser langen schmalen Küste, die Chile heißt. Er blieb immer bei den armen Leuten.

> Ihr werdet nicht immer in diesen Lumpen gehen,
> ihr werdet nicht mehr diese Tage haben ohne Brot, ihr
>   werdet sein,
> als wäret ihr wirklich des Vaterlands Kinder. Von nun an
>   wollen wir die Schönheit miteinander teilen.

Um diese Verse zu widerlegen, wird ein Volk massakriert und stirbt sein Dichter mit ihm. Aber mögen sie so viele Bücher verbrennen wie sie wollen, sie werden nicht imstande sein, dies auszulöschen:

> So war es. Und so wird es sein. Auf kalkige
> Bergketten und an die Ränder
> des Rauchs, in den Betrieben
> ist an die Wände eine Botschaft geschrieben,
> und nur das Volk kann sie lesen.
> Ihre transparenten Lettern erwuchsen
> aus Schweiß und Schweigen.

Sie zerstörten sein blaues Haus, das voll war von Kristallen und Muscheln, und ließen den Toten zwischen den Ruinen. Dennoch bedeutet der Gedanke an Nerudas Tod für mich Trost, denn ich kann sehen, wie Neruda sterbend Demütigung und Gemeinheit entkam.

> Kehre zurück, vertriebener Friede, gerecht
> verteiltes Brot, du Morgenröte, Zauber
> irdischer Liebe, gegründet
> auf den vier Winden des Planeten.

Ich fordere Sie auf nachzudenken über das, was wir Pablo Nerudas Gedächtnis schulden und auf welche Weise wir einem armen und stolzen Volk helfen können, Freiheit und Würde wiederzugewinnen.

PAUL ELUARD

I

Eluard hat seine Existenz in einer großen Öffentlichkeit und nicht abseits verbracht, er ist als junger Mensch sehr bekannt geworden, in seinen letzten Lebensjahren war er weltberühmt; dennoch ist das Geheimnis in seinem Werk geblieben. An allen Kreuzwegen künstlerischer und politischer Auseinandersetzungen hatte er sich vierzig Jahre hindurch zu entscheiden. Die Aufsätze, Essays, Erinnerungen, die sich mit ihm beschäftigen, kann man nicht zählen. Seine Biographie wurde noch nicht geschrieben.

Etwas Geheimnisvolles birgt das Werk eines von seinem Beginn an engagierten Dichters. Der zweiundzwanzigjährige Soldat Eluard hatte mit *Gedichten für den Frieden* (Poèmes pour la Paix) begonnen, unter seinen letzten Veröffentlichungen hieß eine *Das Gesicht des Friedens* (Le Visage de la Paix). Liest man in den ersten und den letzten Gedichten, zwischen denen fast vierzig

Jahre liegen, so begegnet man den gleichen Begriffen: Sonne, Kinder, Liebe, Vernunft. Eluard umschrieb die Begriffe nicht, und was er sagte, stellte keine Umschreibung dar.

Ich kenne keinen anderen Dichter, der das vermochte. Irgendwann hat Eluard ein Gedicht geschrieben über jene Worte, die ihm bisher auf wunderbare Weise versagt geblieben seien. Er, der »alles sagen« wollte, war der einzige, der Banalität nicht zu fürchten hatte und auch nicht jenes »Unpoetische«, vor dem so viele zurückschrecken. Damit zusammen hängt die Tatsache, daß dieser Dichter, den man für schwierig hielt und der es mitunter auch ist, der mit zwei historischen Bewegungen zusammenarbeitete, dem Dadaismus und dem Surrealismus, vor denen ein breiteres Publikum eine abergläubische Furcht empfand – daß dieser Dichter heute in Taschenbuchausgaben herauskommt, die Zehntausende in Frankreich kaufen.

Später behaupteten manche, Eluard habe von einem gewissen Datum an mit dem Surrealismus gebrochen, er sei »ein anderer« geworden – verbunden war diese unbeweisbare Behauptung bei den einen mit Lobsprüchen, bei den anderen mit Tadel. Richtig daran war lediglich, daß Eluard eines Tages nicht mehr der immer weiter zusammenschmelzenden Gruppe der Surrealisten angehörte. Ich sagte schon, daß es bei Eluard eine ungewöhnliche Kontinuität gibt. Feststellen läßt sich natürlich in den frühen zwanziger Jahren ein Vorgang des Reifens. Mit der *Hauptstadt der Schmerzen* (Capitale de la Douleur, 1926) erreicht Eluard einen ersten Höhepunkt seiner Kunst. Aber niemand kann ernstlich behaupten, die *Politischen Gedichte* (Poèmes politiques) von 1949 enthielten nicht jenen Eluard, den man vorher gekannt hatte, den ganzen Eluard, den unverwechselbaren.

Das Geheimnis dieser Dichtung ist ihre Unschuld, ihre Kindlichkeit, die nicht schwindet im Zusammenprall von Welten, nicht abdankt vor Krankheit und Gewalt. Ihr erstes und letztes Wort heißt »Vertrauen« – das macht sie so unähnlich dem Werk der anderen Dichter-Freunde, die man meist zusammen mit Eluard nennt: Char, Breton, Aragon, Tzara. Diese Dichtung von zuversichtlicher Transparenz hat etwas Seliges – kein anderes Wort fällt mir ein –, und ich weiß nicht, ich werde nie wissen, warum, wie das sein konnte.

Eluard verstand seine Dichtung als »moralische Lektion«, sie war von profundem Ernst; er konnte melancholisch und sehr zornig sein; was ihm fehlt, ist der Ton niedrigen Hasses und jede Ironie. Ich entsinne mich, daß er auch in den furchtbarsten Momenten des Krieges sich selber treu blieb. Während der Befreiung Frankreichs schrieb ein großer Dichter von jenen, die »um alle Leiden gutzumachen die Köpfe der Huren kahl schoren«. Gemeint waren die Frauen, die sich mit den Deutschen eingelassen hatten. Eluard nahm sogleich die Gegenposition ein in einem kleinen Gedicht, das den Titel trug *Verstehe wer mag*:

... Meine Reue war
Die Unglückliche die
Auf dem Pflaster blieb
Das vernünftige Opfer
Im zerrissenen Kleid
Mit verlorenem Kinderblick
Entkrönt entstellt
Die den Toten gleicht
Die starben weil man sie liebte.

2

Eugène Grindel, der sich später den Namen seiner Großmutter, Eluard, zulegte, wurde 1895 in Saint-Denis geboren. Sein Vater war Buchhalter, seine Mutter Schneiderin. Er besuchte Schulen in der Umgebung von Paris und in Paris selbst, aber schon als Sechzehnjähriger mußte er einer Lungenkrankheit wegen ein Sanatorium in Davos aufsuchen. Dort verbrachte er mehr als zwei Jahre, dort entstanden die ersten Gedichte unter dem Einfluß von Whitman, von Apollinaire, der Unanimisten.

Eluard wird 1915 Sanitäter, später Infanterist. Die ersten Veröffentlichungen im Kriege heißen *Pflicht und Unruhe* (Le Devoir et l'Inquiétude) und *Gedichte für den Frieden* (Poèmes pour la Paix). Auf einen gefallenen Kameraden schreibt Eluard die Zeilen:

Die ganze Erde, der Mensch leidet
Und dein Blut reißt den Boden auf...
Sie ließen dich am Rande des Abgrunds
Jetzt sind sie sehr allein.

Hier stehen schon jene unverwechselbaren poetischen Formulierungen, die den Lesern im Gedächtnis bleiben, sie zum Nachdenken bringen.

Von Mai 1919 an arbeitet Eluard an einer jungen Zeitschrift mit, die *La Littérature* heißt und die von Aragon, Breton und Soupault gegründet worden war. Sie wird das Sprachrohr der Dadaisten, später der Surrealisten. Es ist die Zeit des automatischen Schreibens, des hypnotischen Schlafs, der Traumanalysen. Marx, Lenin, Freud beginnen auf die junge französische Dichtung zu wirken. Die Surrealisten begreifen sich als Revolutionäre, sie erklären sich solidarisch mit der Kommunistischen Internationale.

Die erbitterten Gruppenkämpfe dieser Jahre; die Suche nach Gewißheiten; Vereinigungen und Trennungen können nur begriffen werden im Zusammenhang mit den großen internationalen Auseinandersetzungen, mit dem Verhältnis der revolutionären Bewegung zur Kunst, aber auch mit persönlichen Leiden und Katastrophen. Es gibt in diesen Jahren eine merkwürdige Flucht Paul Eluards aus Europa, eine lange, im Werk kaum erwähnte Wanderung durch viele asiatische Länder und die Südsee.

Auf die faschistische Springflut, das Ringen um die Erhaltung des Friedens, den Krieg in Spanien antwortet Eluard als Dichter. Aber neue Entscheidungen scheinen notwendig zu sein. So wie einige Jahre zuvor Aragon, so verläßt jetzt Eluard die Gruppe der Surrealisten. Der Krieg bricht aus, noch einmal trägt Eluard die Uniform. Die Katastrophe von 1940 führt zur Bilanz:

Ich habe gelebt wie ein Schatten
...
Menschen werden kommen ohne Furcht vor sich selber
Denn sie werden Vertrauen zu allen Menschen haben.

Eluard vervielfacht seine Tätigkeit. Die literarische Widerstandsbewegung, die Frankreich vor allen anderen besetzten Ländern auszeichnet, ist ohne Eluards poetischen, aber auch organisatorischen Beitrag nicht denkbar. Seine Gedichte erscheinen legal und illegal, unter seinem wirklichen Namen oder unter Pseudonym (Jean du Haut, Maurice Hervant). Damals entstehen unvergeßliche Verse wie *Die sieben Liebesgedichte im Krieg* oder *Freiheit*, das später zu einem Lesebuch-Gedicht wird. 1942, im Augenblick der größten Gefahr, als gegen den siegreichen Faschismus keine erfolgreiche Abwehr mehr möglich zu sein scheint, als Europa vom Nordkap bis Kreta, vom Atlantik bis zum Elbrus unter dem deutschen Stiefel liegt, tritt Eluard endgültig der Kommunistischen Partei Frankreichs bei.

Nach dem Kriege war Eluards Weltbedeutung offenbar geworden. In Wrocław und Moskau, in Mexico City und London, an der griechischen Bürgerkriegsfront und in italienischen Fabriken hörten erschütterte, betroffene Menschen Eluard seine Gedichte sprechen. In einer geschändeten, ungewissen Welt lauschten Massen ungläubig dieser zuversichtlichen Stimme. Eluard war der Dichter großer Auditorien geworden, obwohl ihm jede Tribünendichtung fremd blieb. Er sagte einfach, das Glück sei eine Möglichkeit. Als er gegen Ende des Jahres 1952 starb, trugen ihn Tausende zu Grabe.

3

Das ist länger als zwanzig Jahre her. Schon hat der Jüngere, der Nachdichter, die Lebenszeit des Dichters überboten – als der Ältere denke ich in diesem Augenblick an Paul Eluard.

Damals, im November 1952, war mein, wie vieler anderer, erster Gedanke gewesen: »Zu früh.« Später dann, je länger meine Erinnerung zu ihm zurückwandern mußte, tröstete mich manchmal die Ahnung, dem edelsten Menschen, dem gutgläubigen, aus Güte gläubigen sei genug widerfahren an Enttäuschung, Ratlosigkeit und Schmerz. Immer hatte er für die Vereinigung von Mensch und Dichtung gelebt – dies ist die Quelle nicht nur seiner Poesie, sondern auch seiner Entscheidungen. Der Dichter der

Liebe starb auf der Höhe einer Woge von Vertrauen, Zuversicht, Glückssehnsucht.

Sein Erzengelgesicht, seine furchtbar zitternden Hände, die ewige Zigarette, der Klang seiner Stimme, die eine Schallplatte noch bewahrt – dies alles rückt unaufhaltsam weiter fort. Ein paar Briefe, Bilder, Widmungen sind geblieben.

Und freilich, nicht nur für mich, sondern für alle, jene Gedichte, die zu den reinsten des Jahrhunderts gehören.

Nichts wird dereinst erschüttern die Wahrheit meiner Worte
Ich schreibe sie heute nieder und lösche das Gestern aus.

GEORG TRAKL

I

Blickt man von Süden her über den von Touristen und ihren Autos unpassierbar gemachten Mozartplatz in Salzburg, so hat man ein vierstöckiges, frei stehendes Haus vor sich, in dem sich das jedem Besucher der Stadt bekannte Café Glockenspiel befindet. Rechts neben dem Haus liegt der kleine Waagplatz, nur ein paar Meter lang und breit, begrenzt von der gleichen Häuserfront, die auch den Mozartplatz nach Osten abschließt. Im Hause Waagplatz Nr. 2 wurde Georg Trakl 1887 geboren, im gegenüberliegenden Hause Nr. 3, eben jenem mit dem Café, hat er seine Kindheit und Jugend verbracht. In den Räumen des heutigen Cafés befand sich bis zum Jahre 1913 die Eisenhandlung des Tobias Trakl. Die zahlreiche Familie bewohnte die oberen Stockwerke.

Der Eisenhändler, ein gutmütiger, stiller, kaisertreuer Kleinbürger, war beliebt und erfolgreich. Er wurde nicht nur Hausbesitzer, er ließ seine sechs Kinder Gymnasien beziehen und von Gouvernanten und Musiklehrern unterrichten. Materielle Sorgen hat die Familie zunächst nicht gekannt – sie setzten erst nach dem Tode des Vaters kurz vor dem Weltkrieg ein. Georgs Kindheit in der herrlichen, von Glorie und Verfall gekennzeichneten Stadt hätte unbeschwert sein können, wären da nicht ein paar beunruhigende Umstände gewesen. An der Seite eines freundlichen Mannes, dem nichts über eine Partie Karten und ein Glas Bier ging, zeigte Frau Maria Trakl Sinn für Höheres, sammelte Möbel und Kunstgewerbe, bekundete aber auch einen Hang zur Selbstisolierung – nie ertrug sie lange Mann und Kinder, sie verfiel in Schweigen, zog sich in ihre Zimmer zurück, die sie mit den erworbenen Schätzen füllte, zeigte sich ganze Tage nicht und erschien erst wieder, und nur für kurze Zeit, wenn sie ihre Sammlungen vor jedem fremden Blick verschlossen hatte.

Schaut man heute auf die Fotografien der Kinder, hat man einen weiteren Grund zum Nachdenken. Von den Gesichtern der Geschwister, ernsten, ganz durchschnittlich lieben Kindergesichtern heben sich zwei ab: das Gesicht Georgs und das der jüngeren Schwester Grete. Wie, fragt man sich, sind diese beiden wilden, einander so ähnlichen Masken in diesen friedlichen Clan geraten…

2

Der unerfreulichste Aspekt, den unter Umständen ein Dichter bieten kann, ist nicht von ihm verschuldet, sondern von seinen Exegeten. Otto Basil macht sich mit Recht lustig über eine Trakl-Kirche, die von den Dunkelheiten eines Genies lebt und die Schreckenslaute des Bedrängten für einen Quell der Erkenntnis ausgibt. Die manischen Offenbarungen, die aus dem Mund dieser Verse fallen, weisen keine Wege; sie verkünden nicht, sie künden an; sie sind der unerwartete Windstoß, der dem Hagelschlag vorausgeht.

Trakl hat sein Geheimnis, wie jeder Mensch. Seine Geschwister, seine wenigen Freunde haben von ihm gesagt, er sei ein ganz normaler Junge gewesen, der gern spielte, im Garten tobte, Karl May las. Später habe er sich in sich selber zurückgezogen, seine Leistungen in der Schule hätten sich verschlechtert. Mit siebzehn

Jahren flüchtet Trakl zum erstenmal in den Ätherrausch. Als er wegen schlechter Leistungen von der Schule abgeht, wird er Lehrling in einer Apotheke. Von diesem Moment an hat er leichten Zugang zu jenen Drogen, denen er verfällt. Es bleibt nicht dabei. Daß er oft schon vormittags mehr als einen Liter Wein trinkt, weiß man aus seinen Briefen.

Und man kennt die einzige, die verbotene Liebe zu seiner Schwester Grete, weil sie in den Gedichten steht. Die Briefe an Grete hat die Familie vernichtet. Trakl war nicht der Mann mündlicher oder schriftlicher Geständnisse. Selbst den vertrauten Freunden oder Förderern gegenüber geht er nicht über Andeutungen hinaus. Ludwig von Ficker, dem Herausgeber des *Brenner*, schreibt er im Herbst 1913 einen Brief, dessen eigentliche Bedeutung dem Empfänger selbst unbekannt blieb und für den es bis heute keinen Schlüssel gibt: »Es haben sich sonst in den letzten Tagen für mich so furchtbare Dinge ereignet, daß ich deren Schatten mein Lebtag nicht mehr loswerden kann... Mein Leben ist in wenigen Tagen unsäglich zerbrochen worden, und es bleibt nur ein sprachloser Schmerz, dem selbst die Bitternis versagt ist.«

Inzest und Rausch einerseits, die Unfähigkeit andererseits, sich über eine heuchlerische Gesellschaft hinwegsetzen zu können – beides macht das Verhängnis eines Lebens aus. Trakl blieb den Vorurteilen seines Milieus verhaftet, es war ihm nicht möglich, sich aus ihnen zu befreien. Aus den Kavernen dieser Dichtung hallt es von Schuld. Trakls einziger Widerstand gegen das, was er durchlebte, was ihn umgab, war Klage und das Aufrufen einer archaischen Zeit ohne Entfremdung, »da in seiner Kammer der Mensch Gerechtes sann«. Trakls Haß auf seine Zeit, auf die Städte Wien und Innsbruck, auf die Leiden der Armen, auf die Schmach einer Operettenkultur und die Jagd nach Geld formuliert sich nicht im Gedicht, er wird von Freunden bezeugt. Einer erzählt, wie Trakl mit starrem Gesicht eines Tages gesagt habe: »Ich wünsche jedem Deutschen das Beil des Henkers.« Was Trakl meinte, sagt eine andere Episode mit anderen Worten. Da trug man bei einer Dorfkirmes hinter der Blasmusik einen geschmückten

Kalbskopf an ihm vorbei, der als Preis beim Wettschießen ausgesetzt war. Trakl, sagt der Zeuge, habe an allen Gliedern zu zittern begonnen und gesagt: »Das ist unser Herr Jesus Christus.«

3

Trakls Leben verlief ereignislos, freudlos, erfolglos zwischen Salzburg, Wien und Innsbruck. Es war nicht lebbar. Ein junger Mensch schlug die Apothekerlaufbahn ein, weil sie, nach seinem Scheitern an der Schule, als einzige ihm ein Universitätsstudium ermöglichte und weil er Drogen brauchte. Er bestand die notwendigen Prüfungen, wurde Magister der Pharmazie, leistete als Einjährig-Freiwilliger seine Militärzeit ab, auch diese im pharmazeutischen Bereich.

Die Versuche, eine bürgerliche Existenz zu führen, schlugen fehl. Er litt bereits an Angstzuständen, floh von den Straßen, konnte kein Verkehrsmittel benutzen. Ein paarmal war er Beamter. Dies ist der Verlauf eines solchen Versuchs: Ende 1912 soll er einen Posten im Arbeitsministerium erhalten. Er bittet um einen Aufschub von vier Wochen, erhält ihn und schreibt einen Monat später, nachdem er zwei Stunden Dienst getan hat, sein Abschiedsgesuch.

Der Gymnasiast hatte begonnen, Gedichte zu schreiben oder, mit dem Wort seiner Umwelt, zu »spinnen«. Zwei Einakter des Neunzehnjährigen hatte das Salzburger Stadttheater aufgeführt. Die frühen Gedichte, jene also, die vor 1910 geschrieben wurden, hatte Trakls Jugendfreund Buschbeck vergeblich Verlagen angeboten. Buschbeck hat sie übrigens Jahrzehnte später, nämlich 1939, herausgegeben, ohne dem toten Trakl damit einen besonderen Dienst zu erweisen. Das eigentliche Werk Trakls, das an die zweihundert Seiten füllt, entsteht in den letzten vier Lebensjahren. Zu Trakls Lebzeiten erscheint, von wenigen Beiträgen in Zeitungen und Zeitschriften abgesehen, nur ein schmaler Band Gedichte bei Kurt Wolff. Die Größe dieser Dichtung, die vom späten Hölderlin herkommt in jenem Sinn, daß wirkliche Dichter einander das Wort erteilen, wird von wenigen erkannt, von Ludwig von Ficker vor allem und seinen Mitarbeitern. Karl Kraus schreibt über Trakl: »... Es sind die Vollkommenen, die fertig wurden, als es zu spät war. Sie sind mit dem Schrei der Scham auf eine Welt gekommen, die ihnen nur das eine, erste, letzte Gefühl beläßt: zurück in deinen Leib, o Mutter, wo es gut war!« Es existiert noch Trakls telegrafische Antwort an Kraus: »Ich danke Ihnen einen Augenblick schmerzlichster Helle.«

4

In den letzten Monaten vor dem Krieg verläßt Trakl ein paarmal die gewohnte Umgebung. Einmal ist er in Venedig, einmal in Berlin. Für einen Moment scheint seine materielle Not ihr Ende zu finden: Ludwig Wittgenstein, der später so berühmt gewordene Philosoph, will, nachdem er Erbe eines großen Vermögens geworden ist, einigen bedeutenden Dichtern eine beträchtliche Summe zukommen lassen, einen Teil soll Rilke erhalten, einen anderen Trakl. Als Ludwig von Ficker zusammen mit ihm die Bank betreten will, in der das Geld bereitliegt, weigert sich Trakl die Schwelle zu überschreiten und flüchtet.

Am 24. August 1914 bricht der Medikamentenakzessist Trakl mit seiner Sanitärabteilung nach Galizien auf. Während der Schlacht bei Grodek hat er einen Verbandplatz zu leiten, der ohne ärztliche Hilfe ist. Vor seinen Augen erschießen sich Schwerverwundete, die ihre Qualen nicht mehr ertragen. Um den Verbandplatz schaukeln tote Bauern in den Bäumen, die man als angebliche Spione erhängt hat. Während des Rückzugs schreit Trakl plötzlich, er könne so nicht weiterleben. Er versucht, sich eine Kugel in den Kopf zu schießen. Man reißt ihm die Pistole weg und bringt ihn in die Psychiatrie nach Krakau. Dort sieht ihn Ficker noch einmal. Trakl spricht nur davon, daß man ihn vor ein Kriegsgericht stellen werde.

Er stirbt ein paar Tage später, siebenundzwanzig Jahre alt, durch Kokain, das er heimlich bei sich getragen hatte. Seine Schwester Grete tötet sich drei Jahre darauf.

ABSCHIED VON PETER HUCHEL

Am Morgen dieses Tages hatte ich lange, intensiv an ihn gedacht. Daran war nichts Besonderes, seit Jahren, seit Jahrzehnten dachte ich plötzlich an ihn, nachdem ich ihm tage- und wochenlang keinen Gedanken gewidmet hatte. Ein wenig später an jenem Tage hörte ich im Rundfunk die Nachricht, Peter Huchel sei bereits am 30. April gestorben. Vor wenigen Wochen hatte mich sein Stiefsohn, ein vorzüglicher Porträtphotograph, aufgesucht und mir ein neues Photo von Huchel mitgebracht. Ich stellte es auf ein Bücherbrett in meiner Nähe. So viele Jahre hatte ich ihn nicht gesehen. Da war immer noch das dunkle Auge, die skeptische Ruhe des Blicks, aber nun auch eine Ermüdung, ein unaufhaltsames Sichentfernen. So steht es also mit dir, dachte ich. Er war achtundsiebzig Jahre alt, zwölf Jahre älter als ich.

Ich durfte mich einen seiner frühesten Leser nennen. Ich war zwölf Jahre alt, als ich mit meinem Taschengeld die *Literarische Welt* abonnierte. Ich fand dort, neben vielem anderen, Gedichte eines jungen Mannes, den ich sogleich zu einem meiner Lieblingsdichter ernannte. Von diesem Augenblick an durchforstete ich Zeitungen und Zeitschriften nach seinem Namen, den ich selten genug fand. Huchel schrieb wenig, darin änderte er sich nicht. Viel später erst erfuhr ich, wie langsam, wie vorsichtig er an seinen Gedichten arbeitete, die von Tages- und Jahreszeiten handelten, von bäurischen Menschen, von Tieren und Gewächsen in der Landschaft, die sich um Berlin hinbreitete, in der Mark. Prüft man die Gedichte eines nach dem anderen, von den Erstveröffentlichungen bis heute – ich vermute, dieses Lebenswerk würde einen Band von etwa zweihundert Seiten füllen –, so findet man in ihnen keine schwache Stelle, kein falsches Wort, es sind vollkommene Gebilde, keiner Mode unterworfen, alterslos.

Auch damals, nachdem ich aus Deutschland weggefahren war, dachte ich oft, unvermittelt an ihn. Das konnte während eines Bombardements sein, nachts auf der Pritsche eines Lagers. Ich kannte ihn nicht, ich wußte nicht einmal, wie er aussah. Ich kannte nur Gedichte von ihm, es mögen damals zwanzig oder fünfundzwanzig gewesen sein. »Was mag dieser Peter Huchel in diesem Augenblick machen«, dachte ich, »es kann nicht sein, daß er bei den Nazis ist.« Er lebte dort, aber er war nicht bei ihnen.

Später, nach dem Krieg, ich wohnte noch in Frankfurt am Main, wurde ich zu einem Schriftstellerkongreß nach Berlin eingeladen. In Berlin sagte man mir, ich solle zum Rundfunk fahren, in die Masurenallee, dort sei jemand, der Wert auf eine Sendung meiner Gedichte lege. In dem angegebenen Zimmer teilte mir eine Sekretärin mit, Direktor Huchel würde gleich kommen. Der Name machte mich nachdenklich, ich sagte nichts, die Sekretärin erwähnte den Namen noch ein-, zweimal, ich fragte, ob es sich um den Dichter Peter Huchel handele. Nach ihrer Kenntnis, antwortete die Sekretärin freundlich, schreibe Direktor Huchel gelegentlich Gedichte.

Huchel trat ein, wir gerieten sofort in ein langes Gespräch, Menschen kamen und gingen wieder hinaus, ich nahm eigentlich nichts wahr, außer dem, was er mir erzählte, was ich ihm erzählte, ich sagte ihm, sein Name sei mir länger als fünfzehn Jahre vertraut, wir zogen uns in eine Ecke des Zimmers zurück, wir sprachen länger als eine Stunde miteinander, ein Daheimgebliebener und ein Emigrant, es war die glücklichste Stunde seit meiner Rückkehr nach Deutschland. Schließlich unterbrach man uns. Es sei nun wirklich Zeit für meine Sendung, sagte jemand; übrigens habe man unser ganzes Gespräch ohne unser Wissen auf Band aufgenommen.

Ein paar Wochen später siedelte ich nach Berlin über, jetzt sahen wir uns oft, wir wechselten Briefe. Als bald darauf die Zeitschrift *Sinn und Form* von Johannes R. Becher und Paul Wiegler gegründet wurde, übernahm Huchel ihre Leitung. Ich war unter denen, deren Mitarbeit er forderte. Mein erster Beitrag stand im zweiten Heft. Das war 1949; von den Autoren dieses Heftes sind noch drei am Leben: Anna Seghers, André Chamson und ich. In den folgenden Jahren sprachen wir oft über *Sinn und Form* –

Huchel wußte, daß ich vieles kannte, was damals noch nicht nach Deutschland gelangt war. Das traf nicht nur auf mich zu. Er machte aus einigen Leuten, zu denen ich gehörte, einen Beirat, der für die Zeitschrift nützlich sein konnte. Als man Ende 1962 Huchel als Chefredakteur absetzte, trat ich aus dem Beirat aus. Mein Name stand, unter dem seinen, zum letzten Mal im Redaktionsvermerk im letzten Heft des Jahres 1962. Eine bittere, für die Verantwortlichen beschämende Epoche begann. Ich will nicht über das reden, was man Huchel antat; er selbst hat es berichtet. In einer Zeitung schrieb jemand, den ich kannte, Dichter wie diesen Huchel gäbe es in der Deutschen Demokratischen Republik zu Dutzenden.

Ich war oft bei ihm in Wilhelmshorst gewesen, mit Hans Mayer und Erich Arendt, mit Ingeborg Bachmann, mit anderen, aber meistens allein. Es ist lange her. Ich war in diesen Jahren ein leidenschaftlicher Jäger, ich jagte in der Gegend um den Kleinen Seddinsee, fuhr nachts mit dem Wagen hinaus und erwartete am Waldrand den Sonnenaufgang. Am späten Vormittag erreichte ich in ein paar Minuten Wilhelmshorst, wo mich Huchel bewirtete. Er liebte diese Gegend in der Nähe von Potsdam, wo die Höfe seiner Vorfahren gelegen hatten. Wir redeten lange von der Jagd, von den Bauern der Gegend, von Südfrankreich, wo er einige Zeit zugebracht hatte, von lateinamerikanischen Dichtern. Manchmal waren wir verschiedener Meinung; einmal sagte er mir in unvergeßlichem Ton und blickte mich dabei mit leisem Vorwurf an: »Aber wir sind doch Brüder...«

Er hatte immer nur Gedichte geschrieben, soviel ich weiß, ich kenne keine Seite Prosa von ihm, außer einer kleinen Rede. Ich hatte einen Preis erhalten, und zu meiner freudigen Überraschung war es Huchel, der die Laudatio sprach und sie dann in einer Zeitschrift veröffentlichte. Wenn ich daran zurückdenke, empfinde ich diese kurze Rede als eine der ganz seltenen Auszeichnungen, die einem im Leben zuteil werden können. Nicht ohne Verlegenheit durchlebe ich noch einmal einen Augenblick des Zuspruchs, der die Versicherung enthielt, man sei nicht umsonst hier gewesen. Aber gerade er, der mich geehrt hatte, tat mir später Unrecht, und gerade zu einer Zeit, da ich seiner Hilfe besonders bedurfte.

Vielleicht bedurfte er auch der meinen, aber auf unbegreifliche Weise war eine Freundschaft zerbrochen, die fest gegründet schien. Gemeinsame Freunde suchten uns zusammenzuführen, es fruchtete nichts. In bittern Momenten erwachte in mir die Vermutung, sein Verhalten mir gegenüber sei nur die Fortsetzung dessen, was ich in diesem Land in fünfzig Jahren erfahren hatte. Es kam vor, daß ich ihn solcher Vermutungen wegen entsetzt und lautlos um Verzeihung bat. Ich hörte in mir seine Stimme: »Aber wir sind doch Brüder...« Ein-, zweimal überbrachte mir jemand seine Grüße. Ich wartete auf ein anderes Zeichen. Vor einiger Zeit kam ich in seine Gegend. Jemand sagte mir: »Fahren Sie doch nach Staufen. Huchel würde sich freuen.« Aber ich fuhr nicht nach Staufen.

Jetzt, da ich ihm ins Nichts nachschaue, finde ich keinen Rest des langen, sinnlosen Grolls mehr in mir. Seine Gedichte liegen auf meinem Tisch. Mein Freund, mein unvergleichlicher Dichter ist tot. Adieu.

ZU EINER ERICH-ARENDT-AUSSTELLUNG

Daß die Zeiten für Dichter hart sind, hat sich herumgesprochen. Warum sollte es auch anders sein, da doch die Zeit mit ihren enormen Auseinandersetzungen und Bedrohungen auf zahllose Menschen erbarmungslos einschlägt, auf ihre Träume, auf ihr Wachen. In Erich Arendts bewunderungswürdigem Werk gibt es furchtbare Brüche, Unterbrechungen, die eine Epoche einem kämpfenden Dichter beibrachte wie Spuren von Fausthieben. Bei ihm wie bei einigen anderen tritt eine Komplikation hinzu, die ihm das Leben nicht gerade erleichtert: philosophisch-politische Entscheidungen und sprachliche Entwicklungen sind nicht deckungsgleich, vollziehen sich nicht simultan. Vor Erich Arendts Werk ist so mancher Kritiker durchgefallen.

Der ganz junge Arendt beginnt in der Nachfolge August Stramms, aber zugleich mit dem Versuch, über Stramm hinauszugelangen. Diese Gedichte stehen in Herwarth Waldens *Sturm* und rufen den Ärger seiner neuen Gefährten und Verbündeten hervor; denn beinahe gleichzeitig tritt Arendt der KPD und dem Bund proletarisch-revolutionärer Schriftsteller bei. Der Beginn des Faschismus in Deutschland, das Exil, der Kampf in den Reihen einer katalanischen Division für die spanische Republik zeigt Arendt im Besitz einer zeitgenössischen Sprache, die klassischen Formen vertraut. Dies setzte sich fort in einem langen kolumbianischen Aufenthalt. Ich entsinne mich des Tages, an dem Erich Arendt aus dem Exil zu mir kam. Wir sprachen über seine Gedichte und die endlosen Jahre, die hinter uns lagen. Mir war klar, daß diese Dichtung es nicht leicht haben würde, aus mehreren Gründen: der zweite Strang des Arendtschen Werks wurde sichtbar, seine nie genug zu rühmenden Übertragungen spanischer und lateinamerikanischer Dichtung, die uns Neruda, Alberti, Hernández, Aleixandre, Guillén und andere nahebrachten; gerade dies zeitigte Mißverständnisse, weil man lange von internationalen Entwicklungen abgeschnitten gewesen war und ebenso von der eigenen Literatur und Kunst; man war noch nicht eingerichtet für Differenzierungen, alles Neue wurde über einen Leisten geschlagen, und so fanden manche, die Dichtung Arendts widerspiegele die fremder Dichter, die er übersetzte, wobei doch jedem, der sehen und hören konnte, klar sein mußte, daß Erich Arendts Dichtung eine ganz selbständige, sehr hohe Leistung darstellte. Verkannt wurde schließlich von manchen die späte Periode Arendts als esoterisch, man beklagte, daß aus einem – ich bitte um Nachsicht – engagierten Dichter ein Mystiker geworden sei. In Wirklichkeit hat Arendt seit etwa fünfzehn Jahren den Scheitelpunkt seiner Arbeit erreicht. In den archaisch-mittelmeerischen Formen dieser Verse erscheint etwas, das unser aller Neuanfang sein kann. In diesem Sinne ist Arendt geblieben, was Hölderlin gewesen ist, ein gesellschaftlicher, ein politischer Dichter, und der alte Erich Arendt ist – auch darin Hölderlin ähnlich – ein sehr junger Dichter geworden.

Die Freunde Erich Arendts freuen sich, in dieser Ausstellung zu sein. Sie gilt einem Dichter, der von jeher zur bildenden Kunst die engsten Beziehungen unterhielt. Arendt und seine Maler- und Bildhauerfreunde haben sich gegenseitig beschenkt, und wir haben glücklicherweise den Nutzen davon.

Editorische Notiz

»Lektüre« erschien 1973 in Ostberlin (Aufbau-Verlag) und 1974 in Frankfurt am Main (Suhrkamp Verlag). – Diese Ausgabe folgt der vollständigeren Ostberliner Ausgabe (siehe dazu die folgenden Anmerkungen); der Text ist unverändert. Der Anhang – einige Interviews, von denen einige inzwischen auch andernorts erschienen – wurde ersetzt durch fünf Texte, die in den Zusammenhang der »Lektüre« gehören: (über Neruda, Eluard, Trakl, Huchel, Arendt).

Viele Texte der »Lektüre« verdanken ihr Entstehen einer gleichnamigen Serie im Deutschlandsender, die im Dezember 1964 begann und über vier Jahre dauerte. Sie knüpfte an eine Serie von Beiträgen in Radio Frankfurt an, die im Band »Ansichten« (1947, gemeinsam mit Hans Mayer) gesammelt worden waren. Im Januar 1969 endete die Serie, weil die Redaktion an einer Sendung Kürzungen vorgenommen hatte, woraufhin Hermlin die Arbeit abbrach.

Die folgenden Anmerkungen stammen vom Verlag, der Christiane Jessen zu Dank verpflichtet ist für die mühevolle bibliographische Arbeit. Wo immer möglich, wurden die Erstdrucke resp. die vom Autor besprochenen Ausgaben genannt; wo es nötig schien, wurden auch einige Erläuterungen gegeben.

Anmerkungen

ATTILA JÓSZEF
Erstmals erschienen als Vorwort zu: Attila József, Gedichte. Herausgegeben von Stephan Hermlin, Berlin: Verlag Volk und Welt, 1960

GEORG HEYM
Erstmals erschienen als Nachwort zu: Georg Heym, Gedichte. Herausgegeben von Stephan Hermlin, Leipzig: Reclam, 1965 resp. Frankfurt am Main: Suhrkamp, 1966

schließlich beginnt 1960 die Publikation der sechsbändigen Gesamtausgabe: Hermlin meint die bei Ellermann (Hamburg und München) erschienene 4-bändige Gesamtausgabe: Georg Heym. Dichtungen und Schriften. Hrsg. von Karl Ludwig Schneider. Ursprünglich war die Ausgabe wohl auf 6 Bände angelegt, aber es existieren nur Band 1–3 und Band 6.

Ochs von Lerchenau: Anspielung auf den Weiberhelden und Mitgiftjäger in »Der Rosenkavalier« von Hugo von Hofmannsthal.

BERICHT ÜBER EINE INSEL
Erstmals erschienen in: Sinn und Form (Berlin), Heft 3/1968
General Patakos: einer der Drahtzieher des Militärputsches in Griechenland am 21. April 1967, der das parlamentarische System beseitigte.
Ausgangspunkt des Krieges in Vietnam: Die im Genfer Abkommen (1954) für 1956 vorgesehenen gesamtvietnamesischen Wahlen fanden nicht statt.
Das Buch heißt Youra: Youra. Livre de sang No 2, Editions ›Grèce nouvelle‹, o.O., o.J. (1952), 638 S.
Sportsegler, der in Athen auf dem Thron sitzt: Konstantin II. (geb. 1940). König von Griechenland, der den Militärputsch vom April 1967 zunächst akzeptierte.

MOZARTS BRIEFE
Erstmals erschienen in: Sinn und Form, Heft 3/1968
Fälschungen, die der renommierte Albert Leitzmann: Hermlin bezieht sich auf folgende Ausgabe: Wolfgang Amadeus Mozart, Briefe. Ausgewählt und herausgegeben von Albert Leitzmann, Leipzig: Insel-Verlag 1924.

FRANZ FÜHMANN
Erstmals erschienen in: Sinn und Form, Heft 4/1968
Von Franz Fühmann erschien inzwischen eine autorisierte Werkausgabe in acht Bänden, Rostock: Hinstorff-Verlag, 1993.
Ein neuer Prosaband Franz Fühmanns: Franz Fühmann, König Ödipus. Gesammelte Erzählungen, Berlin / Weimar: Aufbau-Verlag, 1966.
Binding: gemeint ist der nationalkonservative Schriftsteller Rudolf Georg Binding.

BRAUNE PRESSE
Erstmals erschienen in: Sinn und Form, Heft 4/1968
In der Suhrkamp-Ausgabe (Frankfurt am Main 1974) fehlt dieser Beitrag.
Bankier Schröder, der Hitler in den Sattel hob: Der Kölner Bankier Kurt Freiherr von Schröder verfügte über gute Beziehungen zur Rheinischen Schwerindustrie, die, ebenso wie Schröder selbst, die Wahlfeldzüge der NSDAP 1932/1933 finanziell unterstützte.
NPD: Nationaldemokratische Partei Deutschlands. Die NPD entstand 1964 in Hannover durch einen Zusammenschluß der Deutschen Reichspartei mit rechtskonservativen Gruppierungen. Unter dem

Eindruck der wirtschaftlichen Rezession gelang der antidemokratischen und rassistischen Partei in den 1960er Jahren der Einzug in zahlreiche Landtage.

›*Endlich ohne Tätowierung!*‹: Mitglieder der SS trugen am rechten Oberarm eine Tätowierung, die später als Identifikationsmerkmal für eine SS-Mitgliedschaft herangezogen werden konnte.

RUDOLF LEONHARD
Erstmals erschienen in: Sinn und Form, Heft 6/1968
Rudolf Leonhard (1889–1953) beteiligte sich aktiv an der Novemberrevolution. Er lebte ab 1927 in Franreich, ab 1950 in Ostberlin. Arbeitete zunächst als Verlagslektor, später als freier Schriftsteller. Lyriker, Dramatiker, Erzähler und Essayist, ebenso Übersetzer.

dank einer Auswahl: Rudolf Leonhard, Ausgewählte Werke in Einzelausgaben. Auswahl und Zusammenstellung von Maximilian Scheer. Hrsg. von der Deutschen Akademie der Künste zu Berlin, Berlin: Verlag der Nation
Band 1: Le Vernet. Gedichte, 1961
Band 2: Segel am Horizont. Dramen und Hörspiele, 1963
Band 3: Ein Leben im Gedicht, 1964
Band 4: Der Weg und das Ziel. Prosaschriften, 1970.

den faschistischen Werwolf: im April 1945 geschaffene nationalsozialistische Untergrundbewegung, die Sabotage- und Terrorakte in von alliierten Truppen befreiten Gebieten verübte.

LITERATUR UND DICHTUNG IM DRITTEN REICH
Erstmals erschienen in: Sinn und Form, Heft 6/1968
In der Suhrkamp-Ausgabe (Frankfurt am Main 1974) fehlt dieser Beitrag.

Dokumentation, von der die Rede sein soll: Joseph Wulf, Literatur und Dichtung im Dritten Reich. Eine Dokumentation, Gütersloh: S. Mohn, 1963.

Generalgouvernement: Bezeichnung für das Restgebiet Polens nach der deutschen und sowjetischen Besetzung 1939 und der Annektion großer Gebiete durch Deutschland und die UdSSR.

Edwin Erich Dwinger: seinerzeit vielgelesener nationalistischer Schriftsteller.

AMBROSE BIERCE
Erstmals erschienen in: Sinn und Form, Heft 1/1969
Von Ambrose Bierce liegt eine Werkausgabe in 4 Bänden vor, hrsg. von Gisbert Haefs, Zürich: Haffmans, 1986 ff.

Eine Erzählung beschreibt: es handelt sich um die Erzählung »Chickamauga«.
selber auf der Stelle etwas nach dem doch unnachahmlichen Modell... zu versuchen: Anspielung auf Hermlins Erzählung »Der Leutnant Yorck von Wartenburg«.

WELCH WORT ...
Erstmals erschienen in: Sinn und Form, Heft 1/1969
Unüblich die Anthologie: Heinz Seydel, Welch ein Wort in die Kälte gerufen. Die Judenverfolgung des 3. Reiches im deutschen Gedicht, Berlin: Verlag der Nation, 1968.
Alfred Grünewald: (geb. 1884; nach 1941 in einem Konzentrationslager ermordet), deutscher Lyriker, Dramatiker und Balladendichter. Studium der Architektur in Wien bei Adolf Loos, Arbeit im Architekturbüro. Zwischen 1906 und 1936 veröffentlichte Grünewald 13 Versbände.
Theodor Kramer: inzwischen erschien eine Werkausgabe in drei Bänden: Gesammelte Gedichte. Herausgegeben von Erwin Chvojka, Wien: Europaverlag, 1984 ff.

MIGUEL HERNÁNDEZ
Erstmals erschienen in: Sinn und Form, Heft 2/1969
umfangreiche, würdige Auswahl seines Werks: Miguel Hernández, Gedichte (span. und dt.). Ausgewählt und übertragen von Erich Arendt und Katja Hayek-Arendt, Köln / Berlin: Kiepenheuer & Witsch, 1965.

ELSE LASKER-SCHÜLER
Erstmals erschienen in: Sinn und Form, Heft 2/1969
Von Else Lasker-Schüler erscheint inzwischen eine kritische Ausgabe: Werke und Briefe. Hrsg. von Norbert Oellers, Heinz Rölleke, Itta Shedletzky, Karl J. Skrodzki, Frankfurt am Main: Jüdischer Verlag, 1996 ff.
zwei kleine Bände mit einer Auswahl: gemeint sind: Gedichte und Prosa. Eine Auswahl, Weimar: Kiepenheuer, 1967. Und: Else Lasker-Schüler, Leise sagen. Ausgewählte Gedichte. Auswahl und Nachwort von Karl-Heinz Sühnhold, Berlin / Weimar: Aufbau-Verlag, 1968.
ihr erster Gedichtband: Else Lasker-Schüler, Styx. Gedichte, Berlin: Juncker, 1902.

VATHEK
Erstmals erschienen in: Sinn und Form, Heft 3/1969

Siehe auch die Edition: William Beckford, Die Geschichte vom Kalifen Vathek: mit den Episoden. Übertragung des »Vathek« von Franz Blei, rev. von Robert Picht. »Episoden« von Ronald Weber. Nachwort von Stephan Hermlin, Leipzig: Insel-Verlag, 1974.
Mallarmé ... sein wohl längstes Prosastück: Stéphane Mallarmé, »Préface à ›Vathek‹« (1865), in: Le Vathek de Beckford. Réimprimé sur l'édition française originale, avec Préface par Stéphane Mallarmé, Paris: Adolphe Labille, libraire de la Bibliothèque Nationale, 1876.
Opfer eines Sittenskandals: Beckford wurde wegen »skandalösen Verhaltens«, d.h. homosexueller Beziehungen trotz zweimaliger Heirat, von seiner Familie verstoßen.
Kontinentalsperre: die von Napoleon I. 1806 eingeleitete Wirtschaftsblockade des europäischen Kontinents gegen Großbritannien, das seinerseits 1807 unter Ausnutzung seiner Seeherrschaft allen neutralen Schiffen das Anlaufen französischer Häfen verbot.
Zuckerrübenanbau: die Erfindung der Zuckergewinnung aus Rüben ruinierte viele Zuckerrohr-Händler.
Beckfords literarischer Nachlaß: 1912 erschien die Fortsetzung des »Vathek«: Episodes, Paris 1912. Weiterhin: The travel diaries of William Beckford. Hrsg. von G. Chapman, Cambridge 1928.

MITTERNACHTSERINNERUNGEN
Erstmals erschienen in: Sinn und Form, Heft 3/1969
Die erste deutsche Übersetzung von Vercors' »Le silence de la mer« erschien bereits 1945: Das Schweigen. Novelle, Zürich / New York: Oprecht, 1945.
in einem neuen Buch: Vercors, La Bataille du silence, souvenirs de minuit, Paris 1967.

CHATEAUBRIAND
Erstmals erschienen in: Sinn und Form, Heft 4/1969
Deutsche Ausgabe der Erinnerungen: Chateaubriand, Mémoires d'outre-tombe. Hrsg., übertragen und mit einem Nachwort von Sigrid v. Massenbach, München: Nymphenburger Verlagsbuchhandlung, 1968.

ARAGONS GEDICHTE DEUTSCH
Erstmals erschienen in: Sinn und Form, Heft 4/1969
Louis Aragon (1897–1982), französischer Schriftsteller. Begann 1916, Medizin zu studieren, nahm am I. Weltkrieg teil. 1919 gründete Aragon mit André Breton und Philippe Soupault die Zeitschrift »Littérature« und 1924 die surrealistische Bewegung. Gegen Ende der 20er Jahre wandte er sich dem Kommunismus zu (ab 1927 Mitglied der KP Frank-

reichs, 1954 Mitglied des Zentralkomitees) und verschrieb sich, auch unter dem Einfluß seiner Frau Elsa Triolet, dem sozialistischen Realismus. Aragon war im II. Weltkrieg führend in der französischen Widerstandsbewegung. 1953–1972 war er Herausgeber der Zeitschrift »Les Lettres françaises«.

einmal einen der großen Romane Aragons übersetzt: bezieht sich auf den
Romanzyklus: Le Monde réel. Die wirkliche Welt, Berlin: Verlag Volk und Welt
Band 1: Die Glocken von Basel. Deutsch von Alfred Kurella, 1953
Band 2: Die Viertel der Reichen. Deutsch von Stephan Hermlin, 1952
Band 3: Die Reisenden der Oberklasse. Deutsch und mit einem Nachwort von Hans Mayer. 2 Bände, 1952
Band 4: Aurélien. Deutsch von Karl Heinrich, 1952.

von seinen vielen hundert Gedichten nur zwei: »Die Nacht von Dünkirchen« (1950) und »Die Brücken von Cé« (1950), später kam noch das Poem »Hölderlin« hinzu.

In der schönen Lyrikreihe des Verlags Volk und Welt:
Anna Achmatowa, Ein niedagewesener Herbst. Russ. und dt. Gedichte. Deutsch von Sarah Kirsch und Rainer Kirsch. Hrsg. von Edel Mirowa-Florin, Berlin: Verlag Volk und Welt, 1967.
Miklós Radnóti, Ansichtskarten. Gedichte. Nachdichtungen und Nachwort von Franz Fühmann, Berlin: Verlag Volk und Welt, 1967.
Tudor Arghezi (= Ion N. Teodorescu), Ketzerbeichte. Gedichte. Übersetzt und mit einem Nachwort von Paul Schuster. Nachgedichtet von Heinz Kahlau, Berlin: Verlag Volk und Welt, 1968.
Louis Aragon, Zu lieben, bis Vernunft verbrennt. Gedichte frz. und dt. Hrsg. und Nachwort von Marianne Dreifuß, Berlin: Verlag Volk und Welt, 1968.

… um einen hervorragenden Dichter handelt: gemeint ist Günter Kunert.

BECHERS GEDENKEND
Erstmals erschienen in: Sinn und Form, Heft 5/1969

DICHTER ÜBER HÖLDERLIN
Erstmals erschienen in: Sinn und Form, Heft 5/1969

ist… ein kleines Buch erschienen: Dichter über Hölderlin. Hrsg. von Jochen Schmidt, Frankfurt am Main: Insel-Verlag, 1969.

der kaum bekannte Aufsatz Georg Herweghs: gemeint ist: Georg Herwegh, »Ein Verschollener« (1839), in: ders., Frühe Publizistik. 1837–1841. Hrsg. von der deutschen Akademie der Wissenschaften, Berlin: Akademie-Verlag, 1971, S. 92–96.

die Studie eines französischen Republikaners namens Challemel-Lacour: Paul Challemel-Lacour, »La poésie Paienne en Allemagne au 19e siècle. Frédéric Hoelderlin«, in: Revue des deux mondes (Paris), 37, 1867, T. 69, S. 929-959.
französische Germanisten wie Bertaux oder Minder: Pierre Bertaux (1907-1986) und Robert Minder (1902-1980).

KARL KRAUS
Erstmals erschienen in: Sinn und Form, Heft 6/1969
ein Buch von Karl Kraus: Karl Kraus, Anderthalb Wahrheiten. Aphorismen. Hrsg. und mit einem Nachwort von Kurt Krolop, Berlin: Rütten & Loening, 1969.
Kämpfe im Wien des Jahres 1927: Arbeiterdemonstrationen am 14. Juli 1927 in Wien vor dem Justizpalast. Der Protest richtete sich gegen den Freispruch einiger des Mordes an Arbeitern angeklagter Rechtsradikaler. Am folgenden Tag, dem Blutigen Freitag (15. Juli 1927), wurde der Justizpalast in Brand gesteckt. Es kam zum Zusammenstoß zwischen Polizisten und demonstrierenden Arbeitern, bei dem zahlreiche Arbeiter getötet wurden.
Dollfuß-Leute: Engelbert Dollfuß, 1932-1934 Bundeskanzler und Außenminister, gab Österreich eine autoritäre Staatsordnung auf christlich-ständischer Grundlage.
»Spartakusbriefe«: Organ des Spartakusbundes, der Gruppe um Rosa Luxemburg, Karl Liebknecht und Franz Mehring.

DEUTSCHER WIDERSTAND IN FRANKREICH
Erstmals erschienen in: Sinn und Form, Heft 1/1970
Verfasser des Buches, von dem ich reden will: Florimond Bonte, Les Antifascistes allemands dans la Résistance française, Paris 1969.
Prestataire: überwiegend aus Emigranten rekrutierte, im allgemeinen unbewaffnete Truppe.

PLATONOW
Erstmals erschienen in: Sinn und Form, Heft 1/1970
zwei schöne Platonow-Ausgaben: Andrej Platonow, In der schönen und grimmigen Welt. Ausgewählte Prosa. Aus dem Russischen von Larissa Robiné. Hrsg. von Lola Debüser und Herbert Krempien. Mit einem Nachwort von Lola Debüser. 2 Bände, Berlin: Verlag Kultur und Fortschritt, 1969.
Andrej Platonow, Die Kutschervorstadt. Gesammelte Erzählungen. Aus dem Russischen von Agathe Jais. Hrsg. und mit einem Nachwort versehen von Alexander Kaempfe, München: Carl Hanser Verlag, 1968.

Es ist eine wichtige Verlagsaufgabe, das gesamte Werk Platonows in deutscher Sprache herauszubringen: inzwischen geschehen, bei Volk und Welt, Berlin 1992 ff.

SOMMERGESPENSTER
Gesprochen im Deutschlandsender am 7. August 1969
Defregger: späterer Weihbischof von München, der 1944 als Wehrmachtsoffizier in Filetto (Italien) an einem Blutbad unter der Zivilbevölkerung beteiligt war.

MACHADO
Gesprochen im Deutschlandsender am 15. Mai 1969
Von Antonio Machado erschienen deutsch:
Juan de Mairena. Sentenzen, Späße, Aufzeichnungen und Erinnerungen eines apokryphen Lehrers, übersetzt von G. R. Lind, Frankfurt am Main: Suhrkamp, 1956
Gedichte. Übersetzt von Fritz Vogelgsang, Frankfurt am Main: Insel-Verlag, 1964
Einsamkeiten – Soledades. Gedichte span./dt. Nachwort und übersetzt von Fritz Vogelgsang, Zürich: Ammann, 1996.
General Lister: während des Spanischen Bürgerkriegs der bekannteste Heerführer auf republikanischer Seite.

ANONYME POESIE
Gesprochen im Deutschlandsender am 11. Juli 1968
OAS: Organisation de l'Armée Secrète. Terrororganisation rechtsradikaler französischer Offiziere während und nach dem Algerienkrieg.
Pariser Tage des Mai: Anfang Mai kommt es nach der Schließung der Fakultät Nanterre-Paris durch den Rektor zu schweren Auseinandersetzungen zwischen Polizei und Demonstranten; die Gewerkschaften rufen am 13. Mai zu einem Solidaritätsstreik für die Studenten auf, der in eine allgemeine Streikbewegung übergeht.

GRABREDE FÜR BOBROWSKI
Gesprochen am 7. September 1965; nach: Das schwarze Brett 3. Almanach, Berlin: Verlag Klaus Wagenbach, 1967

BOBROWSKIS SELBSTZEUGNISSE
Gesprochen im Deutschlandsender am 25. Juli 1967
einen Band herausbrachte: Johannes Bobrowski. Selbstzeugnisse und Beiträge über sein Werk, Berlin: Union-Verlag, 1967.

Inzwischen erschien eine Werkausgabe Bobrowskis: Gesammelte Werke. 4 Bände, Stuttgart: Deutsche Verlags-Anstalt, 1987.
In-memoriam-Schreiber, der unbegreiflicherweise Bobrowski als eine Art begabten Anfängers abtun möchte: gemeint ist Alfred Kurella.

BEIM LESEN MAJAKOWSKIS
Erstmals erschienen in: Neue Deutsche Literatur (Berlin), Heft 10, 1967
Inzwischen erschien eine umfangreiche Ausgabe Majakowskis: Werke in zehn Bänden. Nachdichtung von Hugo Huppert. Hrsg., Anmerkungen und Bibliographie von Leonhard Kossuth, Frankfurt am Main: Suhrkamp, 1980.
der Schuß in der Ljubjanskigasse: bezieht sich auf den Selbstmord Majakowskis 1930 in Moskau.

EIN BUCH ÜBER TREBLINKA
Gesprochen im Deutschlandsender am 15. November 1966
Reportage des sowjetischen Schriftstellers Wassilij Grossman: eine 1944/45 von der sowjetischen Armee verbreitete Broschüre.
Wassilij Grossman (1905–1964), russ.-sowjet. Schriftsteller, Chemiker.
das umfangreiche Buch über das Lager Treblinka: Jean-François Steiner, Treblinka. Préface de Simone de Beauvoir, Paris: Fayard, 1966. In deutscher Übersetzung: J. F. Steiner, Treblinka – Die Revolte eines Vernichtungslagers. Vorwort von Simone de Beauvoir. Aus dem Französischen von Marianne Lipcowitz, Berlin: Harald-Kater-Verlag, 1994.

ÜBERSETZTE LYRIK
Gesprochen im Deutschlandsender am 24. Mai 1966
Dichtungen amerikanischer Neger: Auch ich bin Amerika. Dichtungen amerikanischer Neger. Übersetzt von Stephan Hermlin, Berlin: Verlag Volk und Welt, 1948.
Weiterhin: Schwarzer Bruder. Lyrik amerikanischer Neger. Gedichte, Spirituals, Work Songs, Protestlieder. Hrsg. von Karl-Heinz Schönfelder und Ingeburg Hucke, Leipzig: Reclam, 1966.
Nazim Hikmet: Nazim Hikmet, Gedichte. Auswahl von Bernd Jentzsch. Übersetzung von Stephan Hermlin, zusammen mit Annemarie Bostroem, Berlin: Verlag Neues Leben, 1976.

VILLON
Gesprochen im Deutschlandsender am 20. September 1966
Verlaine am besten bekannt, am sichersten übersetzt: gemeint ist die Ausgabe: Paul Verlaine, Gesammelte Werke in zwei Bänden. Hrsg. von Stefan Zweig, Leipzig: Insel-Verlag, 1922.

Verfasser der ›Geschichte der Pariser Commune‹: Hippolyte Prosper Olivier Lissagaray, Geschichte der Kommune von 1871. (Histoire de la Commune de 1871. Nachdruck der 2., vom Verfasser durchgesehenen Auflage.) Eingeleitet von Paul Chauvet. Einleitung aus dem Französischen von Margaret Carroux, Hannover: J.H.W. Dietz, 1966.

THOMAS MANN UND DIE SYMPATHIE
Ansprache auf einer Thomas-Mann-Feier der Deutschen Akademie der Künste zu Berlin am 24. September 1965
Joseph de Maistre: Joseph Marie Comte de Maistre (1753–1821), französischer Politiker und Philosoph, Vorkämpfer des kirchlichen Absolutismus.
der klügste aller Dogmatiker: gemeint ist die Schrift »Wider den mißverstandenen Realismus« von Georg Lukács.

ZWEI REISENDE
Erstmals erschienen in: Neue Deutsche Literatur, Heft 6/1965
In der Suhrkamp-Ausgabe (Frankfurt am Main 1974) fehlt dieser Beitrag.
um eines anderen Buches willen: Rudolf Hagelstange, Die Puppen in der Puppe. Eine Rußlandreise, Hamburg: Hoffmann und Campe, 1963.
einem Buch, das ich gern habe: Wolfgang Koeppen, Nach Rußland und anderswohin. Empfindsame Reisen, Stuttgart: Goverts-Verlag, 1958.

IN LETZTER STUNDE
Gesprochen im Deutschlandsender am 20. Januar 1965
ein kleines Buch: Diether Schmidt (Hrsg.), Schriften deutscher Künstler des 20. Jahrhunderts. Band 2: In letzter Stunde. 1933–1945, Dresden: Verlag der Kunst, 1964.
Ausstellung »Entartete Kunst«: 1937 von den Nazis organisierte Ausstellung in den Räumen des Münchner Archäologischen Instituts. Die Ausstellung war als Gegenausstellung zu der zeitgleich stattfindenden offiziösen »Großen Deutschen Kunstausstellung« im Haus der Deutschen Kunst konzipiert und umfaßte praktisch die gesamte moderne Kunst, die als »entartet« bezeichnet wurde.

REDE ZUM TODE VON PABLO NERUDA
Rede vor der Exekutive des Internationalen PEN in London 1973. Erstmals erschienen in: Stephan Hermlin, Aufsätze, Reportagen, Reden,

Interviews. Hrsg. von Ulla Hahn, München/Wien: Carl Hanser Verlag, 1980

Inzwischen erschien eine Werkausgabe von Pablo Neruda: Das lyrische Werk in drei Bänden. Hrsg. von Karsten Garscha, Darmstadt/Neuwied: Luchterhand Literaturverlag, 1984 ff.

zum Schweigen gebracht von einer Bande von Generalen: der vom Oberbefehlshaber der chilenischen Streitkräfte, Pinochet Ugarte, angeführte Militärputsch, mit dem im September 1973 die Regierung Allende gestürzt wurde.

Videlas Präsidentschaftskampagne: Gabriel González Videla (1898–1980), chilenischer Politiker und Diplomat, der 1946 mit der Unterstützung einer Linkskoalition bestehend aus der Radikalen Partei und den Kommunisten Staatspräsident wurde. Die Koalition zerbrach bereits sechs Monate nach Videlas Amtsantritt.

ITT: International Telephone & Telegraph Corporation. US-amerikanischer Konzern, der den Militärputsch Pinochets unterstützte.

PAUL ELUARD
Erstmals erschienen als Nachwort in: Paul Eluard, Trauer schönes Antlitz. Auswahl, Nachdichtungen und Nachbemerkung von Stephan Hermlin, Berlin: Verlag Volk und Welt, 1974

GEORG TRAKL
Erstmals erschienen als Nachwort in: Georg Trakl, Gedichte. Auswahl von Franz Fühmann. Nachwort von Stephan Hermlin, Leipzig: Reclam, 1975

Werkausgabe von Georg Trakl: Dichtungen und Briefe. Historisch-kritische Ausgabe. 2 Bände. Hrsg. von Walther Killy und Hans Szklenar, Salzburg: Otto Müller Verlag, 1969.

ABSCHIED VON PETER HUCHEL
Erstmals erschienen in: Die Zeit (Hamburg) vom 15. Mai 1981

Werkausgabe von Peter Huchel: Gesammelte Werke. Hrsg. von Axel Vieregg. 2 Bände, Frankfurt am Main: Suhrkamp, 1984.

sein Stiefsohn: gemeint ist Roger Melis.

ZU EINER ERICH-ARENDT-AUSSTELLUNG
Eröffnungsrede zu der Erich-Arendt-Ausstellung der Akademie der Künste der DDR am 22. September 1983.

Erich Arendt (1903–1984), emigrierte 1933 als Kommunist in die Schweiz, nahm am Spanischen Bürgerkrieg teil, ging später nach Kolumbien und lebte seit 1950 in Berlin-Treptow. Zahlreiche Einzelausgaben, bisher keine Werkausgabe.

STEPHAN HERMLIN

Entscheidungen   Sämtliche Erzählungen
Alle Erzählungen Hermlins in einem Band.
»Hier entsteht die Kunst aus der Intensivierung des Selbsterlebten. Diese Sprache wird zu einer Musik der Pausen, des Verstummens und des Schweigens.« Frankfurter Allgemeine Zeitung
Quart*buch. Halbleinen. 412 Seiten*

Abendlicht
Erinnerungen an die dreißiger Jahre, Beobachtungen und Erfahrungen eines jungen Mannes aus gebildeter bürgerlicher Familie, der auf der Straße zum Kommunisten wird.
»Welch ein schönes Buch. Die Reinheit dieser Prosa ist gegenwärtig fast vergleichslos.« Hans Mayer
SALTO. Rotes Leinen. 96 Seiten

Scardanelli, Hölderlin
Dieses Spiel handelt von einem Mann, der sich in eine andere Welt wünscht als die »ehern bürgerliche«, den aber diese bürgerliche Welt zensiert und zu einem gefährlichen politischen Unruhestifter erklärt. Das Vaterland, sein Liebstes, konnte ihn nicht brauchen, und so ging er weg aus dieser Welt, und gab sich andere Namen, darunter auch Scardanelli.
SALTO. Rotes Leinen. 80 Seiten

Traum der Gemeinsamkeit   Ein Lesebuch
Dieses Lesebuch zeichnet den Weg Hermlins nach und gibt einen Eindruck seiner literarischen Arbeit: Erzählungen, Gedichte, Portraits, Nachdichtungen, Ansichten zur Zeit.
Herausgegeben von Klaus Wagenbach
WAT 128. 176 Seiten

In den Kämpfen dieser Zeit
Die wichtigsten politischen Texte der letzten zwei Jahrzehnte: Dokumente politischer Überzeugung und Unerschrockenheit mit einem bisher unveröffentlichten, 1972 geschriebenen, fulminanten Plädoyer gegen Zensur.
Gebunden. Bleisatz und Buchdruck. 112 Seiten

Verlag Klaus Wagenbach   Berlin

Wagenbachs *neue* Taschenbücher

ATTILIO BRILLI   *Als Reisen eine Kunst war*
Vom Beginn des modernen Tourismus: Die ›Grand Tour‹
Die Geschichte vom Beginn unserer Sehnsucht in die Ferne: Wie die ersten neugierigen Herren (später auch Damen) der Gesellschaft zur Bildungsreise aufbrechen, die naturgemäß im Kunstland Italien endet.
Aus dem Italienischen von Annette Kopetzki
WAT 274. Deutsche Erstausgabe
224 Seiten mit zahlreichen Abbildungen

GIAMPIERO CAROCCI
Kurze Geschichte des amerikanischen Bürgerkriegs
Der Einbruch der Industrie in das Kriegshandwerk
Eine aktuelle, detailreiche und spannende Einführung in den ersten industrialisierten Krieg der Geschichte.
Aus dem Italienischen von Friederike Hausmann
WAT 281. Deutsche Erstausgabe
164 Seiten mit vielen Abbildungen
Erscheint im August 1997

MIGUEL DELIBES   *Fünf Stunden mit Mario*
Roman
Über die Idealisierung in der Ehe: Doña Carmen nimmt Abschied von ihrem Mann, mit wilden Zornesausbrüchen und zarten Liebeserklärungen.
Aus dem Spanischen von Fritz Rudolf Fries
WAT 284. 272 Seiten
Erscheint im August 1997

PAOLO FLORES D'ARCAIS
Die Linke und das Individuum
Ein politisches Pamphlet
Eine Provokation: Warum darf sich die Linke nicht an der Zerstörung des Individuums durch die moderne Gesellschaft beteiligen?
Aus dem Italienischen von Roland H. Wiegenstein
WAT 283. Originalausgabe. 96 Seiten
Erscheint im August 1997

NATALIA GINZBURG *Valentino*
Ein Roman und fünf Erzählungen
Der Roman Valentino und die fünf Erzählungen sind meisterhafte Beispiele für Natalia Ginzburgs charakteristischen Stil und ihre großen Themen: wie langweilig ist das klassische Rollenverhältnis – und wie spannend.
Aus dem Italienischen von Maja Pflug
WAT 286. 128 Seiten
Erscheint im August 1997

ALEXANDRE KOYRÉ *Vergnügen bei Platon*
Alexandre Koyré bietet eine für junge Leser geschriebene Einführung in Platons Philosophie: Was ist Wahrheit? Warum Staat? Was ist Tugend?
Aus dem Französischen und mit einem Nachwort von Horst Günther
WAT 285. Deutsche Erstausgabe. 160 Seiten
Erscheint im August 1997

Italia fantastica!
Junge italienische Literatur
Ein Blick nach vielen Seiten – in die Werkstatt und in die Phantasien der jüngsten italienischen Literatur: Zwanzig Erzählungen von Autoren unter vierzig Jahren.
Herausgegeben von Gabriella d'Ina
WAT 280. Originalausgabe. 144 Seiten
Erscheint im August 1997

PRIMO LEVI *Der Ringschlüssel*
Roman
Ein Monteur erzählt, ein Chemiker hört zu: Geschichten über den technischen Alltag in der Fremde, der zum Abenteuer wird. Auch der Leser hört zu – und lernt, wie man ein richtiger Zuhörer wird.
Aus dem Italienischen von Barbara Kleiner
WAT 275. 208 Seiten

ELSA MORANTE *Arturos Insel*
Roman
Elsa Morante hat nicht nur, wie die Neue Zürcher Zeitung schrieb, »durch Arturo die Weltliteratur um eine der schönsten Knabengestalten bereichert«, sondern es gelang ihr auch, ein fast vergessenes Italien in farbenprächtigen Bildern festzuhalten.
Aus dem Italienischen von Susanne Hurni-Maehler
WAT 277. 424 Seiten

GOFFREDO PARISE *Der Padrone*
Roman

Der Bericht eines gelehrigen Angestellten aus dem Bauch der Macht: wie überlebt man mit Vitaminspritzen und Comic-Sprüchen. Ein Roman zwischen Koeppen, Orwell und Vian!
Aus dem Italienischen von Astrid Claes und Sigrid Gori
WAT 279. 272 Seiten

LUIGI PIRANDELLO *Feuer ans Stroh*
Sizilianische Novellen

Luigi Pirandello, bekannt durch Sechs Personen suchen einen Autor, gehört mit Lampedusa und Sciascia zu den bedeutendsten Erzählern der sizilianischen Literatur. Dieser Band stellt die schönsten Geschichten Pirandellos über seine Heimat und ihre Bewohner vor.
WAT 282. 240 Seiten
Erscheint im August 1997

BORIS VIAN *Der Schaum der Tage*
Roman

Über Boris Vians Kultbuch einer seltsamen Liebe schrieb Simone de Beauvoir: »Was mich verblüfft ist die Wahrhaftigkeit dieses Romans und auch seine große Zärtlichkeit.«
Aus dem Französischen von Antje Pehnt
Neu durchgesehen von Klaus Völker
WAT 273. 192 Seiten

VIVIANA ZARBO
Die wahre Geschichte des Wilden Westen

Eine informationsreiche (und die einzig lieferbare) Geschichte der Indianer und Weißen zwischen 1860 und 1890, vom Mississippi bis zu den Rocky Mountains. Die Wirklichkeit der Sioux und Apachen und ihre Mythisierung zur Hollywood-Legende.
Aus dem Italienischen von Moshe Kahn
WAT 278. Deutsche Erstausgabe
128 Seiten mit zahlreichen Abbildungen

Wenn Sie mehr über den Verlag und seine Bücher wissen möchten, schreiben Sie uns eine Postkarte. Wir schicken Ihnen dann gern die ZWIEBEL, unseren Westentaschenalmanach. Kostenlos, auf Lebenszeit!

Verlag Klaus Wagenbach, Ahornstraße 4, 10787 Berlin